王秀红 著

法兰克墨洛温王朝的王后们

THE FRANKISH

MEROVINGIAN QUEENS

社会科学文献出版社
SOCIAL SCIENCES ACADEMIC PRESS (CHINA)

目　录

绪　论

第一节　本选题研究意义

法兰克墨洛温王朝作为中世纪早期西欧大陆的第一个王朝，它的王后在社会生活的各个方面发挥着重要作用，是一个特殊的群体。本书通过研读格雷戈里、弗雷德加等人的历史文本，研读弗图纳图斯、宝多妮维雅等人的有关法兰克墨洛温王后传记和与她们有着紧密联系的主教、宫相等法兰克贵族精英的材料，在国内外学者研究的基础上，对墨洛温王朝的王后进行探讨。

这一研究的具体意义主要在于以下三个方面。

第一，有助于丰富我国学界对墨洛温王朝时期的王后和墨洛温王朝的历史认识。最近几十年来，墨洛温王朝的王后群体是国外学者探究中世纪早期史的一个重要课题。王后的出身、王后与王室的关系、王后的权力以及王后在墨洛温时代公共生活中扮演的角色等，都是学者们热衷的话题。他们提出了"后权"（queenship）这一概念。学者们一致认为，王后是墨洛温时代比较突出的历史角色，她们在社会生活的各个方面发挥着特殊的作用，为墨洛温时代的一大特点。因此，墨洛温王后作为一个历史课题有其重要的研究价值。墨洛温王朝的历史是西欧中世纪早期历史的重要组成部分，然而，这段历史却有很多模糊之处，相关史料的缺乏对后世认识这段历史造成很大困扰。梳理一些史料中有关王后的记载，考察王后的历史形象，会为进一步认识墨洛温王朝的历史提供重要帮助。无论是墨洛温王后研究，还是墨洛温王朝研究，在我国中世纪史研究领域都是非常薄弱的，这正是本书选题的一个基本考虑。

第二，有助于深化对西欧中世纪早期妇女的认识。王后史是妇女史的重要组成部分，王后的历史形象会进一步丰富中世纪早期妇女史的内容。近年来随着妇女史的兴起，我国学界对中世纪欧洲的妇女研究也在推进。对于欧洲中世纪早期的妇女研究大多停留在贵族妇女的宗教活动层面，而对墨洛温王朝的王后世俗活动还鲜有涉及。如果翻阅墨洛温时期的相关记载，不难发现王后的身影。尽管当时社会存在一夫多妻现象，妇女总体上被视为缄默者，但依然不能否认王后在当时社会生活中的重要性。格雷戈里在《法兰克人史》中总共涉及 1346人，其中 1149 人是男性，197 人是妇女，妇女约占总数的 15%。[①] 而在这些妇女中，有关王后的记载又占了较大篇幅，对于王后布伦希尔德和王后弗雷德贡德的描写可以称得上不惜笔墨。可见，在格雷戈里笔下王后的历史地位非同一般。即便是女性总体上不受人关注，王后仍然是极为引人注目的女性。又如，墨洛温王朝后期提奥德里克三世（Theuderic Ⅲ）的王后克罗多希尔德（Chrodochild）的名字分别出现在《鲁昂主教奥多因传》[②]（*Vita Audoini Episcopi Rotomagensis*）和匿名的《法兰克人史》（*Liber Historiae Francorum*）[③] 中，这本身就足以说明她在当时人眼中是重要的，否则没必要浪费时间和精力去记载。[④] 这些资料为认识王后并通过王后认识中世纪早期的妇女提供了重要线索。

第三，有助于人们进一步认识圣徒传等资料的史料价值。西欧中

---

① Dick Harrison, *The Age of Abbesses and Queens：Gender and Political Culture in Early Medieval Europe*, Lund：Nordic Academic Press, 1998, pp. 75 – 76.

② Paul Fouracre and Richard A. Gerberding, *Late Merovingian France：History and Hagiography 640 – 720*, Manchester and New York：Manchester University Press, 1996, p. 163.

③ Paul Fouracre and Richard A. Gerberding, *Late Merovingian France*, p. 93.

④ Dick Harrison, *The Age of Abbesses and Queens*, p. 17.

世纪早期史研究总是遇到史料缺乏的问题，但同时，像圣徒传一类充斥"神迹"的资料传统上又总是被挡在"史料"大门之外。从圣徒传中不仅能够了解圣徒的生活与品行，而且也能一窥当时各种风俗习惯的细节，以及当时人的所见所闻。研究墨洛温王朝的王后离不开对圣徒传的使用与分析。7世纪是大量产生圣徒传的时代，可以说圣徒传有时是研究墨洛温王朝的主要史料。圣徒传的大量内容在今天看来也许是不可信的，但在当时却广为流传。显然，在当时的信众眼中，圣徒传中的"奇迹"和"不凡"是可信的，这就需要从中世纪早期的社会状况和当时人的心态（精神状况）去认识圣徒传。圣徒传对墨洛温时代的王后有大量描述，对这些记载进行合理的分析，可以获得有关王后的宝贵资料，进而使人们进一步理解这一时期王后的社会角色以及中世纪早期的作者对王后的角色期待。

第二节　研究综述

一　国外研究状况

20世纪六七十年代以来，妇女史研究蓬勃发展，丰富了人们对不同历史阶段女性的认识。同时，妇女史研究本身受女性主义和性别研究的影响也出现了新的转向，即由男性主导的传统妇女史向男女平等的新妇女史转变。在此背景下，西欧中世纪早期的妇女，特别是墨洛温王朝的王后群体引起学界注意，成为中世纪早期历史研究的重要课题，"后权"（queenship）一词日益引起学者们的关注和讨论，王后研究取得较为丰硕的成果。西方学者的研究主要集中在下述几个方面：一是关于墨洛温后权与王权关系的讨论；二是有关王后出身与王室婚姻习俗的讨论；三是有关王后公共角色的讨论，特别是探讨王后与教俗贵族的关系。

（一）关于后权与王权关系的讨论

学者们普遍认为墨洛温王朝的政治很大程度上是一种靠征服和继承维系的家族统治，没有系统完备的官僚体系，后权与王权紧密联系在一起。墨洛温王后的权力主要来源于她的男性依附者国王（丈夫和儿子等）。对于丈夫而言，王后权力的获得主要凭借个人的美貌和女性的魅力；对于儿子而言，王后主要依靠母亲的身份，她们能够利

用自己的权力关系网为王子们争得王位，从而使自己重新执掌王国
大权。

　　奈尔森（Janet L. Nelson）以布伦希尔德和鲍尔希尔德为主对墨
洛温王后进行了考察，她认为"王后最初提供给她丈夫的性服务，
是一个明显的权力基础，只要她一直受到他的宠爱"①。恩赖特
（Michael J. Enright）强调，王后通过她作为王室伴侣的特定生活和作
用而获得权力，但她不只是一个随身携带蜂蜜酒杯的女主人，她在宫
廷②中的作用与社会上其他妇女所起的作用一样：她们在宫廷是家族
之间的纽带，为了结成友谊或修复血亲集团之间的和平而创建和形成
联盟。老国王的妻子似乎是最有希望成为保持和平的桥梁，她象征着
获得合法权力的路径，但不能以她自己的名誉行使这种权力。③ 也就
是说墨洛温王朝的王后们始终是国王的附属品，她是与国王捆绑在一
起的执政者，不会单独执政。比特尔（Lisa M. Bitel）也认为，5～6
世纪的法兰克墨洛温王后的地位和财富完全依靠她的丈夫。④

　　斯坦福德（Pauline Stafford）认为王后的权力问题在某种意义上
说是一个性别问题，她的权力源自以国王为核心的男性世系认同，王
后最常见的身份是老国王的妻子、小国王的母亲。⑤ 王后的权力部分

---

①　Janet L. Nelson, "Queens as Jezebals: the Careers of Brunhild and Balthild in Merovingian History", in *Politics and Ritual in Early Medieval Europe* London and Ronceverte: The Hambledon Press, 1986, p. 7.

②　法兰克墨洛温的宫廷是不固定的。宫廷是处理政务的场所，也是交际和庆典的场所。具体描述参见［德］汉斯－维尔纳·格茨《欧洲中世纪生活：7—13世纪》，王亚平译，东方出版社，2002，第182～184页。

③　Michael J. Enright, *Lady with a Mead-Cup: Ritual, Group Cohesion and Hierarchy in the Germanic Warband.* Frühmittelalterliche Studien 22, Berlin and New York, 1988, pp. 200－201.

④　L. M. Bitel, *Women in Early Medieval Europe, 400－1100*, Cambridge University Press, 2002, p. 81.

⑤　Pauline Stafford, *Queens, Concubines and Dowagers: The King's Wife in the Early Middle Ages*, Leicester University Press, 1998, Pref. 18.

取决于她影响国王的能力，她是国王的一个亲密顾问。^①

伍德（Ian N. Wood）对弗雷德贡德、布伦希尔德和拉戴贡德三位王后作了考察，他指出墨洛温历史上有很多时候是女性掌权，但这种权力不是来源于萨利克法典中妇女拥有继承土地的权利，而是因为墨洛温政治结构给予她掌权的机会。^② 他赞成斯坦福德的观点，认为王后的权力取决于她与丈夫的关系，她作为国王的妻子，为他抚养继承人；取决于王后对财产的管理和支配，她作为国王的耳目，掌管着他的"钱袋"。他也指出王后的权力始于国王的寝宫，无论是王后还是姘居情人，如果国王不再喜欢她，那么她将立刻失去曾经努力获得的各种权力。

国王权力的大小直接影响着王后权力的大小。国王是一个较大王国的统治者，还是一个较小王国（公国）的统治者，这直接影响到王后的权力和地位。康罗伊（Derval Conroy）认为："后权是一种变动不居的动态的历史现象"，后权与王权绞合在一起。^③ 艾伦法艾特（Theresa Earenfight）认为，中世纪早期蛮族王国被视为是家族的私有财产，"所有的王后旁边都站着一位国王"^④。王后作为国王的妻子，为其生儿育女，与国王一道管理着王国。中世纪早期王室是王后权力的源泉，凭借着王室，王后能合法地施加她的影响并与他人结成同盟和荫庇的主客关系。王后是其子女的继承权的重要保障，从而也是其统治权力的重要保障。维姆普（Suzanne Fonay Wemple）也认为，王后能凭借她的孩子们获得安全并行使少量的权力，无子的王后

---

① Pauline Stafford, *Queens, Concubines and Dowagers*, p. 98, 192.

② Ian Wood, *The Merovingian kingdoms 450 – 751*, London and New York：Longman, 1994, p. 120.

③ Derval Conroy, *Ruling Women：Government, Virtue and the Female Prince in Seventeeth-Century France*, Palgrave Macmillan, Vol. 1, 2016, p. 30.

④ Theresa Earenfight, *Queenship in Medieval Europe*, Palgrave Macmillan Press, 2013, p. 6.

很难确保她的地位。①

　　当下学界重视研究墨洛温王后的权力。弗拉克里（Paul Fouracre）和格伯丁（Richard A. Gerberding）着重探讨了墨洛温后期的王后，他们认为，达戈贝特一世（Dagebert I, 奥斯特拉西亚王，632～639 年统一墨洛温王国）的王后南特希尔德（Nantéchild）、西吉贝特三世（Sigebert III, 奥斯特拉西亚王，634～656 年）的王后西米希尔德（Chimnechild）和克洛维二世（Clovis II, 纽斯特里亚－勃艮第王，639～657 年）的王后鲍尔希尔德（Balthild），这些人虽然都依赖其丈夫和男性子嗣，但自身也有很大的权力，都有其监护权，其王后的身份意义特殊。墨洛温王后不仅是在她们丈夫在位时发挥政治作用，而且更多的是作为幕后操纵者，即作为小国王的母亲，甚至祖母影响王国政治。② 阿特金森（Clarissa Atkinsonp）认为：“国王的母亲比国王的妻子获得的更多”③，但从保留下来的文学作品看，中世纪早期的王后仍是“不重要的”。④ 格茨（Hans-Werner Goetz）认为，王后权力的大小取决于她的个人能力，而不是性别差异。⑤ 哈里森（Dick Harrison）不同意这一说法，他强调中世纪早期的性别差异对于理解当时社会的运作方式意义重大。⑥

（二）关于王后的出身与王室婚姻习俗的讨论

　　法兰克墨洛温王朝的王后不一定有良好的家世和出身，即便是出

① Suzanne Fonay Wemple, *Women in Frankish Society: Marriage and Cloister, 500 - 900*, University of Pennsylvania Press, 1981, p. 59.
② Paul Fouracre and Richard A. Gerberding, *Late Merovingian France*.
③ Clarissa Atkinsonp, *The Oldest Vocation: Christian Motherhood in the Middle Ages*, Ithaca and London: Cornell University Press, 1991, pp. 90 - 91.
④ Clarissa Atkinsonp, *The Oldest Vocation*, p. 82.
⑤ Hans-Werner Goetz, *Frauen im frühen Mittelalter: Frauenbild und Frauenlebench im Frankenreich*, Weimar, Cologne and Vienna, 1995, pp. 52 - 53, 402 - 403, 407 - 414.
⑥ Dick Harrison, *The Age of Abbesses and Queens*, pp. 28 - 29.

身高贵的外国公主，其地位对她作为王后的地位影响也不大。大多数墨洛温王后的家世背景并不为后人所知。华莱士－哈德里尔（J. M. Wallace-Hadrill）认为，王室家族的地位如此之高，其血统不会因配偶而变得更高贵，也不会因配偶而变得更低下。[1] 也就是说，墨洛温国王并不在意其迎娶的对象出身高贵还是卑微。对此，斯坦福德有不同看法，她指出，国王选择出身卑微的女子为妻或许是国王的"审慎选择"[2]，即国王试图摆脱由婚姻造成的复杂裙带关系的约束。麦克纳马拉（J. Ann McNamara）、范达姆（Raymond Van Dam）、哈索尔（Guy Halsall）等人持有与斯坦福德基本相同的观点，他们认为王后的卑微出身使她们对国王更有吸引力，因为她们的身份使得她们会一直依靠她们的丈夫。相形之下，出身贵族的妇女对于国王来说可能更危险，因为她们拥有有权势的朋友、亲戚，拥有自己的土地。[3] 国王查理贝特一世（Charibert I）的三位王后梅罗夫蕾德（Merofled）、玛尔科韦法（Marcovefa）、提奥德希尔德（Theudechild）出身低微[4]；奥斯特拉西亚国王提奥德贝特二世的王后比利希尔德（Bilichild）曾是奥斯特拉西亚宫廷中布伦希尔德王后的女奴。[5] 布伦希尔德之子希

---

① J. M. Wallace-Hadrill, *The Long-haired Kings*, New York: Barnes and Noble Inc., 1962, pp. 203 – 204.

② Pauline Stafford, *Queens, Concubines and Dowagers*, p. 38.

③ J. McNamara, J. E. Halborg and G. Whatley (eds. and trans.), *Sainted Women of the Dark Ages*, Durham, N. C. and London: Duke University Press, 1992, p. 264; Raymond Van Dam, "Merovingian Gaul and the Frankish Conquests", in Paul Fouracre (ed.), *The New Cambridge Medieval History*, *volume c. 500 – c. 700*, Cambridge: Cambridge University Press, 2005, pp. 227 – 230.; Guy Halsall, *Settlement and Social Organization: The Merovingian Region of Metz*, Cambridge: Cambridge University Press, 1995, p. 37.

④ Gregory of Tours, *The History of the Franks*, trans. by L. Thorpe, Harmondsworth, Penguin, 1974, IV. 26, p. 220.

⑤ J. M. Wallace-Hadrill (trans.), *The Fourth Book of the Chronicle of Fredegar*, chap. 35, Greenwood Press, 1981, p. 23.

尔德贝特二世（Childebert II，570～595 年）娶他出身低微的情人法
伊柳巴（Faileuba）为妻；奥斯特拉西亚国王西吉贝特三世的母亲拉
格尼特鲁德也是国王的情人；最典型的例子是出身低微的著名王后弗
雷德贡德。范达姆认为，布伦希尔德和弗雷德贡德分别代表着墨洛温
国王不同的婚姻选择。前者出身高贵，后者出身卑微。早期墨洛温王
国弱小，国王需要通过与邻国王室联姻来增强其权力。但是到 6 世纪
后期，墨洛温国王更加关注继承问题，更加关注王室的男性子嗣，所
以不介意选择出身低微的女子为妻。①

　　王后的出身问题引起了学者们对墨洛温王室婚姻习俗的讨论。从
有关资料来看，墨洛温国王大都多妻，所以很多学者认为，当时国王
的婚姻事实上是一夫多妻。维姆普通过克洛塔尔一世、查理贝特一世、
希尔佩里克一世和达戈贝特一世的例子，证明皈依罗马公教后的墨洛
温王室遵循的仍然是一夫多妻的习俗。② 弗拉克里等学者也认为墨洛
温国王是多妻的。③ 艾伦法艾特指出，中世纪早期的王后不同于后来
的王后，那时多妻和姘居是被认可的习俗④。在维姆普的谱系表中，国
王达戈贝特（623～639 年在位）有五位王后和一些不知名的情人。⑤

　　墨洛温国王在事实上的多妻给学者们造成了一个棘手的问题，即
国王的妻子们地位是否有高低之分？王后是否是其中唯一的？她们以
何种方式共存于国王身边？这些都是当前学者们关注的问题，但意见
分歧很大。

---

① Raymond Van Dam，"Merovingian Gaul and the Frankish Conquests"，p. 228.
② Suzanne Fonay Wemple，*Women in Frankish Society：Marriage and Cloister*，500 – 900，
　 pp. 38 – 39.
③ Ian Wood（ed.），*Franks and Alamanni in the Merovingian Period：An Ethnographic
　 Perspective*，The Boydell Press，1998，p. 425.
④ Theresa Earenfight，*Queenship in Medieval Europe*，p. 17.
⑤ Suzanne Fonay Wemple，*Women in Frankish Society：Marriage and Cloister*，500 – 900，
　 pp. xii-xiii.

（三）有关王后公共角色的讨论

学者们对于墨洛温王后公共角色的讨论主要集中在两个方面，一是王后的道德形象；二是王后对王国事务的参与。圣徒传呈现的王后形象往往谦卑、仁慈、虔诚，这其实是对王后作为一种公共角色的期待。墨洛温王朝时期的王后大多慷慨捐赠和庇护宗教机构，也救济穷人，一些王后被教会奉为圣徒，在麦克纳马拉等人编写的中世纪早期妇女圣徒传记中就有克洛蒂尔德、拉戴贡德和鲍尔希尔德的传记。[①]这三位王后分属于不同时期，在墨洛温时代法兰克社会的基督教化进程中发挥了突出作用。克洛蒂尔德力劝克洛维一世皈依正统基督教（公教），拉戴贡德虔诚苦修，鲍尔希尔德大力推行本尼迪克特（Benedict，480~547 年）－哥伦班男女混合修道会规。[②]舒伦伯格（Jane T. Schulenburg）认为，王后－圣徒集中体现了当时社会的价值追求和规范。[③]学者对这些王后－圣徒多有关注。麦克纳马拉、弗拉克里、库恩（Lynda L. Coon）等人在分析王后个人经历的基础上，探讨了圣徒传作者们撰写王后－圣徒的意图。[④]库恩认为，弗图纳图斯将拉戴贡德描绘成女执事既是为了确保这位王后放弃婚姻的合法性，也是为了维护国王的尊严和面子。宝多妮维雅适当地突出了拉戴贡德

---

① J. McNamara, J. E. Halborg and G. Whatley（eds. and trans.），*Sainted Women of the Dark Ages*, pp. 38 – 50, 60 – 105, 264 – 278.

② 本尼迪克特的妹妹创建了修女院，他帮助她制定了修女会规。哥伦班 590 年到西欧大陆传教，倡导男女混合修道的会规。

③ Jane Tibbetts Schulenburg, "Female Sanctity: Public and Private Roles, ca. 500 – 1100", in Mary Erler and Maryanne Kowaleski（eds.），*Women and Power in the Middle Ages*, The University of Georgia Press, 1988, p. 102.

④ J. McNamara, J. E. Halborg and G. Whatley（eds. and trans.），*Sainted Women of the Dark Ages*, pp. 2 – 15, 38 – 40, 60 – 65, 264 – 267; Paul Fouracre and Richard A. Gerberding, *Late Merovingian France*, pp. 97 – 118. Lynda L. Coon, *Sacred Fictions: Holy Women and Hagiography in Late Antiquity*, Philadelphia: University of Pennsylvania Press, 1997, pp. 126 – 141.

的政治敏锐性和她在圣物控制方面的权威性。① 基钦（John Kitchen）认为，维姆普和麦克纳马拉所宣称的女性作家笔下的王后－圣徒是"仁慈"的这一论断是不正确的。②

　　当下学界在充分利用编年史、圣徒传、书信集等史料的基础上，对墨洛温王后的政治角色进行了探讨。奈尔森认为，理解布伦希尔德和鲍尔希尔德的公共角色，首先要将她们定位为人，而不应该首先从性别上定位她们，她们有时跟男人一样发挥着重要作用。布伦希尔德和鲍尔希尔德在主教的选任上就有很大影响。③ 沃尔夫拉姆（Herwig Wolfram）认为，在克洛维一世决定皈依公教的过程中，王后克洛蒂尔德发挥了重要作用。④ 斯坦福德也认为，克洛蒂尔德顶着压力成功说服克洛维一世皈依公教，这显示了王后对国王的影响。墨洛温王后不仅影响了法兰克王国的皈依，而且也影响了后来的宗教改革。⑤ 有一种观点认为，克洛维一世之所以皈依罗马公教是由于在阿勒曼尼战争⑥中得到了"神迹"的帮助，但尚策尔（Danuta Shanzer）认为，克洛维一世的皈依与其说与阿勒曼尼战争中的"神迹"有关，倒不

---

① Lynda L. Coon, *Sacred Fictions*: *Holy Women and Hagiography in Late Antiquity*, pp. 131 – 132, 135.

② John Kitchen, *Saints' lives and the Rhetoric of Gender*, New York: Oxford University Press, 1998, pp. 13 – 14.

③ Janet L. Nelson, "Queens as Jezebals: the Careers of Brunhild and Balthild in Merovingian History", pp. 48, 24 – 28.

④ Herwig Wolfram, *The Roman Empire and Its Germanic Peoples*, Berkeley: California University Press, 1997, p. 212.

⑤ Pauline Stafford, *Queens*, *Concubines and Dowagers*, p. 123.

⑥ 约发生于 496 年，是法兰克人与阿勒曼尼人之间的战争。在战争中克洛维一世领导的法兰克人的军队溃败，在国王克洛维一世仰天祈祷后，阿勒曼尼人开始败退，他们的国王被击毙，他们归顺了克洛维一世。克洛维一世回到法兰克之后，告诉他的王后他是如何通过呼唤上帝之名而获得了胜利。参见 J. McNamara, J. E. Halborg and G. Whatley（eds. and trans.），*Sainted Women of the Dark Ages*, p. 43 和 Gregory of Tours, *The History of the Franks*, II. 30, pp. 141 – 143。

如说与王后克洛蒂尔德的坚持有关。① 麦克纳马拉认为，王后克洛蒂尔德在克洛维一世死后之所以常住图尔，是为了巩固法兰克王国与高卢－罗马居民的关系，从而体现了王后在其丈夫死后的特殊政治意义。② 怀特（Stephen D. White）认为，王后克洛蒂尔德召集她的儿子们发动的一系列向勃艮第复仇的举动，其实是墨洛温王室扩张权势的一种途径。③

基钦认为，拉戴贡德有着重要的社会功能。她与主教们互通信件，从事慈善活动，为穷人剔除虱虫、准备餐饭，拥抱和亲吻麻风病人，与克洛塔尔协商释放犯人等都是她参与王国政治管理的重要表现。④

维姆普认为，王后无论出身高低，嫁给国王之后就进入政治和权力的世界。王后有自己的驻地和家臣，她们能影响主教的选举、利用财富建立个人效忠关系网。王后通过分发救济品、建王室教堂、将孩子们的教育托付给教会人士，从而与教俗高级人士建立了广泛的联系。⑤ 伍德指出，弗雷德贡德在她丈夫活着时就结成了荫庇关系网，她可以支配大量的财富以供她雇用杀手、收买心腹、铲除对手；达戈贝特一世死后，他的王后南特希尔德和她的支持者决定让未成年的克洛维二世继承纽斯特里亚王国，在这一事件中，王后比宫相更具影响力。⑥ 斯坦福德依据 10 世纪早期法兰克王后能够自由处置她们的土

① Danuta Shanzer, "Dating the Baptism of Clovis: The Bishop of Vienne vs the Bishop of Tours", *Early Medieval Europe*, Vol. 7, 1998 (1), pp. 51 – 52.

② J. McNamara, J. E. Halborg and G. Whatley (eds. and trans.), *Sainted Women of the Dark Ages*, p. 40.

③ Stephen D. White, "Clotild's Revenge: Politics, Kinship and Ideology in the Merovingian Blood Feud", in Samuel Kline Cohn and Steven Epstein (eds.), *Portraits of Medieval and Renaissance Living: Essays in Memory of David Herlihy*, Ann Arbor: University of Michigan Press, 1996, p. 110.

④ John Kitchen, *Saints' lives and the Rhetoric of Gender*, p. 123.

⑤ Suzanne Fonay Wemple, *Women in Frankish Society: Marriage and Cloister, 500 – 900*, p. 61.

⑥ Ian Wood, *The Merovingian kingdoms, 450 – 751*, pp. 125 – 126, 156.

地推测说,墨洛温王后很有可能也有权自由处置她们的土地。^① 不过,哈里森并不赞同作这样的推测。^②

弗拉克里和格伯丁认为,尽管现今人们对于鲍尔希尔德的身世和家境一无所知,但能肯定她是作为一名奴隶到达纽斯特里亚,后来作为摄政者^③掌控王国大权。在 7 世纪中期的政治环境之下,一位没有任何家族势力的女子拥有如此突出的政治地位,其原因是值得深入考究的。^④ 库恩认为,摄政时期的鲍尔希尔德是将宫廷政治和圣徒崇拜结合在一起的"中介",王后是贵族派系斗争的仲裁者,王后也按照一定礼仪接待重要的外交使节和教会人士。^⑤ 在格雷戈里的笔下,王后布伦希尔德和王后弗雷德贡德处处不同,但戴利(E. T. Dailey)认为,王后布伦希尔德和王后弗雷德贡德并不像格雷戈里所说的那样有明显的不同,相反,这两位王后有着趋同性,她们都与国王一起统治着王国,也都在其丈夫死后充当着未成年的小国王的监护人,都与一些主教合作和斗争,都负责孩子们的教育,都从对手手中营救自己的女儿,显示出相同的政治角色。^⑥

---

① Pauline Stafford, *Queens*, *Concubines and Dowagers*, p. 103.

② Dick Harrison, *The Age of Abbesses and Queens*, p. 58.

③ 关于王后"摄政"一词的使用,勒高夫有着不同看法。他指出"先王的遗孀也就是国王的母亲行使受托的职责,历史学家们将这种职责称为'摄政',其实这是不正确的,因为摄政一词迟至 14 世纪才出现,它所指的是一种在法律上有相当明确定义的正式职务。在 12 和 13 世纪,受国王之托的人即使真的担负起管理国务的重任,他们也只不过是'监护'而已"。然而,他也在使用"摄政""执政班子"等词来描述这种国王年幼时管理王国事务的特殊现象。笔者认为中世纪早期的许多现象正是后世政治职务中的一种雏形,恰好见证了后权的发展历程。因而,即便"摄政""后权"等术语是属于后世的政治话语体系,也可以用来描述墨洛温王朝王后参与政治事务的特殊现象。详见〔法〕雅克·勒高夫《圣路易》,许明龙译,商务印书馆,2002,第 83～87 页,第 209 页。

④ Paul Fouracre and Richard A. Gerberding, *Late Merovingian France*, p. 97.

⑤ Lynda L. Coon, *Sacred Fictions*:*Holy Women and Hagiography in Late Antiquity*, p. 136.

⑥ E. T. Dailey, *Queens*, *Consorts*, *Concubines*:*Gregory of Tours and Women of the Merovingian Elite*, Koninklijke Brill NV, Leiden, The Netherlands, 2015, pp. 139－140.

二　国内研究状况

目前国内学界对于墨洛温王后的研究还没有专门的论著问世。一些论文对墨洛温王后有零星的介绍，大多是关于克洛蒂尔德和拉戴贡德的生活，而且多是侧重于她们在宗教方面的影响。

裔昭印等学者在《西方妇女史》中对中世纪的西方女性作了整体介绍，认为"教会在适应日耳曼民族对婚姻和性的看法与做法"，用王后拉戴贡德的例子说明日耳曼习俗的延存。同时，也指出六七世纪，死去国王的寡妇是新任国王或篡权者瞄准的对象，她们被认为是权力的输送管，能够把对王位继承的合理要求转到新的丈夫那里去，提到了西吉贝特的王后布伦希尔德与她丈夫的侄子墨洛温的婚姻。作者用查理贝特的寡妻－王后嫁给国王贡特拉姆的例子说明婚姻中的妇女只是一种交易品。①

王亚平在其译著《欧洲中世纪生活》中谈到中世纪人的婚姻程序，并列举了墨洛温国王查理贝特的多妻状况，说明解除一项婚姻是一个政治事件；提到王后拉戴贡德作为已婚妇女的禁欲修行方式。②

王忠和在《新编法国王室史话》中简述了克洛蒂尔德的信仰、布伦希尔德和弗雷德贡德之间的仇杀等内容，其中两幅插图引人注目，即克洛蒂尔德在圣马丁墓前乞求她的儿子们不要开战的插图和弗雷德贡德王后的插图。③ 陈文海、王文婧在分析《法兰克人史》的写作意图时提到了克洛蒂尔德王后与王国的继承问题。④ 陈文海还在《百年学讼与"弗

---

① 裔昭印：《西方妇女史》，商务印书馆，2009，第 162 ~ 165 页。
② ［德］汉斯 - 维尔纳·格茨：《欧洲中世纪生活》，王亚平译，东方出版社，2002，第 32 ~ 35 页，第 39 ~ 40 页，第 46 页。
③ 王忠和：《新编法国王室史话》，百花文艺出版社，2002，第 12 ~ 28 页。
④ 陈文海、王文婧：《墨洛温王朝的"国土瓜分"问题——〈法兰克人史〉政治取向释读》，《历史研究》2014 年第 4 期，第 116 ~ 129 页。

莱德加"信度问题》一文中提到关于布伦希尔德记载的可信度问题。①

李隆国在《释"异乡的旅人"——晚年克洛维对王国的处置》一文中提到，克洛维家庭内部的信仰成分复杂。"他本人信仰民族宗教，一个妹妹信仰阿里乌斯教派，后妻及其诸子信仰天主教，前妻以及其子则信仰不详。"有一份赠地令状，是为了王后克洛蒂尔德和她的三个儿子的宗教幸福而签发的，却没有提到他的大儿子提奥德里克。② 另外，他在《兰斯大主教圣雷米书信四通译释》中提到了王后布伦（隆）希尔德致东罗马皇帝莫里斯的信件。③

李建军在其博士学位论文《从贵妇到修女——西欧中世纪贵族妇女修道原因初探》中选取了墨洛温王后拉戴贡德，探讨了贵族妇女的修道原因和条件限制。④

徐晨超在其硕士学位论文《墨洛温王朝早期法兰克人的基督教信仰》中提到了墨洛温王室婚姻中的氏族遗风。⑤ 武可在他的博士论文《理想与实际：图尔主教格雷戈里的圣徒传研究》中谈到普瓦提埃王家修道院时涉及王后拉戴贡德。⑥ 孙昌威讨论了克洛蒂尔德的身世和遭遇，认为克洛蒂尔德在克洛维一世皈依过程中起了极为重要的作用。⑦

① 陈文海：《百年学讼与"弗莱德加"信度问题》，《史学史研究》2015 年第 3 期，第 84 ~ 91 页。
② 李隆国：《释"异乡的旅人"——晚年克洛维对王国的处置》，《北大史学》2005 年，第 19 页。
③ 李隆国：《兰斯大主教圣雷米书信四通译释》，《北大史学》2013 年第 1 期，第 247 ~ 269 页。
④ 李建军：《从贵妇到修女——西欧中世纪贵族妇女修道原因初探》，首都师范大学博士学位论文，2007。作者经过考察普瓦提埃修女反叛事件的最终审判结果发现，墨洛温时代选任修女院院长一职不会考虑她们的出身和财产，收取入院费是 8 世纪后期的事。
⑤ 徐晨超：《墨洛温王朝早期法兰克人的基督教信仰》，华东师范大学硕士学位论文，2009。
⑥ 武可：《理想与实际：图尔主教格雷戈里的圣徒传研究》，北京师范大学博士学位学位论文，2015。
⑦ 孙昌威：《女人、战争与改宗——克洛维皈依基督教》，《世界文化》2010 年第 11 期，第 45 ~ 46 页。

第三节　本书基本思路及所引基本史料

本书以法兰克墨洛温王朝的王后群体为研究对象，叙述墨洛温时期王后与国王的关系，王后的财产支配和政治参与，以及王后与教会的关系，展现王后在墨洛温王朝时期特殊的历史角色。笔者对有详细材料记载的几个墨洛温王后作了个案描述，并以这些王后的生平与活动为依据展开论述。本书思考的主要问题是，王后是怎样获得并运用权力？王后如何建立自己的关系网并发挥影响？如何保护她自己和她的孩子们？王后怎样维护王国的和平与秩序？

以下对本书所依据的基本史料略作说明。

格雷戈里的《法兰克人史》和匿名的《法兰克人史》

《法兰克人史》又称《法兰克历史十书》，是由图尔主教格雷戈里（538/539～594年）于573～594年写作而成，记载至591年，是研究墨洛温王朝的重要史料。书中有关墨洛温王后的资料较为丰富。格雷戈里的创作有着明确的目的和导向，以对比的手法大篇幅地描述了王后布伦希尔德和王后弗雷德贡德之间的争斗。格雷戈里在塑造王后形象时主要是为他自己的声誉做宣传，他的主教职位主要得益于王后布伦希尔德的支持，因此，在书中大力褒扬布伦希尔德，而贬抑她的对手王后弗雷德贡德。《法兰克人史》中有关王后的资料，一方面为后人探讨墨洛温王后提供了依据，另一方面这些记录又渗透着格雷戈里本人的主观意图。因而，在运用《法兰克人史》分析墨洛温王后形象时应结合其他相关资料。

匿名的《法兰克人史》成书于 726～727 年间。该作品在整理格雷戈里《法兰克人史》的基础上，主要增加了墨洛温王朝后期的历史，约记载至 721 年。他对王后弗雷德贡德有着较为客观的描述，不仅记载了她的个人生活，还记载了她的一些军事活动。

《弗里德加》编年史[①]

《弗里德加》编年史成书于 660 年左右。书中着重叙述墨洛温王朝的派系斗争，特别记载了家族之间的关系。王后也是该书的主题之一，书中详细记载了王后布伦希尔德对奥斯特拉西亚和勃艮第两个王国的政治干预、她与纽斯特里亚国王克洛塔尔二世之间的争斗，记载了达戈贝特一世的王后南特希尔德的摄政、她与贵族之间的合作与冲突等内容，可以说弗雷德加的世界就是国王、王后和宫相的世界。[②]因而，这些内容为我们探讨墨洛温时期王后的历史角色提供了重要资料。

各类圣徒传

本书使用了中世纪早期的一些圣徒传记，主要包括《圣哥伦班传》（爱尔兰传教士）、《圣克洛蒂尔德传》（克洛维一世的王后）、《艾里基乌斯传》（努瓦永主教）、《圣拉戴贡德传》（克洛塔尔一世的王后）、《圣鲍尔希尔德传》（克洛维二世的王后）、《主教威尔弗雷德传》（爱迪乌斯·斯蒂芬纳斯写于 720 年左右）、《鲁昂的埃布罗因》（纽斯特里亚宫相）、《留德加传》（奥顿主教）、《圣奥尼穆德传》（里昂主教）、《圣普雷吉克图斯传》（克莱蒙主教）。以下着重

---

① 我国学界关于弗里德加的详细讨论见李隆国《〈弗里德加编年史〉所见之墨洛温先公先王》，《史学史研究》2012 年第 4 期，第 83～92 页；李隆国《都尔主教格雷戈里与中古拉丁史学的兴起》，《史学史研究》2015 年第 2 期，第 68～79 页；陈文海《百年学讼与"弗莱德加"信度问题》，《史学史研究》2015 年第 3 期，第 84～91 页。

② Dick Harrison, *The Age of Abbesses and Queens*, p. 220.

对三部王后－圣徒传记做一些说明。

《圣克洛蒂尔德传》详细讲述了克洛维一世的王后克洛蒂尔德的身世、婚姻，勾勒了她的孩子们的人生，讲述了她建立修道院时出现的"奇迹"和她死时出现的"奇迹"。

《圣拉戴贡德传》有弗图纳图斯（Venantius/Fortunatus）和宝多妮维雅（Baudonivia）记载的两个版本，都写于 590 年以后。弗图纳图斯是意大利北部的罗马人，在阿奎利亚长大，然后到了拉文纳，主要接受的是传统古典文化教育，辅修《圣经》和教父作品。他深受古典文化的影响，所以，在创作《圣拉戴贡德传》时将古罗马的殉教者作为标准，以塑造拉戴贡德的圣徒形象。宝多妮维雅写圣徒传的一个重要动机是重塑拉戴贡德所建的普瓦提埃修女院的声望。她的写作模式主要是模仿苏尔皮西乌斯·塞维鲁斯（Sulpicius Severus，363～425 年）对圣马丁的描写。[①] 她将"幻象"和"奇迹"作为她的主题，进一步丰满了拉戴贡德的神圣形象，这位王后被描绘成仁慈与和平的福音主义者。王后要求修女们必须为所有人祈祷，不能只关注个人的救赎。她被锻造成超越国界的基督教的女英雄，在阿奎丹有大量的教区教堂崇拜她。[②]

《圣鲍尔希尔德传》有 7 世纪人所写的版本和 8～9 世纪改写的版本。现今可用英文译本有两种，一种是弗拉克里的翻译本（1996年），另一种是由麦克纳马拉在《黑暗时代的女圣徒》中的翻译本（1992 年）。麦克纳马拉等学者认为，7 世纪的鲍尔希尔德传的作者很可能是谢尔修道院的一名修女，她大力突出鲍尔希尔德的神圣品性。[③]

---

① Yitzhak Hen, *Culture and Religion in Merovingian Gaul*, 481 – 751, Leiden, (*Cultures, Beliefs and Traditions: Medieval and Early Modern Peoples, No. 1.*) New York and Cologne: E. J. Brill, 1995, p. 193.

② J. M. Wallace-Hadrill, *The Frankish Church*, Oxford: Clarendon Press, 1983, p. 56.

③ "Balthild, Queen of Neustria", J. McNamara, J. E. Halborg and G. Whatley (eds. and trans.), *Sainted Women of the Dark Ages*, 1992, p. 265.

弗拉克里和格伯丁则认为，该作品是由一位男性所作。[①] 7 世纪的版本简单直接，属于典型的墨洛温后期拉丁作品，其受众更为广泛；8 ~ 9 世纪的版本拉丁语味道更浓，语言更为华丽。据桑德斯（G. Sanders）的研究，8 ~ 9 世纪的版本已将 7 世纪版本中所记载的政治斗争改写成谢尔修道院修女之间的争斗。[②] 传记内容可见鲍尔希尔德对当时的修道生活的影响以及修道院对她的崇拜。

---

① 　Paul Fouracre and Richard A. Gerberding, *Late Merovingian France*, p. 115, 118.

② 　Paul Fouracre and Richard A. Gerberding, *Late Merovingian France*, p. 116.

第一章

王后与王室

关于墨洛温时代的史料比较稀少，也比较分散，有关王后的史料更是如此。本书的论述所依据的事例主要来自墨洛温时代的五位王后，因此，本章对这五位王后作个案描述，并对墨洛温王室婚姻习俗及与王后身份相关的王子继承问题作一些分析。

第一节　五王后

　　在奈尔森、维姆普和艾维希①列出的众多墨洛温国王和他们的女性伴侣中，笔者发现有些国王是多妻的，有些国王虽然只有一位妻子，但还有不止一位姘居情人。鉴于此种情况，笔者选取五位墨洛温王后为主要考察对象，她们是墨洛温王朝的开创者国王克洛维一世的王后克洛蒂尔德、她的儿子克洛塔尔一世的王后拉戴贡德、墨洛温第三代国王西吉贝特和希尔佩里克这两位同父异母的兄弟各自的王后布伦希尔德和弗雷德贡德以及墨洛温第六代国王克洛维二世的王后鲍尔希尔德。选取她们作为主要考察对象的原因在于：一是克洛蒂尔德、拉戴贡德和鲍尔希尔德是墨洛温王朝的三位王后－圣徒，布伦希尔德和弗雷德贡德不是圣徒，但在墨洛温政治舞台上异常活跃；二是她们出身多样化，克洛蒂尔德、拉戴贡德、布伦希尔德是出身高贵的异国公主，而弗雷德贡德和鲍尔希尔德出身卑微；三是从史料的可操作性看，图尔的格雷戈里等当时的作者对她们有较为详细的记载，不仅有王后的圣徒传，而且有布伦希尔德和拉戴贡德的书信作品留存下来；四是她们生活在墨洛温各个时期，人们甚至可以将她们作为墨洛温历史发展的节点来看待。

---

① Eugen Ewig, "Die Namengebung bei den ältesten Frankenkönigen und in merowingischen königshaus. Mit genealogischen Tafeln und Notizen", Francia 18 (1), 1991, pp. 21 – 69.

一 克洛蒂尔德

克洛蒂尔德（Clotilde/Chrothildis，死于545年）是勃艮第王国的一位公主，她的母亲是高卢－罗马人，父亲是勃艮第国王希尔佩里克二世。据说，她的其中一位名叫贡多巴德的叔叔杀死了她的父亲。[①] 511年克洛维一世去世后，她守寡33年，此间，她带领儿子们与继子争斗，扶持他们成功获得王位。图尔的格雷戈里的《法兰克人史》、《圣克洛蒂尔德传》、《弗雷德加》和匿名的《法兰克人史》都对她与克洛维一世的姻缘有记载。

克洛维一世是墨洛温王朝的创立者，在481～511年统治着法兰克王国。他在迎娶克洛蒂尔德之前已经有一位姘居情人，而且生了个儿子名叫提奥德里克。[②]

史料中记载了克洛维一世迎娶克洛蒂尔德的整个过程。最初发现克洛蒂尔德的是克洛维一世派去勃艮第的使节。他们在勃艮第国王贡多巴德的宫廷看到了"聪慧美丽、端庄得体的少女克洛蒂尔德"[③]。回去之后，使者就向国王讲起这位公主，克洛维一世告诉他的武士们："我生活中需要一位高贵的妻子，她抚育的后代可能在我死后管理这个王国，所有人都赞成国王的意愿。"[④] 接着，国王便派出使节奥雷利安去勃艮第向克洛蒂尔德本人求婚：

> 弗洛多维希（Flodoveus，即克洛维）派他（奥雷利安）去

---

① Gregory of Tours, *The History of the Franks*, Ⅱ. 28, p. 141.

② Gregory of Tours, *The History of the Franks*, Ⅱ. 28, p. 141.

③ "Clothild, Queen of the Franks", J. McNamara, J. E. Halborg and G. Whatley (eds. and trans.), *Sainted Women of the Dark Ages*, p. 41.

④ J. McNamara, J. E. Halborg and G. Whatley (eds. and trans.), *Sainted Women of the Dark Ages*, p. 41.

勃艮第拜见国王贡多巴德，要求将他的侄女带到高卢当王后。克洛蒂尔德是一名基督徒，在某个周末去做弥撒的路上，按她的习惯，她要向穷人分发救济品。奥雷利安坐在穷人中间假装乞求救济。圣克洛蒂尔德走近他并给了他金子，当她做这些的时候，他亲吻了她的手并从后面拽了拽她的斗篷。后来，圣克洛蒂尔德派她的女仆将奥雷利安带来见她，并询问他为什么假装穷人，为什么拽她的斗篷？……他说是国王弗洛多维希派他来见她，并且说国王想娶她为妻。看看他的戒指、其他装饰品和订婚礼服吧！圣克洛蒂尔德接受了戒指和其余的礼物并将它们放进她叔叔的国库里。①

这次求婚最初并不是公开的王国之间的联姻，而是法兰克使节直接与克洛蒂尔德接触，希望获得她的同意。她收下了求婚礼物，然后说：

"请代我问候你们的国王，但是我不知道我该如何做才能达到你所要求的。因为一名基督徒和异教徒结婚是不合乎习惯法的。不要让任何人知道此事，由上帝的意志决定吧，你可以平平安安回你自己的王国去了。"②

第二年，克洛维一世再次派奥雷利安去勃艮第求亲。这次是公开向国王贡多巴德提亲。贡多巴德听说该消息后，担心克洛维一世是在找机会入侵勃艮第，没有答应亲事。勃艮第人听说此事后，害怕激怒法兰克人，敦促贡多巴德答应亲事，然后，贡多巴德将克洛蒂尔德和一些王家饰物交给了奥雷利安。"她同意他领她去法兰克的苏瓦松城

---

① J. McNamara, J. E. Halborg and G. Whatley（eds. and trans.），*Sainted Women of the Dark Ages*，p. 42.

② J. McNamara, J. E. Halborg and G. Whatley（eds. and trans.），*Sainted Women of the Dark Ages*，p. 42.

见国王弗洛多维希。在那里国王欣喜地接受了她，并合法地（legally）与她成婚。"① 使节奥雷利安与克洛蒂尔德的对话表面上看是王后克洛蒂尔德有很大的主动权，而实际上反映了国王克洛维一世迎娶她的政治意图是通过她开启与勃艮第国王贡多巴德的王国外交。

克洛维一世和克洛蒂尔德订婚的故事表明新娘属于礼物和交换体系中的一部分，生动地描绘了订婚礼物所产生的义务。不可否认，这个故事有些史诗传说的成分，但其背后的精神世界是属于墨洛温时代的，充分反映了当时人眼中的王室婚姻观。这种通过交换礼物产生的婚姻缔结形式在墨洛温时期具有普遍性。

尚策尔等学者推测，在克洛蒂尔德之前，克洛维一世可能与贡多巴德的姓名不详的女儿已有婚约，而阿维图斯便是这桩外国婚姻的筹划者。这位公主于501年不幸意外死亡，而两个王国的婚约不能撕毁，所以才有了克洛蒂尔德代替已故公主与克洛维一世结合的婚姻。②

这桩婚姻至少表明以下几点：一是墨洛温初期国王要迎娶异国公主首先要知会他的武士们并经得他们的同意，然后派使臣带着大量礼物去求婚；二是国王是否有其他女人、是否有子嗣并不影响他与出身高贵的公主缔结婚约；三是国王娶妻之时许诺让她所生后代继承王国，但并没有说他与姘居情人所生之子没有继承权；四是经过这种程序缔结的婚姻被时人认为是合法婚姻。

在格雷戈里和弗图纳图斯等人眼中，被誉为合法婚姻典范的是克洛维之孙国王西吉贝特一世与西哥特公主布伦希尔德的婚姻。

---

① J. McNamara, J. E. Halborg and G. Whatley (eds. and trans.), *Sainted Women of the Dark Ages*, p. 43.

② Danuta Shanzer and Ian Wood (trans.), *Avitus of Vienne Letters and Selected Prose*, Liverpool University Press, 2002, p. 20, 208; Shanzer, "Dating the Baptism of Clovis", p. 55.

二　布伦希尔德

布伦希尔德（Brunehild/Brunichild，534～613 年）是西哥特国王阿塔纳吉尔德（Athanagild）和妻子戈伊思温特（Goiswinth）的女儿。除了知道她放弃了她父母的阿里乌斯（Arians）信仰皈依公教之外，人们对她在其丈夫西吉贝特活着时的经历知之甚少。布伦希尔德有两段婚姻，一是以西哥特公主的身份嫁给了西吉贝特；二是在西吉贝特死后以寡妻－王后的身份嫁给了他的侄子墨洛维。

关于她的记载主要见于两部《法兰克人史》、《弗雷德加》以及她与教皇大格里高利等人的书信往来。大格里高利暗指她是教会的改革家，称她为"最优秀的女儿"[1]；《昂德洛条约》曾称她是"最荣耀的夫人"，也正是这位夫人摄政长达 38 年之久，驱逐了圣徒哥伦班，成为墨洛温历史上饱受争议的王后。

她的丈夫西吉贝特是克洛塔尔一世之子，561 年克洛塔尔一世死后，他与希尔佩里克、贡特拉姆、查理贝特分割继承了法兰克王国，西吉贝特接管了提奥德里克一世的国土。[2]

按照西哥特的习俗，婚姻由两个法律步骤组成：订立婚约和完婚。婚约由未来的新郎和未来新娘的父亲共同签订。[3] 西吉贝特便是遵循这一习俗向布伦希尔德的父亲提亲。很显然，他是想找一个与自己身份地位般配的妻子以增强他的实力：

[1] Philp Schaff and Henry Wace（eds. and trans.），*Gregory the Great*，*Epistle XI*，Nicene and Post-Nicene Farthers，Vol. 13，New York：The Christian Literature Company，1898，p. 6.

[2] Gregory of Tours，*The History of the Franks*，VI. 4，p. 217.

[3] Katherine Fischer Drew，*Law and Society in Early Medieval Europe：Studies in Legal History*，Variorum Reprints，London，1988，VII，p. 5.

　　国王西吉贝特看到他的兄弟们娶的妻子都与他们极不般配，有些自降身份娶了他们自己的仆人。因此，他派使节载着大批礼物到西班牙向国王阿塔纳吉尔德求婚。她举止优雅得体、容貌可人、风度高雅、聪明伶俐。她的父亲没有拒绝这门亲事，并给她带了大量嫁妆将她送走。西吉贝特集合了他王国内的诸位要人、摆设宴席，高高兴兴迎娶布伦希尔德。当然，她是一个阿里乌斯信徒，但是，通过主教们的布道和国王的恳求，她皈依了正统。她接受了神圣的三位一体并作了涂油洗礼。奉基督之名，她依然是一名公教徒。①

　　格雷戈里将布伦希尔德作为国王理想的伴侣，因为她不仅带给西吉贝特大量的嫁妆，而且皈依了正统基督教，她也是他唯一的妻子。

　　诗人弗图纳图斯于 566 年到达梅斯的奥斯特拉西亚宫廷，参加了西吉贝特和布伦希尔德的婚礼并在这些宫廷要员面前唱了祝婚诗，引起了墨洛温社会上层人士的注意。他对这场婚礼大加褒扬，祝贺这位国王的统治和他的新娘皈依正统基督教：

> 你卓越的妻子因皈依公教而增辉，
> 教会之家因你的所为而强大。
> 基督因王后布伦希尔德的美德而爱她，
> 当他将她交给你时，
> 你得到的是比自己希望的更好的一切。
> 借由基督的馈赠，她与你合法地走在一起。②

---

① Gregory of Tours, *The History of the Franks*, IV. 27, pp. 221 – 222.

② Judith George (trans.), *Venantius Fortunatus: Personal and Political Poems*, Translated Texts for Historians, Vol. 23, Liverpool, Liverpool University Press, 1995, Poem 6. 1a, p. 33.

弗图纳图斯也曾赞美西吉贝特忠诚于布伦希尔德，赞美他在他们的婚姻面前忠贞不贰。在格雷戈里时期汇编的《奥斯特拉西亚书信集》中称克洛多辛德和布伦希尔德为基督的神圣教会的女儿。[1] 宝多妮维雅也称布伦希尔德是"最安详的女士"[2]。

格雷戈里在褒扬布伦希尔德的婚姻和信仰时，心中有明确的对比人物，那就是当时另一位分王国的王后弗雷德贡德。

三　弗雷德贡德

弗雷德贡德（Fredegund，545～597 年）是克洛塔尔与阿雷贡德所生之子希尔佩里克的王后，与布伦希尔德为妯娌关系，主要政治活动范围在法兰克东北部，即后来的纽斯特里亚王国。格雷戈里认为她是谋杀布伦希尔德的姐姐加尔斯温特的凶手，对她有诸多贬抑之辞。而弗图纳图斯在 580 年致希尔佩里克的颂词中称赞弗雷德贡德是品行端正而忠诚的妻子。[3] 匿名的《法兰克人史》称弗雷德贡德"美丽而聪慧过人"（pulchra et ingeniosa）[4]。

弗雷德贡德与前面两位王后的最大区别在于她出身低微。弗雷德贡德最初是纽斯特里亚国王希尔佩里克的贴身侍女，国王希尔佩里克在娶加尔斯温特之前已经娶她为妻了。567 年谋杀加尔斯温特后，弗雷德贡德成为王后，584 年成为寡妻－王后，586～597 年成为拥有政

---

① Martin Heinzelmann, *Gregory of Tours*：*History and Society in the Sixth Century*，New York：Cambridge University Press，2001，p. 167.

② J. McNamara, J. E. Halborg and G. Whatley（eds. and trans.），*Sainted Women of the Dark Ages*，Radegund 2. 16，p. 99.

③ Judith George，"Poet as politician：Venantius Fortunatus' panegyric to King Chilperic"，*Journal of Medieval History*，Vol. 15，1989（1），p. 13.

④ *Liber Historiae Francorum*，35，*Monumenta Germaniae Historica*，*Scriptores Rerum Merovingicarum*，Tomvs II，Hannoverae，1984，p. 302.

治实权的摄政王后。鲁昂主教普雷特克斯塔图斯曾嘲笑她说，他被流放后仍然是主教，而她已不是王后，一旦她失去了丈夫和儿子的保护，她将失去一切。①

弗雷德贡德取得丈夫希尔佩里克的信任主要通过以下两件大事。一是帮助希尔佩里克成功获得了西哥特公主加尔斯温特的大量嫁妆；二是刺杀了西吉贝特，解除了图尔内之困。

因嫁妆的归还问题，加尔斯温特被勒死在她的床榻之上。事情起因于她的丈夫国王希尔佩里克贪恋其带来的丰厚嫁妆，但又不可能像西吉贝特对布伦希尔德那样专情于她，而加尔斯温特似乎容不下弗雷德贡德的存在。

> 国王希尔佩里克派人向布伦希尔德的姐姐求婚，尽管他已经有了一些妻子。……当她到达希尔佩里克的宫廷时，他以极高的荣誉迎接她，让她做了自己的妻子。他很爱她，因为她随身带来了大量嫁妆。然而，不久之后他与她大吵一场，因为他也爱弗雷德贡德，他在娶加尔斯温特之前已经娶了弗雷德贡德。……按她（加尔斯温特）说，他对她一点也不尊重，她恳求他允许她回家，即便这意味着她将留下她带来的所有财物。希尔佩里克尽力假装信誓旦旦，用一些托词安抚她，最后，他借一个仆人之手将她勒死，这样，她被发现死在床上。……国王希尔佩里克为加尔斯温特的死哭泣了一番，没几天他就要求弗雷德贡德和他又睡在一起。他的兄弟们强烈怀疑是他策划了这位王后的死，他们将他逐出自己的王国。那时，他已经与第一个王后奥多韦拉（Audovera priore regina）生了三个儿子。②

---

① Gregory of Tours, *The History of the Franks*, VIII. 31, p. 462.

② Gregory of Tours, *The History of the Franks*, VIII. 31, IV. 28, pp. 222 - 223. http://www.thelatinlibrary.com/gregorytours/gregorytours4.shtml, 2017 年 3 月 28 日。

匿名的《法兰克人史》指出，"由于弗雷德贡德的邪恶建议"，希尔佩里克亲自杀死了加尔斯温特。此外，书中还增加了一个长故事，讲述弗雷德贡德如何使希尔佩里克抛弃他的另一位妻子奥多韦拉而与她结婚。作者讲述弗雷德贡德设法说服奥多韦拉，让她做了她亲生女儿希尔德辛达（Childesinda）的教母。希尔佩里克知道此事后迁怒于奥多韦拉，骂她愚蠢，然后将她驱逐并娶了弗雷德贡德，因为教会法令禁止教父母（godparents）① 之间结婚。②

希尔佩里克的婚姻状况至少表明以下几点：一是这位国王有不止一位妻子，他在迎娶加尔斯温特之前已经有奥多韦拉和弗雷德贡德两位妻子；二是在格雷戈里看来，加尔斯温特是国王的王后，奥多韦拉也是王后，而且后者已经生了三个儿子；三是获得大量嫁妆是这位国王缔结婚姻的主要动机。在希尔佩里克的整个婚姻历程中，弗雷德贡德一直受到国王宠爱，最终成为介入王国事务的王后。

在墨洛温王朝时期，与弗雷德贡德的出身和信仰形成明显对比的是她丈夫的继母拉戴贡德。

四　拉戴贡德

关于拉戴贡德王后的记载主要见于格雷戈里的《法兰克人史》、诗人弗图纳图斯《圣拉戴贡德传一》、宝多妮维雅的《圣拉戴贡德传二》以及拉戴贡德本人留下来的书信和她记录的图林根战争。在这些史料中，我们发现拉戴贡德少女时代的经历为她日后成为王后－圣徒奠定了基础。

---

① 也翻译为代父母。参见陈文海《百年学讼与"弗莱德加"信度问题》，《史学史研究》2015 年第 3 期，第 90 页。

② Richard A. Gerberding, *The Rise of the Carolingians and the Liber Historiae Francorum*, New York：Clarendon Press of Oxford University Press，1987，pp. 41 – 42.

拉戴贡德（520~587年）是图林根公主①。"她的叔叔赫尔曼弗雷德在战场上打败他的兄弟贝塔尔并将他杀死。贝塔尔死后留下一个孤女名叫拉戴贡德，他还留下几个儿子。"② 诗人弗图纳图斯没有提及她的父亲被她的叔叔杀害一事，但他说"她忍受着来自她自己家族的迫害"③。

赫尔曼弗雷德杀死她的父亲之后，又企图联合当时法兰克国王之一、克洛蒂尔德的继子提奥德里克一起去攻打拉戴贡德的另一位叔叔巴德里克。

> 他派遣密使去邀请国王提奥德里克攻打巴德里克，使他在这场战争中获利。赫尔曼弗雷德说："如果我们能设法杀掉他，我俩就平分他的王国。"听到这话，提奥德里克很高兴，便发兵攻打巴德里克。提奥德里克和赫尔曼弗雷德会合，彼此发誓守信，然后去作战。他们与巴德里克交锋，摧毁了他的队伍，砍下他的头。赢得胜利之后，提奥德里克回家了，赫尔曼弗雷德立即食言，没有履行他对提奥德里克的承诺。结果这两位国王之间有了大仇恨。④

仇恨带来的战争（约531年）在两个国王为首的法兰克人和图林根人之间展开。提奥德里克发动他同父异母的弟弟克洛塔尔一世

---

① 克洛维一世的母亲巴西娜曾是图林根王后，后逃至法兰克嫁给了克洛维一世的父亲希尔德里克。戚国淦先生指出，有的学者认为拉戴贡德所在的图林根在今天比利时东北一带，并非巴西娜所在的威悉河上游一带的图林根，但其居民可能来自后者。参见［法兰克］都尔教会主教格雷戈里《法兰克人史》，寿纪瑜、戚国淦译，商务印书馆，1996，第二卷，九，注释一，第66页；十二，注释四，第69页。
② Gregory of Tours, *The History of the Franks*, III. 4, p. 164.
③ J. McNamara, J. E. Halborg and G. Whatley（eds. and trans.），*Sainted Women of the Dark Ages*, Radegund 1, p. 71.
④ Gregory of Tours, *The History of the Franks*, III. 4, p. 164.

（Clothar I，511～558 年为苏瓦松国王，558～561 年为法兰克诸王国唯一的国王）与他并肩作战，并向他许诺，如果获胜，就分给他一份战利品。① 结果，法兰克人取得了胜利，克洛塔尔回家时"随身带走拉戴贡德作为他的那份战利品"②。此后，拉戴贡德在克洛塔尔一世的皮卡迪（Picardy）阿瑟斯（Athies）王庄上生活并接受教育，"她经常和别的孩子谈起她的愿望是有生之年成为一名殉教者"③。

从格雷戈里对赫尔曼弗雷德的王后阿玛拉贝格（Amalaberg）是个"邪恶而又残忍的妇女"④ 的记载来看，拉戴贡德寄人篱下的生活想必会雪上加霜。"她与她高贵的家人一起生活没多久，胜利的法兰克人野蛮地摧毁了这一地区，她像以色列人一样，动身离开她的家园。"⑤ 早年的凄惨经历使得她对人世的苦难有了更深的理解，图林根战争更是成为她一生的阴影，这些都为她日后虔心于宗教生活埋下了伏笔。

拉戴贡德作为克洛塔尔一世的战利品，在他的王庄上生活了十多年之后，克洛塔尔一世想娶她为妻，让她去苏瓦松做他的王后。拉戴贡德听说此事后，与几个同伴连夜经过贝拉查（Beralcha）逃出阿瑟斯。之后，虽然她答应做他的王后，但是仍虔信宗教，以致克洛塔尔一世抱怨自己娶的是修女而不是王后。⑥

---

① Gregory of Tours, *The History of the Franks*, III. 7, p. 167.
② Gregory of Tours, *The History of the Franks*, III. 7, p. 168.
③ J. McNamara, J. E. Halborg and G. Whatley（eds. and trans.），*Sainted Women of the Dark Ages*，Radegund 1, p. 71.
④ Gregory of Tours, *The History of the Franks*, III. 4, p. 164.
⑤ J. McNamara, J. E. Halborg and G. Whatley（eds. and trans.），*Sainted Women of the Dark Ages*，Radegund 1, p. 71.
⑥ J. McNamara, J. E. Halborg and G. Whatley（eds. and trans.），*Sainted Women of the Dark Ages*，pp. 71 – 72.

夜间，当她与她的王子就寝时，她请求起来并离开卧室去厕所。然后她在厕所旁披着一件毛斗篷俯伏在地祈祷，时间很长以致寒冷刺骨，只剩下心是暖的。[①]

540年左右，拉戴贡德嫁给国王克洛塔尔一世，成为第二代墨洛温王后中的一员。她一生无子女，在克洛塔尔一世死后又活了26年，是墨洛温王朝前期典型的圣徒－王后。在娶她之前，克洛塔尔一世已经娶了贡提乌克（Guntheaca）、孔西娜（Chunsinna）以及英贡德（Ingund，546年死）和阿雷贡德（Aregund）两姐妹。

国王克洛塔尔一世与他的几位妻子生了七个儿子。与英贡德生了（五个儿子和一个女儿）贡塔尔、希尔德里克、查理贝特、贡特拉姆（Guntram）、西吉贝特和一个名叫克洛特辛德的女儿；与英贡德的妹妹阿雷贡德生了希尔佩里克；与孔西娜生了克拉姆。[②]

当克洛塔尔一世在550年杀死拉戴贡德的兄弟时，她出逃并拒绝返回。"她离开这位国王径直去见努瓦永的圣梅达德"[③]，经过一番斗争之后，这位努瓦永主教接纳她成为一名修女。

随后，她去图尔的圣马丁墓前朝圣。大约544年，在平提乌斯（Pientius）任普瓦提埃主教时期，她到达普瓦提埃。587年8月16日，格雷戈里到普瓦提埃出席她的葬礼。

像拉戴贡德这种政治策略指导下的婚姻，夫妻感情并不重要，而

---

① J. McNamara, J. E. Halborg and G. Whatley (eds. and trans.), *Sainted Women of the Dark Ages*, p. 73.

② Gregory of Tours, *The History of the Franks*, IV. 3, p. 197.

③ Gregory of Tours, *The History of the Franks*, p. 75.

且极易被动卷入王国之间的血亲仇杀。在墨洛温时期，法兰克人四处征战、彼此内讧，妇女被俘为人质或作为国王之妻而带来和平，但这种和平往往是短暂的，且大多以悲剧结束。这种由女性嫁接的邦国和平时刻提醒较弱的一方铭记她的母国所遭受的伤害，从而形成宫廷潜在的反对力量。当王后的家人遭受失败和死亡时，她可能由和平制造者变为复仇者。拉戴贡德就是在她哥哥被杀之后，抛下国王克洛塔尔一世做了修女，她要求弗图纳图斯作文纪念被克洛塔尔一世所杀害的家人和他们的事迹。

在墨洛温王朝后期，有一位王后极力效仿拉戴贡德，她的出身以及她所参与的政治活动都引起当今学界的关注，她就是王后鲍尔希尔德。

五　鲍尔希尔德

鲍尔希尔德（Baldechildis/Balthild，死于 680 年）是国王达戈贝特的小儿子、第六代墨洛温国王克洛维二世（633～657 年）的王后。关于鲍尔希尔德的主要记载除了匿名的《法兰克人史》和《弗雷德加》外，还有《圣鲍尔希尔德传》。鲍尔希尔德是墨洛温后期在政治上有突出地位的王后，学界认为，在她和她的儿子希尔德里克二世之后，墨洛温国王们进入了所谓的"懒王时期"[1]。她与上述四位王后最大的不同之处在于她成为国王之妻的方式。

作为外邦女子的鲍尔希尔德，最初到达法兰克是在 7 世纪 40 年代。

---

[1]　J. Kreiner, *The Social Life of Hagiography in the Merovingian Kingdom*, Cambridge University Press, 2014, pp. 71 – 73.

上主养育了这位伟大而尊贵的女士鲍尔希尔德王后。天命呼唤她，上帝最宝贵之人，从海外到此，以低价被卖。①

据此，可以断定鲍尔希尔德对自己的身世是有记忆的，为什么传记中没有详细记载？有的学者认为，可能这种奴隶买卖现象在当时极为普遍，没有什么值得记载的；还有学者认为这是法兰克王后－圣徒形象的需要。有关她的圣徒传最完整的版本是在她死后不久，据说是由谢尔的一位修女所作。

德·琼（Mayke de Jong）指出，圣徒传中的王后鲍尔希尔德和《圣经》中的王后以斯帖有诸多相似之处，挑选她们成为国王之妻的人不是国王克洛维二世和亚哈随鲁（Ahasverus），而是宫相厄奇诺尔德和王家太监希该（Egus）。而且，这两位王后都是因美貌而吸引国王。② 哈里森也认为"克洛维二世娶鲍尔希尔德不是因为她像圣徒传中所讲的那样虔诚和讨人喜欢，很可能只是因为他发现她有女性魅力或与她相爱"③。匿名的《法兰克人史》中记载克洛维二世"极为猥琐下流，是通奸者、亵渎妇女之人，以暴饮暴食和酗酒著称"④。因而，有理由相信鲍尔希尔德是凭美貌吸引国王的。

现在，达戈贝特之子克洛维选一个名叫鲍尔希尔德的外国人为他的王后。她通情达理而迷人。⑤

纽斯特里亚人让他（达戈贝特）的儿子克洛维当了国王，

---

① Paul Fouracre and Richard A. Gerberding, *Late Merovingian France*, p. 119.

② Mayke de Jong, "Queens and Beauty in The Early Medieval West: Balthild, Theodelinda, Judith", in C. La Rocca（ed.）, *Agire da donna: Modelli e pratiche di rappresentazione（secoli vi-x）*, Collection Haut Moyen Âge 3, Turnhout, 2007, pp. 235 – 248.

③ Dick Harrison, *The Age of Abbesses and Queens*, p. 356.

④ Paul Fouracre and Richard A. Gerberding, *Late Merovingian France*, p. 89.

⑤ J. M. Wallace-Hadrill（trans.）, *The Fourth Book of the Chronicle of Fredegar*, p. 80.

他娶了一个萨克森贵族出身的名叫鲍尔希尔德的女子为妻，她美丽聪慧。①

圣徒传作者更加详细地记载了她与克洛维二世的姻缘。

当贵族（prince）厄奇诺尔德的妻子死后，他决定娶最受人尊敬的、贞洁的鲍尔希尔德为妻。获知此事之后，她急忙偷偷地躲开他的视线。当传唤她去这位贵族的卧室时，她藏在府上远处角落里的一堆破旧衣服之下，因此没有人会想到她藏在那里。的确，她仍是一位精明而谨慎的贞洁女子，逃脱了空头的显赫地位，寻求一种谦卑。她尽力避免人类的婚姻，以便她配得上最终成为精神的和天国的新娘。……直到他（厄奇诺尔德）娶了另外一名仪表端庄的妇女作为他的妻子。然后，鲍尔希尔德终于躲开了这位贵族的婚礼，后来她与先王达戈贝特之子克洛维结了婚。凭借她谦卑的美德，他将她提升到更高的地位。鉴于她拒绝了这位国王的随从，她可能与国王结婚生子。②

鲍尔希尔德与国王克洛维二世育有三子。圣徒传中说她是宫相厄奇诺尔德府上的女奴。匿名的《法兰克人史》省去了她的女奴身份。丈夫克洛维二世死后，她作为时年八岁的孩童国王克洛塔尔三世（Chlothar Ⅲ）的母亲开始了近8年的摄政生涯。

奈尔森认为，圣徒传作者描述厄奇诺尔德对这位盎格鲁－撒克逊女奴的性追求是"为了利用女性圣徒传中的刚性的圣洁主题"。③ 也

---

① Paul Fouracre and Richard A. Gerberding, *Late Merovingian France*, p. 88.

② Paul Fouracre and Richard A. Gerberding, *Late Merovingian France*, pp. 120 – 121.

③ Janet L. Nelson, " Queens as Jezebals: the Careers of Brunhild and Balthild in Merovingian History", p. 17.

就是说，墨洛温王朝后期的女圣徒应具备的基本条件之一是贞洁。[①]
显然，鲍尔希尔德的贞洁与中世纪中后期宣传的"童贞"是有区别
的。她和拉戴贡德一样，贞洁与国王之妻并不矛盾，这一点也侧面说
明圣徒的时代造像特点——圣徒行为代表着世界的另外一种真实，颠
覆了日常经验和秩序，展现了现实生活中社会问题和冲突，反映了人
们对圣徒的理想期待。

---

① 麦克纳马拉认为，格雷戈里将贞女作为第三性人，禁欲是第三性的同义词。然而，
格雷戈里对贞洁的定义并非完全禁欲，他认为在许可范围内的性行为也是贞洁的。
他在教父列传中讲述与他同名的朗格勒（Langres）主教"他有一个元老家族出身
的妻子，他与妻子睡在一起仅仅是为了生孩子，他从来没有用性招惹过其他妇
女"。参见 Jo Ann McNamara，"Chastity as a Third Gender in the History and
Hagiography of Gregory of Tours"，in Kathleen Mitchell and Ian Wood（ed.），*The
World of Gregory of Tours*，Leiden：Brill，2002，pp. 199 – 210. Vita patrum,
VII. 1. Gregory of Tours，*Life of the Fathers*，Edward James（trans.），Liverpool
University Press，1985，p. 43。

第二节　墨洛温王室的婚姻与继承

一　墨洛温王室的婚姻习俗

一些学者认为，中世纪早期墨洛温王室的婚姻习俗融合了罗马因素、基督教因素和日耳曼因素。[①] 但实际上，墨洛温王室婚姻习俗体现的仍然是日耳曼婚姻习俗。

在塔西佗的笔下，我们找到了有关日耳曼婚姻习俗的记载。"他们几乎算是唯一一些以一个妻子为满足的蛮族人，即便有极少数例外，也不是性欲驱使，而是由于他们出身高贵吸引了大量求婚者。"[②] "男孩是迟婚的，保存精力达到成年才婚配。女孩子也不忙于结婚，要等到和男子一样年纪和身高时，她们才与自己年龄和力量相当的男子结婚，孩子们遗传了他们父母的强壮。"[③]

从中可以看出，公元1世纪少数日耳曼人是多妻的。现代历史学家将日耳曼婚姻分为四大类：一是合法婚姻（Muntehe），类似于罗马的夫权婚姻，要具备三个主要条件：父母同意、有嫁妆、有晨礼

---

① Yitzhak Hen, *Culture and Religion in Merovingian Gaul*, *481 – 751*, pp. 123 – 125.

② Tacitus, *Agricola and Germany*, Translated with an Introduction and Notes by Anthony R. Birley, Oxford University Press, 1999, pp. 46 – 47.

③ Tacitus, *Agricola and Germany*, Translated with an Introduction and Notes by Anthony R. Birley, p. 48.

(morgengabe)，父亲将他对女儿的父权转移到女婿手中；二是和平婚姻（Friedelehe），类似于罗马的无夫权婚姻，没有嫁妆，也不转移父权；第三类和第四类婚姻是从第二类中衍生而来，第三类是抢婚（Raubehe），第四类是买卖婚姻（Kaufehe）①。第一类合法婚姻中产生的妻子最有资格称之为王后，因而，克洛蒂尔德、布伦希尔德、加尔斯温特是合法的王后。麦克纳马拉和维姆普指出，"尽管在最早的日耳曼法典中都没有发现古老的抢婚习俗，但6世纪后期的历史学家、图尔的格雷戈里的血腥记载充满了太多战场上结成的婚姻"②。拉戴贡德作为克洛塔尔一世的战利品，似乎隐现了抢婚习俗。③ 库恩认为："鲍尔希尔德是日耳曼抢婚的受害者，世俗国王的仁慈王后。"④ 也就是说，这种墨洛温王室婚姻在某种程度上依然体现着日耳曼习俗中对女性尤其是妻子的看法，即将妻子看作他们的助手，并相信她们有预言能力。

日耳曼上层很尊重他们的妻子，并相信她们的神奇能力。"由于妇女们不断地祈祷，一些已经溃败和将要溃败的战役都反败为胜了。"⑤ 阿米阿努斯（Ammianus Marcellinus）于390年左右写成的《罗马史》表明，日耳曼妻子在战争中起着积极作用。"几乎所有的高卢人都是

---

① 这些婚姻模式最早由海因里希·迈尔（Heinrich Meyer）于1927年在《和平婚姻和母权制》（*Friedelehe und Mutterrecht*）中提出，后来在德国史学界展开激烈争论。克斯特勒（R. Köstler）（1943年）只认同和平婚姻；1967年，埃克哈特（K. A. Eckhardt）将和平婚姻看作族内婚，而将抢婚和买卖婚姻看作族外婚，他极度轻视和平婚姻的罗马成分。1970年，卡里发（S. Kalifa）将和平婚姻作为一种独立的婚姻形式来讨论，认为这是一种与妇女合作完成的抢婚。参见 Yitzhak Hen, *Culture and Religion in Merovingian Gaul, 481 - 751*, p. 124, n. 14.

② Jo Ann McNamara and Suzanne Wemple, "The Power of Women through the Family in Medieval Europe: 500 - 1100", *in* Mary Erler and Maryanne Kowaleski (eds.), *Women and Power in the Middle Ages*, The University of Georgia Press, 1988, p. 85.

③ Lynda L. Coon, *Sacred Fictions: Holy Women and Hagiography in Late Antiquity*, p. 131.

④ Lynda L. Coon, *Sacred Fictions: Holy Women and Hagiography in Late Antiquity*, p. 137.

⑤ Lynda L. Coon, *Sacred Fictions: Holy Women and Hagiography in Late Antiquity*, p. 41.

身躯高大、面色红润、目光凶残可怕，好斗且傲慢无礼。事实上，在战场上整个外国的军团都不能应付一个高卢人。如果他招来他的妻子，他将变得更强，眼睛发亮。"[1]

《弗雷德加》有关克洛维的母亲巴西娜的预言能力的描写，也体现了这种日耳曼习俗。

> 结婚当晚，巴西娜三次唤醒她的丈夫希尔德里克（克洛维一世的父亲），让他出门将自己所见报告给她；第一次，他看到狮子、麒麟、豹子；第二次，他看到了熊和狼；第三次，看到了像狗一样的小动物。她将此解释为墨洛温王朝退化的几个阶段：克洛维像狮子，他的儿子们像豹子和麒麟，他们的儿子们像熊和狼；最后，第四代就像狗和更小的动物，他们的族人将互相攻伐。[2]

根据格雷戈里的记载，克洛维一世的母亲巴西娜，抛弃了她原来的丈夫图林根国王比西努斯，嫁给了克洛维一世的父亲希尔德里克。这一事例是在向人们表明巴西娜有一种神奇的能力，能够使希尔德里克变得更为强大。

> 法兰克人的国王希尔德里克私生活放荡，他开始诱奸他臣民的女儿。他们对此感到愤怒便武力将他赶下王位。他逃往图林根避居于国王比西努斯和王后巴西娜那里。……在罗马军事长官埃吉迪乌斯统治法兰克人的第八年，希尔德里克从图林根返回，他的王位得以恢复。现在比西努斯和希尔德里克都是王，我前面提及的王后巴

---

① Ammianus Marcellinus, *History*, vol. 1, 15. 12, trans. by John C. Rolfe, 3 Vols., Cambridge, Massachusetts, 1935, p. 195

② J. M. Wallace-Hadrill, *The Long-haired Kings*, New York: Barnes and Noble Inc., 1962, p. 84.

西娜遗弃了她的丈夫，与希尔德里克走到一起。他急切地问她为什么老远跑来跟他在一起，她回答说："我知道你是一个强者，我看到你做事就已经认可了你的能力，因此，我来同你一起生活。你该知道，如果我知道有别人比你更有能力，即便是在海外，我将去找他并和他生活在一起。"希尔德里克听了这番话很高兴，就与她结了婚。她怀孕并生了一个儿子，她给他起名叫克洛维。①

从格雷戈里的记载还可看到，克洛维之孙提奥德贝特一世与王后德乌特里亚这类战场上结成的婚姻：

> 533 年，卡布里埃（Cabrières）有个名叫德乌特里亚的已婚妇女，她充满活力。她的丈夫已经去了贝齐埃尔（Bériers）。她借信使之口对提奥德贝特说："没有人会抵抗你，高贵的王。我们接受你做我们的统治者。到我们城镇上来，按你的愿意办事吧！"提奥德贝特进军到卡布里埃并进了城。他发现没有居民抵抗，他也就没有伤害他们。德乌特里亚来见他。他发现她很迷人，便爱上了她，说服她去他床上与她发生了性关系。②

> 提奥德里克（提奥德贝特之父）死后，提奥德贝特将德乌特里亚和她的女儿③留在克莱蒙·费朗（Clermont-Ferrand）。提奥德贝特继承王位后，派人去接住在克莱蒙的德乌特里亚，并与她

---

① Gregory of Tours, *The History of the Franks*, Ⅱ. 12, pp. 128 – 129.

② Gregory of Tours, *The History of the Franks*, Ⅲ. 23, p. 183.

③ 关于德乌特里亚之女，比特尔很可能对格雷戈里的记载作了错误的解读，该女应该是德乌特里亚和前夫所生，而不是与提奥德贝特所生。有关史料记载见 Gregory of Tours, *The History of the Franks*, Ⅲ. 26, p. 185. http://www.thelatinlibrary.com/gregorytours/gregorytours3. shtml, 2017 年 4 月 1 日。比特尔的解读详见 L. M. Bitel, *Women in Early Medieval Europe*, *400 – 1100*, p. 82.

结了婚。①

　　然而，据记载提奥德贝特至少有 3 位配偶，其中德乌特里亚和维西加德都曾是他的王后。从以上事例可以看出，"所有的王后旁边都站着一位国王"②。王后的身份源自与国王的婚姻。在墨洛温王朝时期，国王的配偶事实上往往不止一位，成为一名王后未必都经过合法的婚姻仪式。对于一位墨洛温国王而言，迎娶或抛弃妇女是一件简单的事。③ 现代学者奈尔森列出了 15 位墨洛温国王及他们的伴侣，后者中知名者有 29 位，还有一些不知名者。④ 维姆普制作的一份谱系表列出了从 481～690 年的 21 位墨洛温国王和他们的伴侣，后者中有名者 37 位，还有一些不知名者。⑤ 艾维希列出了 11 位墨洛温国王及他们的伴侣，后者总数达 24 人。⑥ 由此可知，墨洛温王室婚姻事实上遵循着一夫多妻的习俗。

　　当时的记载用"regina""concubina""concupinas⑦""copulans⑧"等拉丁词汇来指代墨洛温国王的配偶。也就是说，王后和情人通常来讲还是有区分的。例如，克洛维一世的妻子们是有王后和情人之分

---

① Gregory of Tours, *The History of the Franks*, Ⅲ. 22, p. 184.

② Theresa Earenfight, *Queenship in Medieval Europe*, p. 6.

③ Ian Wood, "Deconstructing the Merovingian family", in Richard Corradini, Max Diesenberger and H. Reimitz (eds.), *The construction of communities in the early Middle Ages*: *Texts, Resources and Artefacts*, Leiden and Boston: Brill, 2003, p. 167. 首次有记载的王后涂油礼是 856 年秃头查理的女儿朱迪斯举行的，该涂油礼是朱迪斯结婚仪式的一部分。

④ Janet L. Nelson, "Queens as Jezebals: the Careers of Brunhild and Balthild in Merovingian History", p. 11.

⑤ Suzanne Fonay Wemple, *Women in Frankish Society*: *Marriage and Cloister, 500－900*, pp. xii-xiii.

⑥ Martin Heinzelmann, *Gregory of Tours*: *History and Society in the Sixth Century*, p. 34.

⑦ J. M. Wallace-Hadrill (trans.), *The Fourth Book of the Chronicle of Fredegar*, chap. 60, p. 50. 也见 *Monumenta Germaniae Historica*, p. 151.

⑧ http://www.thelatinlibrary.com/gregorytours/gregorytours4.shtml, 2017 年 3 月 30 日。

的。很显然，克洛蒂尔德是王后，而克洛维的长子提奥德里克一世的母亲则是克洛维的姘居情人。[1] 王后当然是国王合法的妻子，但这种"合法"很大程度上是教会人士眼中的合法，因为当时的绝大多数文本都是教会人士留下来的。然而，我们发现当时教会人士中多妻现象也很普遍。"到 8 世纪，教士阶层内部都混入私生活淫乱者。至少根据盎格鲁－撒克逊传教士卜尼法斯的记载发现，许多法兰克神职人员不因每晚有四到五位情人同床而感到羞耻。"[2] 鉴于中世纪早期极高的婴儿死亡率，国王们首先要保证生育足够数量的儿女，以便有继承人继承王国和王位，[3] 因此，国王们往往拥有多个妻子（uxorem）和姘居情人。提奥德希尔德是查理贝特一世的其中一位王后（una reginarum eius）。[4] 后世学者们将国王与姘居情人的婚姻关系称之为"union"。奈尔森和维姆普列出了 12 位多配偶的墨洛温国王，奈尔森列出的多配偶的墨洛温国王有：克洛维一世、他的儿子提奥德里克一世、克洛塔尔一世、第三代国王希尔佩里克、第四代国王希尔德贝特和克洛塔尔二世、第五代国王提奥德贝特二世、达戈贝特一世；维姆普又增列出 4 位多配偶的墨洛温国王，即第三代国王提奥德贝特一世、查理贝特一世、贡特拉姆、第五代国王提奥德里克二世，其中，提奥德里克二世虽然是多配偶，但没有王后。

国王的妻子也不一定是王后，很多国王甚至可能不止一个王后。奈尔森列出克洛塔尔一世的三位王后英贡德、阿雷贡德和拉戴贡德。维姆普列出克洛塔尔一世的七位伴侣，除了前面三位之外，还有贡提乌克、孔西娜、符尔德特拉达和姘居情人（可能是公爵贡多瓦尔德

① http：//www. thelatinlibrary. com/gregorytours/gregorytours2. shtml，2017 年 3 月 30 日。
② Suzanne Fonay Wemple，*Women in Frankish Society：Marriage and Cloister*，pp. 40 – 41.
③ Suzanne Fonay Wemple，*Women in Frankish Society：Marriage and Cloister*，pp. 38 – 40；Julia M. H. Smith，"*Radegundis peccatrix*：Authorizations of Virginity in Late Antique Gaul"，p. 305.
④ http：//www. thelatinlibrary. com/gregorytours/gregorytours4. shtml，2017 年 3 月 31 日。

的母亲）。克洛塔尔一世的这些伴侣出身多样，前面提到的王后拉戴贡德是异国公主，英贡德和阿雷贡德出身于贵族家庭。[1] 贡特拉姆自称波尔多主教贝特拉姆是他母亲英贡德一系的亲戚。而贝特拉姆的母亲英格特鲁德（Ingitrude）在图尔圣马丁教堂中庭内建有一所修女院，她甚至说服她自己的女儿离开女婿执掌修女院。魏托（Mark Whittow）指出：“贝特拉姆通过英贡德和阿雷贡德两姐妹、克洛塔尔一世的两位王后而与墨洛温王室联系在一起。”[2] 英贡德和阿雷贡德王后的家族势力在纽斯特里亚阿奎丹一带。关于这两位姐妹王后的身世，戴利很可能做了错误的判断和翻译。“ancilla”一词更恰当的意思应该是女仆，而不是奴隶。[3] 格雷戈里也讲述阿雷贡德在嫁给克洛塔尔一世之前是居住在自己的庄园上的。[4] 此外，他还娶了兄嫂贡提乌克、侄孙的王后符尔德特拉达，很可能还有两名姘居情人即克拉姆的母亲孔西娜和贡多瓦尔德的母亲。戴利认为，墨洛温国王娶妻有极强的政治目的。他推断克洛塔尔一世应该有三位妻子，而且是有先后顺序，不可能同时存在。第一位是贡提乌克，为了获得他哥哥克洛多梅尔王国的继承权；第二位是拉戴贡德，为了合法化对图林根的统治权力；第三位应该是他的侄孙媳妇符尔德特拉达。剩下的英贡德、阿雷贡德、孔西娜以及贡多瓦尔德的母亲可能都是姘居的情人，她们可能与前面所说的三位王后同时存在。[5]

---

[1] Gregory of Tours, *The History of the Franks*, VIII. 2, p. 435.

[2] Mark Whittow, "Motherhood and Power in Early Medieval Europe, West and East: the Strange Case of the Empress Eirene" in Conrad Leyser and Lesley Smith (eds.), *Motherhood, Religion, and Society in Medieval Europe, 400–1400: Essays Presented to Henrietta Leyser*, Farnham: Ashgate, 2011, p. 69.

[3] E. T. Dailey, *Queens, Consorts, Concubines: Gregory of Tours and Women of the Merovingian Elite*, p. 88.

[4] Gregory of Tours, *The History of the Franks*, IV. 3, p. 198.

[5] E. T. Dailey, *Queens, Consorts, Concubines: Gregory of Tours and Women of the Merovingian Elite*, p. 106.

达戈贝特一世（622/623～638/639 年在位）至少也有三位王后。

他（达戈贝特一世）听任自己极度放荡，拥有三位王后和无数情妇。王后有南特希尔德、伍尔夫贡德（Wulfegundis）和贝希尔德（Berchildis）。① 在他统治的第八年（629 年），达戈贝特与拉格尼特鲁德（Ragnetrudis）生下了西吉贝特。②

德鲁（K. F. Drew）指出，法兰克法典中没有设置最小结婚年龄界限，在法庭上，法兰克人没有执行基督教的不可解除婚和一夫一妻制。594 年希尔德贝特颁布的法规中规定，一个人娶他父亲的妻子将犯死罪。被定为乱伦的婚姻将由主教宣告改正，如若不从，双方将被革除教籍，他们的财产传给亲属。③ 斯坦福德提出，墨洛温王朝国王结婚的最小年龄是 15 岁，王后是 12 岁，许多国王在这之前都会有姘居情人。④ 克洛维娶克洛蒂尔德时已经和情人生了提奥德里克；布伦希尔德之子希尔德贝特与法伊柳巴结婚时已经有情人并生下了儿子提奥德贝特。而且，法伊柳巴只是国王众多情人之一，在布伦希尔德的支持下才变成希尔德贝特的王后。克洛维二世 15 岁时才迎娶鲍尔希尔德，在这之前她已经是他的姘居情人。⑤

墨洛温国王的妻子可能有王后的头衔，但并没有证据证明她经历

---

① J. M. Wallace-Hadrill（trans.），*The Fourth Book of the Chronicle of Fredegar*，chap. 60，p. 50.

② J. M. Wallace-Hadrill（trans.），*The Fourth Book of the Chronicle of Fredegar*，chaps. 59－60，p. 50.

③ Katherine Fischer Drew（trans. and intro.），*The Laws of the Salian Franks*，Philadelphia：Pennsylvania University Press，1991，pp. 41－42.

④ Pauline Stafford，*Queens，Concubines and Dowagers*，p. 55.

⑤ Pauline Stafford，*Queens，Concubines and Dowagers*，p. 55.

过任何类似于她丈夫获得王权时的加冕仪式（结婚仪式本身除外）。①
在墨洛温历史上，判断国王之妻是否是王后，主要看她的婚姻性质，
即她的婚姻是不是完整的和合法的（full and legitimate）②，即是否获
得父母的同意、是否有嫁妆、是否有晨礼。个案中有三位王后都是出
身高贵的公主，克洛蒂尔德是勃艮第公主、拉戴贡德是图林根公主、
布伦希尔德是西哥特公主，这三位王后的婚姻缔结时间都在6世纪。
《弗雷德加》记载克洛蒂尔德第一次见到克洛维的信使时的反应，
"如果你想娶我，你应该让使节请求我的父亲贡多巴德的许可"③，这
表明墨洛温后期，时人认可的婚姻必须征得女方父亲（监护人）的
同意。订婚后准新娘还住在娘家，从订婚到结婚间隔的时间长短不
一。提奥德贝特一世与维西加德订婚七年之后才结婚；里贡特因为
其父亲希尔佩里克国王的突然死亡，在出嫁西哥特的路上又折回法
兰克。

墨洛温时期，最可能暗示王后身份的是王冠和王室服饰以及宴会
上所处的位置。奥尔索夫（Gerd Althoff）认为，典礼、仪式和姿势
不仅能用来强化人际关系，也能够用来确定陌生人的地位和身份，以
便他们能够以合适的礼仪被对待。④商讨、冲突、庆祝之类的场合也
比较容易显示王后的身份和地位。在一个主要依靠外在标志区别身份
的社会里，王后安排宴会，布置洗礼的教堂、为穷人治病、祈祷等都
为王室本身提供了一种神授力量。克洛蒂尔德跟在兰斯主教雷米吉乌
斯身后为克洛维举行洗礼，拉戴贡德担任副执事、安排各类赈济场

---

① Janet L. Nelson, "Queens as Jezebals: the Careers of Brunhild and Balthild in Merovingian History", p. 5.

② Pauline Stafford, *Queens, Concubines and Dowagers*, p. 128.

③ *Fredegar* III, Chap. 18, 转引自 Yitzhak Hen, *Culture and Religion in Merovingian Gaul, 481–751*, p. 126.

④ Gerd Althoff, *Family, Friends and Follows: Political and Social Bonds in Medieval Europe*, trans. by Christopher Carroll, Cambridge University Press, 2004, p. 136.

面。王后穿着盛装、带着侍从出席宴会，体现了王室的威严和尊贵地位。克洛蒂尔德按王室方式穿戴，布伦希尔德用王室服饰装扮自己。① 弗图纳图斯在拉戴贡德的圣徒传中明确提出她按王后的装束装扮自己。② 613 年弗雷蒂伯格（Fridiburg，阿勒曼尼公爵贡佐之女）嫁给西吉贝特二世（提奥德里克之子，601 年出生，613 年被杀）时，从他那里获得了王室服饰和一顶王冠。③ 从鲍尔希尔德在谢尔修道院留下的遗物来看，王后即便成为修女，她的服饰也不同于常人。

鲍尔希尔德的所谓"十字褡"是精美的亚麻织物，约 46 英寸宽，33 英寸长，其上绣着两条奇怪的项链，一条是大大的胸前十字架，另一条很长、带有类似于大勋章的项坠。这些刺绣不是用传统的王室金银线做成而是由丝线制成，这表明这位王后的礼服很值钱，但并不耀眼。④

图尔的格雷戈里认为与国王般配的新娘首先应该出身高贵，像王后克洛蒂尔德、拉戴贡德和布伦希尔德。希尔佩里克在派使节去西哥特向加尔斯温特求婚时许诺，"只要他娶到与自己地位相配的王族女子为妻，他就把剩下的妻子都抛弃了"⑤。到塞维利亚的伊西多尔（570～636 年）时代，这种择偶标准有所变化。他说："在选择妻子时，四样东西打动一个男人去爱：美貌（pulchritudo）、出身（genus）、财富（divitae）和品行（mores）。尽管品行看起来比财富

---

① Pauline Stafford, *Queens*, *Concubines and Dowagers*, p. 129.

② J. McNamara, J. E. Halborg and G. Whatley（eds. and trans.）, *Sainted Women of the Dark Ages*, Radegund 1. 13, pp. 75 – 76.

③ Pauline Stafford, *Queens*, *Concubines and Dowagers*, p. 130.

④ Theresa Earenfight, *Queenship in Medieval Europe*, p. 62.

⑤ Gregory of Tours, *The History of the Franks*, IV. 28, pp. 222 – 223.

更重要，但我们这个时代男人更看重钱财和外貌。"① 同时，这位主教还指出，"妇女处于她们丈夫的权威之下是因为她们常常为自己善变的思想所欺骗。因此，她们被男人的权威所压制是正确的。结果，古代人考虑到她们善变的思想，想要他们未婚的女子，甚至那些成年妇女生活在监护之下"②。这暗示墨洛温王朝时期整个社会的择偶标准已经发生了一些变化，国王们娶妻有了较大程度的自主性。

总体来看，6世纪前半叶墨洛温王朝相对合法的婚姻基本上是与邻近王国公主的联姻。弗拉克里注意到墨洛温国王们不与贵族联姻的6世纪很快结束了，600～628年，克洛塔尔二世的妻子们都出身于贵族家族，"她们是高贵的，她们不是外国的公主，他没有娶出身低微的女子"③。宫相厄奇诺尔德是"达戈贝特母亲的一个亲戚，他在艾噶（640～642年出任宫相）④ 死后成为了克洛维的宫相。他是一位文雅的、本性良好的人，有耐心又精明，而且对主教们毕恭毕敬"⑤。

提奥德里克二世之子西吉贝特二世（sigebert II，601/602～613年）较早开始与本国贵族女子联姻。哥伦班的学生高尔（Gallus）与阿勒曼尼的尤伯林根（überlingen）公爵贡佐（Gunzo）关系密切。他

---

① Isidore of Seville, *Etymologiae*, IX, chap. 7, 29; Stephen A. Barney, W. J. Lewis, J. A. Beach and Oliver Berghof（eds.）, *The Etymologies of Isidore of Seville*, Cambridge University Press, 2006, p. 212.

② Isidore of Seville, *Etymologiae*, IX, chap. 7, 29; Stephen A. Barney, W. J. Lewis, J. A. Beach and Oliver Berghof（eds.）, *The Etymologies of Isidore of Seville*, 2006, p. 212.

③ Matthias Hardt, "Silverware in Early Medieval Gift Exchange: Imitatio Imperii and Objects of Memory", in Ian Wood（ed.）, *Frank and Alamanni in the Merovingian Period: An Ethnographic Perspective*, p. 424.

④ 艾噶出身富有的贵族家庭，640～642年出任纽斯特里亚王国的宫相。其受人诟病的缺点是贪婪。642年因高烧死于克里希（Clichy），参见 J. M. Wallace - Hadrill（trans.）, The Fourth Book of the Chronicle of Fredegar, chap. 80, p. 68。

⑤ J. M. Wallace-Hadrill（trans.）, *The Fourth Book of the Chronicle of Fredegar*, chap. 84, p. 71.

为这位公爵生病的女儿治病并在她的婚礼上获得了西吉贝特二世的赠礼。《圣高尔传》中记载了613年西吉贝特二世迎娶贡佐（乌尔西奥的继任者）之女一事。

> 当他听说阿勒曼尼公爵贡佐（Gunzo）的女儿弗雷蒂伯格病危时，他命令他（贡佐）送这位阿勒曼尼郡主到他梅斯的驻地为他们举行婚礼。公爵贡佐带着她去了莱茵河畔，同行的有大批随从和大量的赠礼。应弗雷蒂伯格的要求，西吉贝特亲自将两磅黄金和两塔兰特白银送到圣高尔作为战胜魔鬼的报酬。①

墨洛温王朝时期，除了这种合法婚姻产生的王后以外，还有国王提拔的王后。这类王后出身低微，个案中的弗雷德贡德、鲍尔希尔德都属于此类。第一位娶出身低微的女子并将之作为王后的是巴黎王查理贝特（561～567年在位），他迎娶了玛尔科韦法和梅罗夫蕾德两姐妹，她们是王后英格贝特的女仆，这位国王还娶了牧羊人的女儿提奥德希尔德②；勃艮第国王贡特拉姆（561～592年）于566年娶了他的王后玛尔卡特鲁德的女仆博比拉，并将之提升为王后；希尔佩里克于567年提升弗雷德贡德做了王后；希尔德贝特一世将情人法伊柳巴娶为妻子，格雷戈里在昂德洛条约中将之与布伦希尔德并称为两位王后。7世纪出身低微的王后至少有四位，即提奥德贝特二世的两位王后比利希尔德和提奥德希尔德，达戈贝特的王后南特希尔德和他们的儿媳鲍尔希尔德。

> 达戈贝特统治第七年之时（约628年），……他继续他的正

---

① Ian Wood（ed.），*Frank and Alamanni in the Merovingian Period：An Ethnographic Perspective*，p.318.

② Gregory of Tours，*The History of the Franks*，IV.26，p.219.

义事业，借道奥顿旅行到欧塞尔，然后经过森斯到了巴黎；将王后贡玛特鲁德留在巴黎勒伊（Reuilly）庄园（在那里他与她结婚），他娶了名叫南特希尔德的侍女为妻并提升她做了王后（accipiens reginam sublimauit）。①

《弗雷德加》中没有关于贡玛特鲁德与达戈贝特子女的记载，这意味着达戈贝特可能因为她不生育而遗弃了她；其次，在将她留在勒伊庄园之前，她应该是跟在国王身边的，而南特希尔德很显然已经是达戈贝特的贴身侍女了，629 年达戈贝特在奥斯特拉西亚巡游期间承认与拉格尼特鲁德的情人关系，这些王后与情人有些必定是同时存在的。

布洛赫认为："婚姻，通常是非常明显的利益联合，对女人来说则是一项保护性制度。"② 魏托（M. Whittow）将婚姻比作轮盘，它的每一次旋转都带来新的赢家和输家，年老的妻子被年轻漂亮者取代，产生了新的朋友和敌人，儿子们成为继子，之前的继承人成为教士的候选人。③ 布伦希尔德王后正是出于这种考虑，才让她的儿子娶情人法伊柳巴为妻，而且试图操控她的孙子提奥德里克二世的婚姻。墨洛温国王很少会专情于他的某一位王后，当他厌倦她们时，会找理由将她们遗弃在一处王室地产上，如贡玛特鲁德、德乌特里亚，尽管，她们的王后身份可能保留，但相当于已经剥夺了她们参与王国事务管理的权力。

洛斯比观察到，有一些墨洛温王室婚姻好像没有涉及权力。他引用的一个例子是希尔佩里克的儿子克拉姆，他娶了威利卡尔（Willichar）

---

① J. M. Wallace-Hadrill（trans.），*The Fourth Book of the Chronicle of Fredegar*，1981，chap. 58，pp. 48 – 49.

② ［法］马克·布洛赫：《封建社会》，张绪山、李增洪、侯树栋等译，商务印书馆，2003，第三编，第十章，第 234 页。

③ Mark Whittow，"Motherhood and Power in Early Medieval Europe，West and East：the Strange Case of the Empress Eirene"，p. 76.

的女儿①，并没有得到明显的好处，并不是所有的婚姻都是有战略意义的。② 然而，关于克拉姆的婚事，也不能排除他在获取地方的支持，更为重要的一点是他当时还是克洛塔尔一世的王子，并不是分王国的国王，他的婚姻可能是不被认可的姘居婚姻，因为，按墨洛温王室婚姻习俗，王子的合法婚姻也意味着拥有自己独立的分王国。

在墨洛温王室的婚姻中，政治婚姻随处可见，国王与王后的婚姻大多遵循王国的政治利益。6 世纪墨洛温国王们为了保证与其他蛮族王国的友好关系，甚至几代国王都保持与异国公主的联姻。克洛维的儿子提奥德里克一世迎娶勃艮第国王西吉斯蒙德之女苏阿维戈塔（Suavegotha）；他的儿子提奥德贝特一世抛弃了王后德乌特里亚，迎娶了七年前已经订婚的伦巴德国王瓦科（Wacho）之女维西加德③，为了保持与伦巴德的友好关系，他的儿子提奥德巴尔德娶了维西加德的妹妹符尔德特拉达。④ 也就是说，提奥德贝特父子娶了伦巴德姐妹为妻。

在墨洛温王朝早期，日耳曼婚姻习俗在王室婚姻中起着主导作用，父系原则的胜利似乎从未完全彻底地消除更为古老的同母异父关系的所有遗迹。⑤ 甥舅关系和父子关系一样重要，有些人甚至认为甥舅关系是一条更神圣、更紧密的血缘纽带，当接受人质时，优先考虑甥舅关系，因为他们能进一步扩大亲属范围，从而使得更多的人纳入

---

① Gregory of Tours, *The History of the Franks*, IV. 17, p. 213.

② Ian Wood (ed.), *Frank and Alamanni in the Merovingian Period: An Ethnographic Perspective*, p. 424.

③ Gregory of Tours, *The History of the Franks*, Ⅲ. 27, p. 185. 关于墨洛温国王提奥德里克一世三代与伦巴德公主的联姻的具体讨论见 Marc Widdowson, "Merovingian partitions: a 'genealogical charter'?", *Early Medieval Europe*, Vol. 17, 2009 (1), p. 4 和 Herwig Wolfram, *The Roman Empire and its Germanic Peoples*, p. 282.

④ Gregory of Tours, *The History of the Franks*, IV. 9, p. 202.

⑤ ［法］马克·布洛赫：《封建社会》，张绪山、李增洪、侯树栋等译，第三编，第237 页。

血亲仇杀的范围之内。① "在日耳曼王国时期，亲属的范围较以前扩大。"② 并且，随着王国的相对和平和强盛，王室的婚姻习俗开始融入王国治理的策略当中。到了7世纪，墨洛温国王们为了持续获得某一家族的支持，几代国王都迎娶该家族的女子作为他们的王后，因而，王后成为国王与贵族之间的桥梁。

克洛塔尔二世曾下令他的儿子达戈贝特娶继母［克洛塔尔二世的第三位妻子西西尔德（Sichildis）］的妹妹贡玛特鲁德为妻，成为墨洛温王朝历史上又一对父子迎娶姐妹的例子。西西尔德的兄弟布伦努尔夫（Brunulf）负责她的"头脑简单的"儿子查理贝特的教育。③

克洛塔尔统治的第42年，达戈贝特按他的父亲克洛塔尔的命令，着王室盛装，带着少量随从来到巴黎附近的克里希（Clichy）。在那里，他与王后西西尔德的妹妹贡玛特鲁德结婚。④

7世纪纽斯里亚王国的强盛从某种程度上说是国王与大贵族联姻的结果。克洛塔尔二世的王后贝特特鲁德（Bertetrudis）与勒芒主教贝特拉姆有着很密切的关系，很可能出自同一家族，因为她出现在他的遗嘱中。巴黎副主教、勒芒主教贝特拉姆生于540年以后不久。瓦多 - 贝特拉姆在成为巴黎副主教之前的教会职位是执事，他的舅舅是波尔多主教贝特拉姆，他的母亲是贝特贡德（Bertegund），外婆是英吉特鲁德。瓦多 - 贝特拉姆的父亲是一位土地贵族，在塞纳河谷一

① Tacitus, *Agricola and Germany*, Translated with an Introduction and Notes by Anthony R. Birley, p. 48.

② 李秀清：《日耳曼法研究》，商务印书馆，2005，第183页。

③ J. M. Wallace-Hadrill (trans.), *The Fourth Book of the Chronicle of Fredegar*, chap. 56, p. 47.

④ J. M. Wallace-Hadrill (trans.), *The Fourth Book of the Chronicle of Fredegar*, chap. 53, p. 44.

带的巴黎、鲁昂，甚至森斯、勒芒等城市拥有大量地产；瓦多－贝特拉姆的母亲贝特贡德来自阿奎丹，婚后曾经在他外婆所建的图尔修女院做过 3 到 4 年的修女，她所拥有的地产规模要小些，主要在波尔多和圣通日（Saintonge）。他本人于 561 年前服务于克洛塔尔一世的宫廷。约在 566～569 年，他脱离俗世成为一名教士；580 年成为巴黎圣文森特（St. Vincent）大教堂的一名执事；586 年被国王贡特拉姆选为勒芒主教并充当克洛塔尔二世的监护人；592 年，贡特拉姆去世，瓦多－贝特拉姆被布伦希尔德之子希尔德贝特二世（575～596年在位）驱逐出勒芒，希尔德贝特二世任命了新的主教，瓦多－贝特拉姆的地产被剥夺；596 年，希尔德贝特二世死，克洛塔尔二世恢复了他的勒芒主教职务。600 年，他再次被希尔德贝特二世的儿子们驱逐。604 年再次获得勒芒，永久地获得了他的地产。616 年他根据罗马法的相应规定草拟了遗嘱。在贡特拉姆死后的王权争斗中，勒芒的贝特拉姆一直支持阿雷贡德的后人。他还提到他最亲近的女性亲戚嫁给了勒芒强大的高卢－罗马贵族阿维图斯。他的另一位亲属沃纳奇与高卢－罗马贵族有紧密联系。这位沃纳奇于 613 年出任勃艮第宫相，他娶了一位名叫伯莎的勃艮第妇女为妻。他与另一位妇女所生之子是按罗马人的方式起的名，名叫戈迪努斯（Godinus）。沃纳奇的女儿嫁给了公爵阿尼贝特（Arnebert）。① 由此可见，7 世纪的墨洛温国王与本国贵族的政治联姻成为法兰克王国巩固其统治的一项重要策略。

二　王后与王子继承权问题

墨洛温王后的身份直接关系到王子的继承和王国的继承，而继承

---

① J. M. Wallace-Hadrill（trans.），*The Fourth Book of the Chronicle of Fredegar*, chap. 54，p. 44.

是王室的一件大事。由于各种原因，王后通常比国王更为长寿，王后身份的尊贵和重要在国王身后就显得更加突出，因此，时人高度关注王后的身份，并从政治和法律上就这一身份展开讨论，为各自的利益服务。

在墨洛温王朝时期，可以看到这样的实例，此时期经常会有国王与他的情人所生之子继承王国。例如，6世纪早期，克洛维与他的情人所生之子提奥德里克一世与他同父异母的婚生兄弟们（王后克洛蒂尔德所生）享有同样的继承权，因为这位王子在克洛维死时已经成为一名战功卓著的将军。6世纪末，希尔德贝特二世（布伦希尔德之子）与情人所生之子提奥德贝特二世，以长子的身份与他同父异母的弟弟提奥德里克二世（王后法伊柳巴所生）分割继承了他父亲的王国。西吉贝特三世（639～656年，奥斯特拉西亚国王）是达戈贝特与他的情人拉格尼特鲁德所生，也是以长子的身份与他同父异母的弟弟克洛维二世共同继承了王国。

但总体而言，墨洛温王后身份是否具有合法性往往直接影响到她的亲生儿子是否有合法继承权。墨洛温王后大多面临着为她的亲生儿子争夺王位的问题。贡特拉姆的王后玛尔卡特鲁德设计陷害她的继子贡多巴德。贡多巴德死后，玛尔卡特鲁德自己的儿子也死了。贡特拉姆抛弃了她，又娶了马格纳卡尔的女仆博比拉。[①] 格雷戈里认为，577年国王贡特拉姆杀死了贵族马格纳卡尔（Magnachar，玛尔卡特鲁德王后的父亲）的两个儿子，不仅是因为他们导致国王与博比拉的两个儿子突然死亡，也因为玛尔卡特鲁德王后的这两位哥哥诽谤博比拉，质疑国王与她所生之子的合法性。博比拉是整个事件的联系人，她是王后和母亲，也是马格纳卡尔的家奴，很可能也是王后玛尔卡特鲁德的侍女。华莱士－哈德里尔认为，王室家族的地位如此之

---

① Gregory of Tours, *The History of the Franks*, IV.25, pp. 218 – 219.

高，它的血统不会因配偶而变得高贵，当然，也不会因奴隶血统而降低等级。① 斯坦福德认为，墨洛温国王们娶女奴为妻是为了避免不必要的裙带关系。② 笔者认为，贡特拉姆娶博比拉并将之作为王后，可能是利用婚姻收买贵族身边的女仆，以便遏制马格纳卡尔家族势力一方独大。罗维森（Barbara H. Rosenwein）认为，"国王的权力在很大程度上是通过操控贵族之间变动不居的结盟而获得的。他们的权力依赖于'咨询网'（Consultation）"③。这种咨询网到 6 世纪后期主要是通过联姻实现的。提奥德贝特二世娶布伦希尔德的女奴比利希尔德为妻，很可能是要与她联合对抗这位老王后。因为，提奥德贝特二世与她结婚两年后就将她杀死，并娶了一位名叫提奥德希尔德的女子为妻。④

其实对博比拉和贡特拉姆所生之子的继承合法性持有争议的不止马格纳卡尔家族，还有其他教会人士。

加普（Gap）主教萨吉塔里乌斯（Sagittarius）说贡特拉姆国王的儿子们（克洛塔尔和克洛多梅尔）不能继承王位，因为他们的母亲奥斯特蕾希尔德（也叫博比拉）与国王结婚时是马格纳卡尔⑤的女仆。格雷戈里称："他（萨吉塔里乌斯）忽视了这样一个事实，那就是凡是国王所生之子，不论其母亲的出身如何，都称为国王的儿子。国王为此很愤怒，他把他们［萨洛尼

---

① J. M. Wallace-Hadrill, *The Long-haired Kings*, pp. 203 – 204.

② Pauline Stafford, *Queens, Concubines and Dowagers*, p. 38.

③ Barbara H. Rosenwein, *Negotiating Space: Power, Restraint, and Privileges of Immunity in Early Medieval Europe*, Ithaca: Cornell University Press, 1999, p. 6.

④ J. M. Wallace-Hadrill (trans.), *The Fourth Book of the Chronicle of Fredegar*, chap. 37, p. 30.

⑤ 马格纳卡尔是王后玛尔卡特鲁德的父亲。参见 Gregory of Tours, *The History of the Franks*, IV. 25, p. 218。

乌斯（Salonius）和萨吉塔里乌斯］的马、仆役和所有的一切统统剥夺，命令把他们分别监禁在两所修道院里，彼此隔离很远……并且对两地的法官下达严厉的警告，叫他们用武装人员加以看守，杜绝客人进入修道院的任何可能性。[①]

也就是说，格雷戈里认为，墨洛温时期国王与王后和情人所生的孩子在继承问题上没有什么差别，约束贵族的习惯法并不适用于墨洛温王室，贡特拉姆国王的儿子们的地位从父不从母，而对于格雷戈里和萨吉塔里乌斯这类受罗马法约束的人而言，他们知道《提奥多西法典》中规定的自由民和女仆结合所生的后人继承他们母亲的地位。他的话也暗示国王的孩子们未必都有共享王国的权利。[②] 这从另一个角度说明，当时的教会和大贵族认可的王室合法继承人只是国王和王后所生之子，缺失任何一方都不能称其为"合法"。

关于国王贡特拉姆与王后博比拉的儿子们的继承合法性的争议和质疑反映了墨洛温王朝的政治斗争。进一步分析当时贡特拉姆的心理活动，就会发现事实并非仅仅是对王后博比拉所生之子的身份质疑那么简单。贡特拉姆对此事的强烈反应本身就说明继承合法性问题在当时已是非常敏感的，攻击王后的身份就意味着王位的争夺，意味着王子们的生命安全。如果贡特拉姆没有留下合法的继承人，那么他的王国将会被他的侄子们继承。事实证明也是如此，他的孩子们没有一个比他活得长的，592 年贡特拉姆死后，他的王国被布伦希尔德之子希尔德贝特二世继承。虽然格雷戈里没有记载布伦希尔德

① Gregory of Tours, *The History of the Franks*, V. 20, pp. 285 – 287.

② Ian Wood, "Deconstructing the Merovingian family", in Richard Corradini, Max Diesenberger and H. Reimitz（eds.）, *The construction of communities in the early Middle Ages: Texts, Resources and Artifacts*, 2003, p. 165; 也见 E. T. Dailey, *Queens, Consorts, Concubines: Gregory of Tours and Women of the Merovingian Elite*, p. 98, n. 76。

和弗雷德贡德对铲除贡特拉姆的儿子们有什么影响，但从当时王国三足鼎立之势来看，不能排除这一嫌疑。575 年以前，三个国王中最强大的似乎是布伦希尔德的丈夫西吉贝特，577 年似乎是王后弗雷德贡德的丈夫希尔佩里克，而贡特拉姆变得强大似乎是在 584 年希尔佩里克被谋杀之后。

格雷戈里的言论侧面表明，时人将婚姻中本来模糊的王后与姘居情人之间故意画出界线，催生出诸多新问题。正如维多森（Widdowson）所言，人们对另一个人的认同取决于他们自己的利益，尤其是当一个认同可能开放经济和社会资源之时。① 从这些身份论战中我们可以领略到布伦希尔德和弗雷德贡德等时人利用王后的身份进行的政治斗争。斯坦福德指出，国王多妻意味着有多位母亲。每一位母亲都希望她自己的儿子继承王位，不同的儿子可能有不同的母亲一系的亲属势力支持他们。②

另外一个突出的事例就是，圣人哥伦班（Columbanus，543 ~ 615年，该圣徒的崇拜日是 11 月 23 日）拒绝为布伦希尔德的曾孙们祈福所引发的争议。610 年哥伦班因拒绝为布伦希尔德之孙提奥德里克二世的私生子们祈福③，被布伦希尔德与提奥德里克二世逐出勃艮第。④至于这位圣人被驱逐背后的深层原因笔者将在第三章中作进一步探

---

① Marc Widdowson, "Gundovald, 'Ballomer' and the Problems of Identity", *Revue Belge De Philologie et D'histoire*, Vol. 86, 2008 (3 - 4), pp. 607 - 622.

② Pauline Stafford, "Sons and Mothers: Family Politics in the Early Middle Ages", in D. Baker (ed.), *Medieval Women: Dedicated and Presented to Professor Rosalind M. T. Hill on the Occasion of her seventieth Birthday*, Studies in Church History, Subsidia, Oxford: Basil Blackwell, 1978, Vol. 1. pp. 79 - 100.

③ J. M. Wallace-Hadrill (trans.), *The Fourth Book of the Chronicle of Fredegar*, chap. 36, p. 24.《弗雷德加》明显是参考了《圣哥伦班传》，同样的记载内容见 http: //sourcebooks. fordham. edu/halsall/basis/columban. asp，2007 年 4 月 1 日。

④ Ian Wood, *The Missionary Life: Saints and the Evangelization of Europe*, 400 - 1050, Pearson Education, 2001, p. 31.

讨，在此不再赘述。

加普主教萨吉塔里乌斯比哥伦班更早否认王室姘居婚姻所生之子的继承合法性，但他们的结局并不像哥伦班那样。[1] 在此，我们要注意的是这两个关于王子继承合法性的政治争议的依据。其争议的根源是王子母亲的身份，说某位王子是国王与他的姘居情人所生之子，很有可能是一种政治辞令，这也意味着国王的妻子们怀孕后，政治上别有用心的人会对孩子的父亲产生兴趣，使这些怀孕的王室妇女被治罪，甚至被抛弃，从而铲除了将要出现的王位竞争者。因而，王后通奸的谣言成为否认王子继承合法性的一种重要工具。姘居情人与王后之间的界限因政治斗争的需要而定，很多时候是王位继承权争夺者为抹黑对方而攻击其母亲的一种道德武器。由于教会努力确立罗马公教的一夫一妻制，这类争论变得更为激烈。[2]

布伦希尔德居住在提奥德贝特二世的奥斯特拉西亚宫廷时，没有提出任何关于这位国王的身份非议，而当599年布伦希尔德被提奥德贝特二世驱逐之时，这位老王后声称提奥德贝特二世是他母亲与园丁所生，不是墨洛温人。[3] 贡特拉姆曾借继承合法性怀疑克洛塔尔二世不是希尔佩里克的儿子。[4] 他们都是怀疑这些继承人的父亲的身份而不是质疑母亲的身份，对于这两位当权者来说，若是将继承的合法性问题作为一种政治斗争的武器，那么他们成功地规避了王后和姘居情人的差别，而进一步确认了时人所认可的王子继承合法性是源自国王和王后所生，二者缺一不可。换言之，对王后的通奸的攻击，同样可以否认王子继承的合法性。

---

[1] Ian Wood, "The Vita Columbani and Merovingian Hagiography", *Pertia*, vol. 1, 1982, p. 70.

[2] Pauline Stafford, *Queens, Concubines and Dowagers*, pp. 64 – 66.

[3] J. M. Wallace-Hadrill (trans.), *The Fourth Book of the Chronicle of Fredegar*, 1981, chap. 27, p. 18.

[4] Gregory of Tours, *The History of the Franks*, Ⅷ. 20, p. 440.

在墨洛温时期，因王子继承合法性而卷入通奸谣言的王后主要有弗雷德贡德。攻击王后与宫相、主教通奸的主题实质上是分化瓦解贵族和王后势力。"在早期日耳曼社会，通奸是一种女性独有的罪行。"[①] 耶稣将通奸视为道德的缺失而不是一种公共罪行。[②] 教父们在运用性侵术语方面并非总是精确的，他们经常不分青红皂白地用"通奸"这一术语来描述其他性行为（如婚前性行为和姘居）。[③] "通奸（adulterium）一词在多种意义上被使用，例如：乔纳斯引用哲罗姆的观点，认为一个过分爱妻子的男人是一名通奸者。这一术语也有一个重要的象征作用，通常用于描述公共秩序的混乱。"[④] 攻击王后通奸不在于王后的私生活本身是否有违当时社会的道德准则，而在于王后在宫廷中的势力已经使一些教俗当权者感到危机，他们试图通过这种罪行铲除王后在宫廷中的势力。墨洛温时期，诽谤和控诉王后通奸是宫廷斗争的一把利器，它影响着王后的地位，有时甚至影响到王国的延存。这一点在图尔伯爵柳达斯特等人控诉格雷戈里诽谤王后弗雷德贡德的通奸案中可见一斑。

580年柳达斯特与教士里库尔夫（Riculf）策划将格雷戈里赶出图尔教区。柳达斯特向希尔佩里克控诉格雷戈里打算将图尔交给西吉贝特之子希尔德贝特。[⑤] 而在格雷戈里的口中，控告的罪名变成诽谤王后弗雷德贡德与波尔主教贝特拉姆私通。最后，里库尔夫承认是他与图尔伯爵柳达斯特策划杀死希尔佩里克除克洛多维希（王后弗雷

① James A. Brundage, *Law, sex, and Christian society in medieval Europe*, Chicago and London：The University of Chicago Press, 1987, p. 132.
② Matt. 19：27 – 28；John 8：3 – 11.
③ James A. Brundage, *Law, sex, and Christian society in medieval Europe*, p. 104.
④ Rachel Stone, *Morality and Masculinity in the Carolingian Empire*, Cambridge University Press, 2012, pp. 289 – 290.
⑤ Raymond Van Dam, *Leadership and Community in Late Antique Gaul*, University of California Press, Berkeley, Los Angele Oxford, 1993, p. 214.

德贡德的继子）之外的所有孩子，因为，他们打算让克洛多维希继承王位。他宣称，王后之所以被控告，是因为他们想将她驱逐出宫；克洛多维希在其兄弟们被杀之后，将要取得他父亲的王国；这位新国王将任命他的故友里库尔夫为主教，柳达斯特将成为公爵。①

至于柳达斯特，格雷戈里说他是奴隶的儿子，他从国王查理贝特的王宫中脱颖而出，升任为图尔伯爵。查理贝特死后，柳达斯特误以为图尔将转入希尔佩里克手中。因此，他为墨洛维设下许多陷阱，希望获得王后弗雷德贡德的恩宠。② 格雷戈里称他被柳达斯特诬陷，柳达斯特将格雷戈里的两位支持者大执事柏拉图（Plato）和他的好友加利努斯（Gallienus）抓去拷问。这一控告得到了贝鲁尔夫公爵（dux Berulf）和尤诺米乌斯的支持。最后，格雷戈里被召唤到贝尔尼，但他被免罪，明显是因为王宫中的里贡特公主（弗雷德贡德之女）支持他。③

在 582～584 年间，柳达斯特带着希尔佩里克国王的命令和数名主教签署的信件去找格雷戈里，希望重新被接纳为教徒。但是格雷戈里以等待王后弗雷德贡德的命令为由，一直拖延。最后，柳达斯特随国王希尔佩里克返回巴黎，之后，他在教堂请求王后弗雷德贡德宽恕，结果在教堂外的大街上被逮捕。根据这位王后的命令，他被放在地上，仰面朝天，头下枕着一条大木棍，他们用另一根木棍击打他的咽喉，直到他死。④

这桩对弗雷德贡德王后通奸的诽谤案，表面上是柳达斯特与格雷戈里争夺图尔教区管理权的一出政治闹剧，实际上背后体现的是墨洛温各王国之间和希尔佩里克王国内部的争斗。斗争的双方与墨洛温分王国紧密相关，一方是格雷戈里与王后布伦希尔德和她的儿子希尔德

① Gregory of Tours, *The History of the Franks*, V. 49, p. 321.
② Gregory of Tours, *The History of the Franks*, V. 14, p. 268.
③ Gregory of Tours, *The History of the Franks*, V. 49, pp. 316－322.
④ Gregory of Tours, *The History of the Franks*, VI. 32, pp. 361－363.

贝特，另一方是柳达斯特与国王希尔佩里克和王后弗雷德贡德。值得注意的是，在这一案件中，格雷戈里对王后布伦希尔德只字未提，而此时期布伦希尔德正对她的儿子行使着摄政监护权，因而，这次事件很有可能是布伦希尔德王后离间国王希尔佩里克和王后弗雷德贡德的政治阴谋。

从地理环境来看，格雷戈里所在的图尔一直是西吉贝特和希尔佩里克争夺的地方。虽然，格雷戈里受西吉贝特和布伦希尔德的主教任命，但是，在格雷戈里担任主教早期，图尔是由希尔佩里克统治的。希尔佩里克通过他儿子提奥德贝特，操控并说服格雷戈里接受柳达斯特为图尔伯爵。不久以后，西吉贝特重新获得图尔的统治权直到575年。西吉贝特死后，希尔佩里克再次接管图尔，柳达斯特再次成为图尔伯爵。在此过程中，贡特拉姆一直对图兰（Touraine）虎视眈眈。与柳达斯特的世仇明显是格雷戈里最头疼的事情。最后，似乎格雷戈里受到了国王希尔佩里克和其他主教的支持，因为国王流放了柳达斯特，主教们命令里库尔夫进入修道院。① 伍德认为，里库尔夫的认罪可能是在克洛多维希被谋杀之后，是对一些怀疑的证实。②

该案件涉及的一个更为重要的问题，就是关于希尔佩里克的儿子们对王国继承权的争夺。该案件侧面表明，时人认为的王子继承的合法性来自国王和王后所生，别有用心者攻击哪一方都会造成对王子继承合法性的质疑。我们知道墨洛维、克洛多维希是希尔佩里克与其中一位妻子奥多韦拉所生之子，王后弗雷德贡德与她的这两位继子有着明显的争斗。范达姆认为，这起谣传弗雷德贡德王后与波尔多主教贝特拉姆通奸的案件直接关系到王室继承人的合法性。③ 希尔佩里克充分意识到这一点，因而，这位国王说，"对我妻子的控诉是直接针对

---

① Gregory of Tours, *The History of the Franks*, V. 49, pp. 316 – 322.

② Ian Wood, *The Merovingian Kingdoms 450 – 751*, p. 87.

③ Raymond Van Dam, "Merovingian Gaul and the Frankish conquests", p. 229.

我的一种侮辱"①。这与后来贡特拉姆怀疑克洛塔尔二世的身世有着异曲同工之处。斯坦福德认为，"常规的对王后和大主教之间通奸的控诉更多的预示着王后与教会人士之间的结盟而不是道德危机"②。

王后弗雷德贡德在此事件中并不能按照自己的想法行事。自相矛盾的是，当格雷戈里描述自己没有亲身经历的事时，弗雷德贡德又显得很强大、很有权力。③ 笔者认为，出现这种反差的原因在于格雷戈里隐瞒了布伦希尔德王后在此事件中的影响和作用。格雷戈里作为图尔主教的权威经常会受到挑战，反对他的里库尔夫是他自己手下的教士，柳达斯特也算是一名教士和副执事，这使我们警惕格雷戈里对"教士家族"（clerical dynasties）④ 概念的过分强调。

从贡特拉姆对克洛塔尔二世身世的怀疑，布伦希尔德对提奥德贝特二世身世的揭秘，以及王后弗雷德贡德与波尔多主教贝特拉姆的通奸谣言等事件来看，墨洛温家族在很大程度上是一种政治建构，王子们的继承权并不是与生俱来的。墨洛温家族血统上的纯正是成问题的，成为一个墨洛温人是观念上的而不是生物意义上的。⑤ 国王们经常有几位妻子，分王国经常由几位不同的国王统治，继承不是一个简单的问题。成为一个国王的儿子并不足以表明他本身就能成为国王，因为有许多潜在的继承人。未来的国王们要与他们的叔伯、其他王室子弟的母亲和他们的兄弟争斗。一旦他们当上国王，其他王位竞争失败者对辅佐新王的宫相和贵族、摄政王后都表示怀疑，因而，每一次

---

① Gregory of Tours, *The History of the Franks*, V. 49, p. 319.

② Pauline Stafford, *Queens, Concubines and Dowagers*, p. 125.

③ Mark Whittow, "Motherhood and Power in Early Medieval Europe, West and East: the Strange Case of the Empress Eirene", p. 76.

④ Ian Wood, *The Merovingian Kingdoms 450 – 751*, p. 87.

⑤ Ian Wood, "Deconstructing the Merovingian family", pp. 149 – 171.

王室继承在旁人眼中都是一次谋权篡位。[1]

在墨洛温时代，继承权的合法性是相对的。贡多瓦尔德和劳辛（Rauching）在墨洛温前期是从未被认可的王位继承者，他们都自称是国王克洛塔尔一世的儿子，他们母亲的身份是导致这两个人物反叛的根源。哈里森指出，生育在所有社会未必是通向权力的林荫路，但是在中世纪早期欧洲必定是如此。[2] 贡多瓦尔德是不是墨洛温国王克洛塔尔一世之子，这一问题从一开始就在王室内部呈现分歧。贡多瓦尔德宣称普瓦提埃的拉戴贡德和图尔的英吉特鲁德都支持他关于墨洛温血统的宣称。[3] 在此提到的证人拉戴贡德在格雷戈里眼中是一位圣徒，她在成为修女之前是克洛塔尔一世的王后；英吉特鲁德是克洛塔尔一世的两位王后英德和阿雷贡德的亲戚，这表明格雷戈里是认可贡多瓦尔德的王位继承权的。而相反，他向读者暗示他并不认可弗雷德贡德所生的克洛塔尔二世是国王希尔佩里克之子。[4] 可是，最终的结果是格雷戈里认为的没有王室血统的克洛塔尔二世成为国王，而有王室血统的贡多瓦尔德被杀。

格雷戈里笔下的劳辛残忍、贪婪、狂妄，临死时宣称自己是国王克洛塔尔一世的儿子。575～580年，苏瓦松之乱[5]后，劳辛娶了希尔佩里克的宫廷贵族戈丁[6]的寡妻。587年劳辛与克洛塔尔二世国内的权贵勾结，策划夺取希尔德贝特和布伦希尔德统治的领土，阴谋被揭穿，587～589年被希尔德贝特杀了，从他那里没收的财物之多、贵

---

① Ian Wood, "Usurpers and Merovingian kingship", in M. Becher and S. Dick (eds.), *Der Dynastiewechsel von 751*, Vorgeschichte, Legitimationsstrategien und Erinnerung, Münster, 2004, pp. 15 – 31.

② Dick Harrison, *The Age of Abbesses and Queens*, p. 52.

③ Gregory of Tours, *The History of the Franks*, VII. 36, pp. 419 – 420.

④ Ian Wood, "Deconstructing the Merovingian family", pp. 162 – 164.

⑤ 香巴尼人到苏瓦松驱逐了希尔佩里克的王后弗雷德贡德以及他的儿子克洛维。希尔佩里克率军攻打苏瓦松并获胜，之后进驻苏瓦松。

⑥ 国王希尔佩里克的封臣，曾经效忠于国王西吉贝特，领有苏瓦松的部分土地。

重程度不亚于希尔德贝特的国库。劳辛被除掉之后，马格诺瓦尔德代替了他的公爵之位。① 奇怪的是劳辛策划的这次反叛最先知晓的不是希尔德贝特，而是国王贡特拉姆。借此之机，贡特拉姆提出和希尔德贝特会晤。会晤的详情没有再说，我们看到的就是后来的昂德洛条约。伍德认为，劳辛的阴谋与贡多瓦尔德的反叛是有关系的，兰斯主教埃吉迪乌斯很可能参与了劳辛的阴谋。②

在这些王子反叛继承事件中，墨洛温王后们所扮演的角色完全不同。拉戴贡德作为证人之时，已不再是克洛塔尔一世的王后，而是修道院的圣徒，且与拜占庭保持联系，贡多瓦尔德是受拜占庭支持的，这或许意味着拉戴贡德作为圣徒与拜占庭交往密切，从而影响墨洛温政治。更重要的是布伦希尔德与贡多瓦尔德似乎一直有来往，后者在西吉贝特被暗杀后，及时救走了布伦希尔德之子希尔德贝特，并宣布他继承西吉贝特的王国。③ 从中看出，布伦希尔德、拉戴贡德、贡多瓦尔德都与拜占庭有往来，而且即便当时合法的王子也必须在其父亲活着时通过战争或内斗发展起自己的势力和威望，否则合法继承仍然是无法实现的。贵族们之所以接受弗雷德贡德对克洛塔尔二世合法继承权的宣称，不能不说是出于自身利益的一种考虑，也许他们不愿意看到贡特拉姆干涉希尔佩里克王国的内政。

对于希尔佩里克的母亲阿雷贡德，格雷戈里认为她在儿子的继承问题上没有帮上什么忙，因为在他的记载中，没有发现她卷入任何纷争。然而，希尔佩里克的母亲阿雷贡德和克拉姆的母亲孔西娜对这两位王子的继承身份的影响是明显的。阿雷贡德和英贡德是姐妹，奈尔森将她们列为克洛塔尔的王后，而将孔西娜列为克洛塔尔的情人。很有可能孔西娜和英贡德姐妹俩在克洛塔尔宫廷中的身份造成了地位上

---

① Gregory of Tours, *The History of the Franks*, IX. 9, pp. 489 – 491.

② Ian Wood, *The Merovingian Kingdoms 450 – 751*, p. 98.

③ Gregory of Tours, *The History of the Franks*, V. 1, p. 254.

的差别。克拉姆希望在他的叔叔希尔德贝特的支持下为他自己划分出一个分王国，但是最终失败了。

克拉姆的父亲克洛塔尔下令把他和他的妻子以及女儿们囚禁在一个穷人的小屋里。克拉姆被绑在一条很长的长凳上，被用布条勒死，然后，小屋被从顶部点燃。这样，克拉姆和他的妻女一起死了。①

纵向来看，时人对于王后出身和身份的争议背后体现的是墨洛温社会制度的改变。最初，国王与他的姘居情人所生之子无疑是拥有王位继承权的，随着法兰克人的基督教化，时人开始在姘居情人和王后之间有意划出一条服务于自己政治意图的界限，到了7世纪，情人所生之子很少被教会认可。伍德指出，达戈贝特有很多妻妾和情人，但为后人所知的只有儿子西吉贝特三世和克洛维二世。②

662年西吉贝特三世的养子、宫相格雷蒙德之子希尔德贝特三世（Childebert Ⅲ）死后，鲍尔希尔德王后将自己的二儿子送到奥斯特拉西亚与他堂妹结婚，并做了奥斯特拉西亚王国国王。伍德认为，一个拥有王室血统的人，即便他获得了王权，还是可能会被质疑。那些觊觎王位者的继承权申明也并非是无效的或不现实的。656年西吉贝特三世的儿子达戈贝特二世被流放，希尔德贝特三世，作为西考贝特三世的养子继承王位未必是丕平家族对王权的一次不成熟的叫板。③鉴于墨洛温家族的流动性，以格雷蒙德为中心的丕平家族可能在此次政变中一直冒充王族。埃克哈特（Eckhardt）认为格雷蒙德是奥斯特

---

① Gregory of Tours, *The History of the Franks*, Ⅳ. 20, p. 216.

② Ian Wood, "Deconstructing the Merovingian family", p. 169.

③ Ian Wood, "Deconstructing the Merovingian family", p. 170.

拉西亚国王提奥德巴尔德母亲一系的后人。① 正如伍德所言，"关于
达戈贝特二世流放的任何解释都应该考虑西吉贝特三世的寡妻西米希尔德"②。他认为，西米希尔德无子，只有一个女儿比利希尔德，她
想到的最好办法就是将格雷蒙德的儿子收为养子，然后将自己的女
儿嫁给他，这样确保了她在奥斯特拉西亚的摄政地位。当希尔德贝
特三世和比利希尔德成功坐上王位之后，她不再需要格雷蒙德的支
持，因而将他交给了纽斯特里亚人和愤怒的克洛维二世。当她的地
位因希尔德贝特三世的死而受到损害时，她决定与鲍尔希尔德和纽
斯特里亚人联手。格雷蒙德政变很可能是广义上的家族政治的一
部分。③

另外，在墨洛温时期，尽管寡妻－王后本人并无王国继承权，但
有时也是王国合法性的体现，她是王国继承的"中介"，谁与她们结婚
就相当于拥有了王位继承权。许多有野心的王权觊觎者通过迎娶遗孀
王后获得支持或者使潜在的对手变得中立。如果继承已故国王的新王
实力强大，那么他可以借助迎娶先王的王后而获得王国继承的合法性，
从而确保社会政治的和平过渡。524 年，克洛多梅尔战死后，克洛塔尔
与他这位哥哥的王后贡提乌克（Guntheuca）结了婚，接管了他哥哥的
王国。555 年，提奥德巴尔特死后，克洛塔尔继承了他的国土，开始与
他这位侄孙的遗孀符尔德特拉达发生性关系。但是，由于主教们谴责
他乱伦，他将她交给了巴伐利亚公爵加里瓦尔德（Garivald）。④ 很明
显，克洛塔尔打算与她结婚，从而通过这桩婚姻确保他获得她已故丈

① 参见 Janet L. Nelson，"Queens as Jezebals：the Careers of Brunhild and Balthild in
Merovingian History"，p. 20，n. 101。

② Ian Wood，*The Merovingian Kingdoms 450 – 751*，pp. 223 – 224.

③ Janet L. Nelson，"Queens as Jezebals：the Careers of Brunhild and Balthild in
Merovingian History"，pp. 19 – 20.

④ Gregory of Tours，*HF*（1974），IV. 9，pp. 202 – 203. 加里瓦尔德是巴伐利亚阿吉洛
夫（Agilolfing）的公爵。

夫的王国继承权，当其政治目的实现之后，她的价值便不存在了。

　　布伦希尔德在西吉贝特死后下嫁给她的侄子墨洛维。对于墨洛维而言，他希望通过这桩婚姻获得西吉贝特的奥斯特拉西亚王国的继承权；而对于布伦希尔德而言，她希望通过与墨洛维的联姻获得保护，暂时避免受希尔佩里克的迫害。

　　王后在王位继承中的重要性还体现在613年左右的贵族阿尔希乌斯试图篡夺克洛塔尔二世的王位上。

　　　阿尔希乌斯正在考虑放弃他的妻子娶这位王后，假若他拥有了勃艮第王室血统，他就能继承克洛塔尔的王位成为国王。王后贝特特鲁德为她所闻之事的前景感到害怕。她突然哭起来并躲进她的房间。主教留德穆德（Leudemund）明白这次谈话使他处于危险之中，因此，连夜逃往锡安（Sion），最后与修道院院长尤斯坦西乌斯（Eustasius）一起在卢克瑟避难。后来，这位修道院院长得到了克洛塔尔的原谅并允许他回到他的城市。同时，阿尔希乌斯被传唤到克洛塔尔以及他在梅里（Mâlay-le-Roi）庄园的大贵族（great men）面前。他的邪恶计划暴露，他被判处死刑。①

　　从这一记载来看，王后这一身份是王国继承合法性的"中介"。对于贵族而言，娶到先王的寡妻也意味着他拥有继承王位的合法性。当然，这一阴谋最后败露，阿尔希乌斯被处决。这一合法性最终没有得到验证。这次反叛在某些方面与格雷蒙德政变有相似性，只是阿尔希乌斯更为激进，也许是格雷蒙德吸取了这位失败的反叛贵族的教

---

① J. M. Wallace-Hadrill（trans.），*The Fourth Book of the Chronicle of Fredegar*, chap. 44，pp. 36 – 37.

训，最后将自己的儿子以西吉贝特养子的身份获得王位。范达姆认为
其他王国的国王与王室寡妇结婚，部分是为了获得对她们财富的控
制，部分是要确保没有其他人能通过与她们成婚而宣称拥有王权。[①]
618 年贝特特鲁德王后死了，克洛塔尔二世尤其宠爱她，整个宫廷承
认她的善良，她也为此深受爱戴。[②]

　　总之，墨洛温王后这一身份具有开放性和流动性。对于出身高贵
的女子而言，她的父亲（或监护人）和国王是决定其一生命运的关
键人物，也是其获取成功的保证，如克洛蒂尔德、布伦希尔德。对于
出身低微的女子而言，她的美貌和能力是确保其地位和权力的关键，
如博比拉、弗雷德贡德、鲍尔希尔德。总之，王后的身份、地位与荣
耀源自国王，只有赢得国王的宠爱与信任，她才会拥有一切，然而，
一旦失去国王的宠爱与信任，她也如昙花一现般迅速失去她努力获得
的一切。由此可见，成为国王的枕边人是王后进入墨洛温权力世界的
入场券。

---

① Paul Fouracre (ed.), *The New Cambridge Medieval History*, *Vol. 1*, *c. 500 – c. 700*, Cambridge University Press, 2005, p. 228.

② J. M. Wallace-Hadrill (trans.), *The Fourth Book of the Chronicle of Fredegar*, chap. 46, p. 39.

第二章

王后的财产与权力

王后在不同时期起着不同的作用，作为国王的未婚妻或新娘，她们不仅是嫁妆的携带者，而且是王国政治关系的中间人，她们名下有自己的财产，在公私界限不明确的墨洛温王朝时期，她们能够支配大量财产，这使得她们利用自己手中的财权为其谋取政治利益，以便在王位继承交接过程中将自己的儿子推上国王的宝座，从而确保自身的安全。

第一节 王后的财产支配

墨洛温王后群体在法兰克历史上起着重要作用。在中世纪早期教俗体制秩序化的过程中，她们和国王共同处在政治金字塔的顶端，享有较高的政治地位，成为后来的王后甚至是上层妇女效仿的典范。王后的慷慨施赠与救济被当时社会看作一种美德，也是当时社会对王后的一种角色期待，这种期待背后首先蕴含的就是王后有可供其支配的财产。

一 王后的财产

王后的财产包括动产和不动产，其中土地是最值钱的，因为这些土地上的税收全部归王后个人所有。从理论上来说，墨洛温王后的财产来源主要包括嫁妆、国王的赏赐、贵族的赠礼以及财产继承。法兰克人和其他日耳曼人一样，在结婚之前要先订婚。准新郎要给予准新娘一笔彩礼作为婚后妻子的嫁妆，她的父亲也给她一份礼物。这份财产一直保留到她丈夫死后再婚之前。如果男方提出退婚，他将付62.5 索里达（Solidi）作为补偿。① 图尔的格雷戈里描述完整的订婚仪式是男方提供一枚戒指、一个吻和一双拖鞋。男方给女方家庭一些

---

① Katherine Fischer Drew（trans. and intro.），*The Laws of the Salian Franks*，p. 126.

象征了古老彩礼的礼物。6~7世纪，日耳曼婚姻的经济指向发生了重大变化，原来彩礼都是付给新娘的家庭，现在是以订婚赠礼和婚后晨礼的方式付给新娘。① 利普里安法规定晨礼是50索里达，相当于一位自由人偿命金的四分之一，或者相当于25头牛的价值。②

墨洛温国王在迎娶妻子之时，也要先带礼物去求婚。克洛维向克洛蒂尔德求婚时派人带了戒指、饰品和订婚礼服，她带着一些王室饰物到达法兰克；③ 西吉贝特向布伦希尔德求婚时派人带了大量礼物去了西班牙，她也带回了丰厚的嫁妆；希尔佩里克娶布伦希尔德的姐姐加尔斯温特的一个重要原因就是垂涎她带来的大量嫁妆。正如古英语史诗中所说："一位国王应该用一些物品、杯子和镯子买一位王后。"④ 墨洛温时期，已婚妇女的养老金由她的丈夫和父亲的赠礼组成。这部分财产不能被丈夫转让，通常传给他们的孩子。如果丈夫先死，妻子将持有她丈夫给予的全部赠礼，直到再婚。⑤ 这一点对于墨洛温的王后也同样适用。王后被认为是王国财产的保管人，在老国王死后，王后常常掌握大量的财富。在国王西吉贝特死时，王后布伦希尔德带着财宝和孩子们待在巴黎。⑥ 孀居期间的弗雷德贡德逃到巴黎时，随身带着大量财宝。⑦

墨洛温王后的财产有一部分来自国王的赏赐。其中，晨礼是比较大额的财富，它是指王后与国王完婚的第二天早上，由国王赐予王后的赠礼，包括土地、城市和税收。克洛塔尔赐予拉戴贡德的晨礼包括

① Frances Gies and Joseph Gies, *Marriage and Family in the Middle Ages*, New York: Harper and Row, 1987, p. 55.

② Frances Gies and Joseph Gies, *Marriage and Family in the Middle Ages*, p. 55.

③ J. McNamara, J. E. Halborg and G. Whatley (eds. and trans.), *Sainted Women of the Dark Ages*, pp. 42 – 43.

④ Pauline Stafford, *Queens, Concubines and Dowagers*, p. 57.

⑤ Katherine Fischer Drew (trans. and intro.), *The Laws of the Salian Franks*, p. 42.

⑥ Gregory of Tours, *The History of the Franks*, V. 1, p. 254.

⑦ Gregory of Tours, *The History of the Franks*, VII. 4, p. 390.

她婚前一直居住的阿瑟斯王庄、塞伊克斯（Saix）和佩罗纳（Peronne）王庄；希尔佩里克赠予加尔斯温特的晨礼至少包括五座城市。此外，国王在日常生活中也会赏赐一些财物给王后。拉戴贡德与她的丈夫克洛塔尔一世发生争执后，这位国王"用礼物补偿他对她的出言不逊"[1]。

王后还会获得来自贵族的赠礼，并有机会获得更多土地。例如，加尔斯温特被谋杀后，希尔佩里克赐给她的晨礼由她的妹妹布伦希尔德继承。587 年，《昂德洛条约》确保了属于王后布伦希尔德的财产、税收和城市。

> 至于波尔多、利摩日、卡奥尔、勒斯卡尔和雪塔诸城，无疑是布伦希尔德夫人的姐姐加尔斯温特作为嫁妆或晨礼而获得的，布伦希尔德夫人被认可有继承权……布伦希尔德夫人应将卡奥尔城及其所属土地、居民收归己有……土地范围不得减损。[2]

布伦希尔德之女英贡德死后，西哥特人试图再次取得墨洛温人的支持，以防英贡德的弟弟、国王希尔德贝特为她复仇。西哥特国王柳维吉尔德（Leovigild）向另一位墨洛温国王希尔佩里克提出联姻，希尔佩里克答应将他和弗雷德贡德所生之女里贡特嫁给西哥特王子雷卡雷德（Reccared）。国王希尔佩里克邀请法兰克贵族和其他随从前来庆祝他女儿出嫁。然后，他送给她大批财宝，把她托付给送亲使团。里贡特的母亲、王后弗雷德贡德"也拿出了巨量的金银，还有精美的衣服，其为数之多，竟使国王一见之下都认为自己不剩什么了。东

---

① J. McNamara, J. E. Halborg and G. Whatley（eds. and trans.），*Sainted Women of the Dark Ages*，p. 74.

② Gregory of Tours, *The History of the Franks*，IX. 20，pp. 502 – 507.

西多到如此地步，以至金银和其他装饰品装满了五十辆马车"①。当这位王后看到自己拿出的财富之多令国王和贵族们震惊之时，她作了如下解释：

> 你们眼前的每一件物品都是我解囊相赠的，因为你们最卓越的国王一直慷慨地送给我礼物，我的大量积蓄来自我自己的财源，来自馈赠给我的地产上获得的税收，你们也经常送给我大量赠礼，摆在你们面前的东西就是从这些途径来的。②

当然，最后这位公主不仅没有嫁到西哥特，而且在后来差点儿被她母亲设计陷害。③ 格雷戈里将弗雷德贡德的敛财和里贡特的不幸做了鲜明对比。里贡特公主的大总管、曾经的桑特伯爵瓦多，在弗雷德贡德的安排下护送里贡特去西班牙。④ 在护送途中，希尔佩里克国王被杀，里贡特的嫁妆几乎被抢光，瓦多和德西德里乌斯（Desiderius）等人转而效忠贡多瓦尔德。⑤

如果国王早死，王后有权获得他的财产。墨洛温国王们为了削弱日耳曼习俗中保留下来的强大父系亲属权力，授予她们的妻子较多的个人权利。在 6 世纪前半叶，克洛维颁布的萨利克法中关于妇女不能继承土地的规定有所松动；他的孙子希尔佩里克进一步放松了妇女继承土地的要求，在没有儿子的情况下，女儿可以继承萨利克人的土地。

利普里安法也规定：

---

① Gregory of Tours, *The History of the Franks*, VI. 45, pp. 377 – 379.

② Gregory of Tours, *The History of the Franks*, VI. 45, p. 378.

③ Gregory of Tours, *The History of the Franks*, IX. 34, pp. 521 – 522.

④ Gregory of Tours, *The History of the Franks*, VI. 45, p. 379.

⑤ Gregory of Tours, *The History of the Franks*, VII. 9 – 10, pp. 393 – 394.

如果与一位妇女结婚，男方赠予她的东西以档案和特许状的形式保留下来，那么她对这些东西享有永久的权利。假如丈夫早死，而当初给她 50 索里达嫁妆时没有书面记录，那她只能获得他们共同财产的三分之一。①

639 年王后弗雷德贡德之孙达戈贝特一世死后，他的王后南特希尔德就获得了与他的两个儿子一样多的王室财产。

在他统治的第十二年（635 年），达戈贝特一世与王后南特希尔德生下了克洛维。所有奥斯特拉西亚权贵、主教和西吉贝特的武士都举手宣誓：达戈贝特一世死后，纽斯特里亚和勃艮第统一归属于克洛维，而有着同样多人口和领土的奥斯特拉西亚应完全属于西吉贝特。②

这位西吉贝特就是克洛维二世同父异母的哥哥。632 年达戈贝特一世将他送到奥斯特拉西亚王国的梅斯宫廷，让他做了那里的国王。③

达戈贝特死后，西吉贝特派信使要求王后南特希尔德和国王克洛维将他父亲达戈贝特的财富分一份给他，（王后南特希尔德）召集成立法庭以解决这一财富分配问题。西吉贝特派遣科隆主教昆尼贝特（Chunibert）、宫相丕平（即老丕平或兰登丕

---

① T. J. Rivers, *Laws of the Salian and Ripuarian Franks*, New York, 1986, p. 186. 转引自 Yitzhak Hen, *Culture and Religion in Merovingian Gaul*, 481－751, p. 130。

② J. M. Wallace-Hadrill（trans.）, *The Fourth Book of the Chronicle of Fredegar*, chap. 76, p. 64.

③ J. M. Wallace-Hadrill（trans.）, *The Fourth Book of the Chronicle of Fredegar*, chap. 75, p. 63.

平）以及其他一些奥斯特拉西亚权贵到贡比涅。在那里，按照南特希尔德和克洛维的指示并征得宫相艾噶的同意后，达戈贝特的财富被带来并分成三等份。王后南特希尔德获得了三分之一，厄门弗雷德和丕平将西吉贝特的那一份带到梅斯上呈给西吉贝特，并进行了盘点。[①]

克洛塔尔二世的第二位王后贝特特鲁德获得了勒芒主教贝特拉姆曾在巴黎的一份财产，这位勒芒主教的恩主就是国王克洛塔尔二世。魏德曼（Weidemann）在《勒芒主教贝特拉姆的遗嘱》（1986）一文中指出，王后贝特特鲁德作为遗产受赠人，这在遗嘱中是相当常见的。[②] 这些遗嘱充分表明王后可利用的财产和亲属关系网。

二　王后的财产支配

墨洛温王后不仅能够支配自己的财产，而且掌管着国王的"钱袋"，她能够支配国库的资源。弗雷德贡德在里贡特出嫁西班牙时，拿出巨量的金银，还有精美的衣服，并声明："别以为这里有什么东西是从国库里拿出来的……这里没有任何东西来自国库。"[③] 这侧面说明，王后对国库资源有一定的支配权。对于王后而言，钱财和土地是她们最好的朋友。虽然，财富本身不是一种政治工具，但王后能用它收买心腹，买到武士的效忠，从而结成自己的权力关系网；王后能用它雇用杀手铲除敌人。

---

① J. M. Wallace-Hadrill（trans.），*The Fourth Book of the Chronicle of Fredegar*, chap. 85, pp. 71 – 72.

② 参见 Mark Whittow, "Motherhood and Power in Early Medieval Europe, West and East: the Strange Case of the Empress Eirene", p. 74。

③ Gregory of Tours, *The History of the Franks*, VI. 45, p. 378.

他（贡特拉姆）将使她们（王后布伦希尔德和王后法伊柳巴）安全地、平静地、体面而尊贵地享有她们的全部财物，其中包括人、物品、城市、土地、税收和各种权利；在基督的指引下，她们目前所拥有的，在将来也会被合法持有。她们自愿处置或授予任何人的任何土地、税收或钱财将受到永久的安全保护，其他人无权宣告无效。①

《昂德洛条约》的这一规定表明，王后对自己的财产有很大的自由处置权，甚至包括转让土地。在墨洛温时期，时有王后馈赠土地的例子发生。王后克洛蒂尔德曾赐给克莱蒙神父阿纳斯塔西乌斯（Anastasius）一份特定的地产，并有书面的赐赠文契，当克莱蒙主教考提努斯（Cautinus）想掠夺这份地产时，这位神父带着克洛蒂尔德王后给他的文契去找国王克洛塔尔一世，最后，克洛塔尔一世赐给这位神父新的文契，确保他对这份财产的所有权，并阻止任何人将之夺走。阿纳斯塔西乌斯将这块土地赠予他的后代。② 克洛蒂尔德王后还从王室领地中赐给第十一任图尔主教迪尼菲乌斯（Dinifius）一份特定的财产，然后授权他按自己的意愿处理这份财产。他将其中一大部分赠予他自己的大教堂，剩余的部分留给那些应得之人。③ 拉戴贡德更是将自己的全部财产捐赠给普瓦提埃修女院。她抛弃国王克洛塔尔一世，成为一名修女，这位国王想让她再回宫廷，却被巴黎主教圣日耳曼努斯劝说，最后，国王克洛塔尔一世只好继续支持她在普瓦提埃建修女院，这侧面说明她自己有自由的财产处理权，并因此赢得了巴黎主教和国王的支持。加尔斯温特拥有和布伦希尔德一样多的嫁妆，以至她的丈夫都不能无视她。她或许可以用这些财富迅速建立自己的

---

① Gregory of Tours, *The History of the Franks*, IX. 20, p. 390.

② Gregory of Tours, *The History of the Franks*, IV. 12, pp. 205 – 207.

③ Gregory of Tours, *The History of the Franks*, X. 31, p. 598.

权力关系网，甚至是一支队伍。所以希尔佩里克假装安抚她，然后将她害死。从加尔斯温特被勒死一事来看，6 世纪中后期的墨洛温王国整体军事实力增强，因为，没有发现西哥特国王为她的死而复仇。

在实践中，王后支配财产的自由程度更多地取决于她的个人能力，她甚至可以将对手的财产收缴国库以供己支配。在墨洛温王朝战乱频仍的年代，王后掌管着大量的动产和不动产，她们作为王国的女主人，负责王国的日常开支，与司库（treasurer）一起掌管国库。王室子女婚嫁、国王巡游等费用的商定会议一般都有王后参与。希尔佩里克被谋杀之后，弗雷德贡德控制了相当可观的财富，其中包括国王委任（官员）时用的黄金大盘。① 弗雷德贡德也赏赐给克劳狄乌斯（Claudius）大量礼物。

> 贡特拉姆派出克劳狄乌斯，并对他作了如下指示："如果你去圣马丁教堂将埃贝鲁尔夫（Eberulf）拖出来，然后用剑将他杀死，或者给他戴上铁链，我将给予你丰厚的回报。"……他自己纠结是否应该去见王后弗雷德贡德。"如果我真的去见她，她也应该会给我一些回报，毕竟，我清楚地知道她是我要杀的那个人的敌人。"于是，他拜见了这位王后，立刻获得大量赠礼，并且获得了来自王后的诸多许诺。②

希尔佩里克的儿子克洛多维希和他的母亲奥多韦拉被杀，妹妹巴西娜被弗雷德贡德的仆人骗进拉戴贡德的圣克罗伊斯修女院，他们的所有财产都被弗雷德贡德窃取；克洛多维希的司库被司马官库帕从布尔日押送到希尔佩里克那里，交给了王后弗雷德贡德。③

---

① Ian Wood, *The Merovingian Kingdoms 450 – 751*, p. 122.
② Gregory of Tours, *The History of the Franks*, VII. 29, p. 409.
③ Gregory of Tours, *The History of the Franks*, V. 39, p. 305.

弗雷德贡德把曾经属于她已故儿子的所有东西都收集在一起烧掉，他的所有衣服（其中有丝绸及皮衣）和她能找到的其他所有财产统统烧掉。据说，这些东西装了满满四车，所有金银物件都被熔化了，以免有任何保持原样的东西引起她对儿子的思念和哀悼。[①] 580 年弗雷德贡德命令将马尔克（Mark）从她自己的那些城市中带回来的税册（tax-demands）拿到她面前，她将它们投入火中。[②] 590 年克洛塔尔病重之时，弗雷德贡德发誓向圣马丁教堂捐赠大量的钱财。[③]

588 年左右，布伦希尔德没收了图尔居民克拉姆内辛德（Chramnesind）的财产，因为他杀死的仇人——贵族西卡尔（Sichar）的保护人是布伦希尔德。这位王后将没收来的财产赐赠给她的一位家臣。[④] 602 年，布伦希尔德杀死贵族艾吉拉（Aegyla）后，将他的财产收缴国库。[⑤] 当贵族阿尔希乌斯阴谋驱逐国王克洛塔尔二世时，他也企图通过迎娶王后贝特鲁德获得王室财富。[⑥]

锡安主教留德穆德私会王后贝特鲁德，并在贵族阿尔希乌斯的唆使下对她说了下列愚蠢之语：无疑，今年克洛塔尔（二世）将死，她应该私下将她能控制的所有财富都送到他的城市锡安，在那里将是最安全的。[⑦]

---

① Gregory of Tours, *The History of the Franks*, VI. 35, p. 366.

② Gregory of Tours, *The History of the Franks*, V. 34, p. 297.

③ Gregory of Tours, *The History of the Franks*, X. 11, p. 559.

④ Gregory of Tours, *The History of the Franks*, IX. 19, p. 502.

⑤ J. M. Wallace-Hadrill (trans.), *The Fourth Book of the Chronicle of Fredegar*, chap. 21, p. 14

⑥ J. M. Wallace-Hadrill (trans.), *The Fourth Book of the Chronicle of Fredegar*, chap. 44, pp. 36 – 37.

⑦ J. M. Wallace-Hadrill (trans.), *The Fourth Book of the Chronicle of Fredegar*, p. 36.

还有一个恰当的例子，那就是巴黎王查理贝特的王后提奥德希尔德（生有一子夭折了）。查理贝特死后，他的王后提奥德希尔德派使节去见国王贡特拉姆，主动要求和他结婚。贡特拉姆用如下话语回复她：她可以带着她的财富来我这里，我将接受她并给她上等尊位，她在我这里将享有比在我已故的哥哥那里更高的地位。她听了此话之后很高兴，当即收拾好所有的财物起程去见贡特拉姆。当贡特拉姆看到她时说："这些财富归我支配要比这个不配跟我哥哥同床的女人继续掌管更好。"于是，他拿走了她的大部分财物，给她留了一小部分，把她打发到阿尔勒的一所修女院内。① 她试图在一个哥特人的帮助下逃跑，但是被修女院院长发现，这位王后惨遭毒打并被锁在禁闭室。该事件充分表明王后可调配的财富数额之大以至于引起其他分王国国王的注意，并将之大部分夺走。王后布伦希尔德在其丈夫西吉贝特死后被流放到鲁昂，当时她托付给鲁昂主教普雷特克斯塔图斯保管的五包金银财宝被国王希尔佩里克没收。②

这种财产的管理与支配，在法兰克早期贵族妇女中也有所体现。上面提及的受布伦希尔德王后庇护的贵族西卡尔之妻特兰奎拉（Tranquilla），在出走改嫁前，也掌管着她孩子和丈夫在图尔和普瓦提埃的财产。③

王后的精美服饰和各类贵重饰物也是供她支配的一大资源。

拉戴贡德成为修女时，脱去她当王后时习惯穿戴的盛装。她将它放在圣坛上，并将紫衣、宝石、饰品和荣耀的上帝喜欢的礼物堆在神圣荣耀的桌子上。她为了赈济穷人，拿出一条昂贵的黄金制成的腰带。同样，有一天她以王后的华丽装扮穿戴整齐，正

① Gregory of Tours, *The History of the Franks*, IV. 26, pp. 220 – 221.
② Gregory of Tours, *The History of the Franks*, V. 18, pp. 275 – 280.
③ Gregory of Tours, *The History of the Franks*, IX. 19, p. 502.

如蛮族人所说的——一切装扮为了出行。进入圣朱米卢斯（Jumerus）的修道室，她为了未来的利益，将额前的饰物、挂件、手镯、头饰和扣针及所有黄金饰物，还有一些镶嵌着宝石的环形饰物都放在圣坛上。[①] 鲍尔希尔德也将自己用的金腰带解下来给了需要救济的修士们。[②]

王后作为宫廷的女主人负责分配王室的日常开支，王后主持参与筹备宴会、施赈、捐助等各种活动，以维护王室的体面和尊严，这些工作都需要王后能支配王室的财富。克洛维二世让他忠诚的仆人修道院院长杰修斯帮助王后鲍尔希尔德开展各种捐赠活动。[③] 正如格伯丁所说："国王是武士们效忠的焦点，金子是对武士们最合适的回报。"王后作为国王之妻，掌管着王国的大量财富，她可以借此赢得武士的效忠、雇用杀手、收买心腹。总之，王后们对财富的控制使得她们卷入了政治斗争的旋涡当中。

---

① J. McNamara, J. E. Halborg and G. Whatley (eds. and trans), *Sainted Women of the Dark Ages*, Radegund 1. 13, pp. 75 – 76.

② Paul Fouracre and Richard A. Gerberding, *Late Merovingian France*, *Vita Domnae Balthildis*, chap. 8, pp. 124 – 125.

③ Paul Fouracre and Richard A Gerberding, *Late Merovingian France*, *Vita Domnae Balthildis*, p. 121.

第二节　王后的政治参与

墨洛温王朝作为中世纪早期的蛮族王国，在建立之初，其地域范围和可支配的资源都相当有限，国王、高卢－罗马贵族，甚至教会阶层都有着自身的财富，各自拥有相对独立的经济基础。在巩固和加强墨洛温王国统治的过程中，王后充分利用手中的资源，培植亲信、结成自己的权力关系网。老国王活着时，王后通过向国王"吹枕边风"参与王国事务。6世纪末7世纪初，随着墨洛温国王的行宫规模逐渐变大并趋于固定，墨洛温国王们开始在少数几处喜欢的行宫度过整个冬季。国王住所稳定、巡游减少，贵族们的管理权力日益增长，而王后通常充当上情下达的"中介"。老国王死后，他的寡妻－王后又或主动或被动地卷入王位争夺的冲突中。当王后的势力弱小时，贵族们敦促国王从政治的角度选择他自己的婚姻；当王后权力强大时，贵族们又与王后合作干涉小国王的婚姻。

一　王后的政治活动

在法兰克墨洛温王朝时期，王后并不直接掌权，而是通过影响男性掌权者开展其政治活动。作为国王之妻，王后相当于国王的耳目，主要通过规劝或挑唆国王的方式，积极参与王国的政治活动。学者们普遍认为，克洛蒂尔德作为国王之妻的主要影响在于她劝说国王克洛维皈依公教。

（一）克洛蒂尔德与克洛维的皈依

克洛蒂尔德王后一直劝说国王克洛维皈依。结婚当晚，她向克洛维说："尊贵的国王，听您的仆人我的请求，并请您答应。"克洛维说："你要求什么我都答应。"王后于是说道："我要求您信仰全能的上帝，圣父、圣子和圣灵，您应该破坏您崇拜的诸神，并修复您烧毁的教堂。"① 克洛维回答说："我不会遗弃我信仰的诸神，不会给你的神以荣誉，如果你要求别的，我会答应你。"

当克洛蒂尔德生了第一个儿子之时，她试图规劝克洛维皈依的计划再次失败。

> 克洛蒂尔德敦促她的丈夫停止崇拜偶像和虚假的众神，但是她发现国王并没有更靠近信仰。……王后命令用帷幔把教堂装饰起来，希望顽固的国王能被仪式带到信仰面前。这个小孩被洗礼；他被授予名字英戈梅尔，但是，洗礼没多久他就在白色的长袍中死了。当他们的儿子在洗礼中死去之后，克洛维暴怒。王后克洛蒂尔德继续恳求她的丈夫能认可真正的上帝，放弃他的偶像崇拜，可她怎么都不能说服他接受基督教。②

克洛蒂尔德试图公然影响她丈夫的决定，布置华丽的教堂，希望

---

① J. McNamara, J. E. Halborg and G. Whatley（eds. and trans.），*Sainted Women of the Dark Ages*，p. 43.

② Gregory of Tours, *The History of the Franks*，II. 29 – 30，pp. 141 – 143. 又见 J. McNamara, J. E. Halborg and G. Whatley（eds. and trans.），*Sainted Women of the Dark Ages*，p. 43。

他在禁止的洗礼仪式上露面并改变信仰。[1] 戴利认为，克洛蒂尔德劝说丈夫皈依的形象可能参考了《圣经·哥林多前书》中关于婚姻问题的观点，即"不信的丈夫因信的妻子而圣洁，不信的妻子也因信的丈夫而圣洁。不然，你们的儿女就不洁净"[2]。

格雷戈里和圣徒传作者将克洛维信仰转变的节点归于阿勒曼尼战争，但从他们的记载表明，王后克洛蒂尔德一直是国王最亲近的倾诉和咨询对象。

> 在法兰克人与阿勒曼尼人的战争中，克洛维及其部下处于战争困境，亲信奥雷利安建议他信仰基督教，结果转败为胜；阿勒曼尼人屈服于克洛维，他强迫他们进贡土地。返回法兰克后，他向王后讲述他如何通过呼唤耶稣基督之名反败为胜的事情，并于496年皈依基督教。[3]

国王能够在关键时刻向王后所信仰的上帝求助，侧面说明王后在日常生活中对国王的影响。战争胜利之后，国王又向王后讲述他战争的过程，并暗示他信仰的改变，于是，在王后的策划下，完成了国王克洛维和王国其他要人的皈依。

在洗礼仪式上，克洛蒂尔德作为公教徒跟在兰斯主教雷米吉乌斯的后面[4]，克洛维被称为"新君士坦丁"，这很可能是要告诉我们，王后在国王洗礼仪式上所起的作用和所处的地位，即王后是国王和教

---

① E. T. Dailey, *Queens*, *Consorts*, *Concubines*: *Gregory of Tours and Women of the Merovingian Elite*, p. 82.

② Corinthians, 7: 14.

③ J. McNamara, J. E. Halborg and G. Whatley (eds. and trans.), *Sainted Women of the Dark Ages*, pp. 43 – 44.

④ 圣丹尼斯编年史中也有克洛维皈依公教的记载。见 http://sourcebooks.fordham.edu/Halsall/source/496clovis.asp, 2017 年 4 月 5 日。

会政治合作的中间人。

格雷戈里将克洛维的皈依时间设定在 496 年，将他与克洛蒂尔德的结婚时间设定在 493 年；而阿维图斯说他们的结婚日期在 501 年以后。当今学术界对于王后克洛蒂尔德在劝说克洛维皈依上到底起到多大作用有着不同看法。尚策尔对克洛维皈依的主要原因进行了再考察，认为克洛蒂尔德王后的坚持作用更大，而与阿勒曼尼战争没有直接关系。[①] 有学者提出"克洛维从一名异教徒直接皈依天主教的观点是由图尔的格雷戈里提出的"[②]。阿维图斯在致克洛维的书信[③]中没有提及克洛蒂尔德，因而，王后在克洛维的皈依中并没有起到多大作用。对此，伍德认为，这并不足以证明这位王后在克洛维的皈依中不起作用。[④] 前面已经提及，阿维图斯策划了克洛维与勃艮第的联姻，因而，对于阿维图斯而言，王后在国王皈依公教中的作用是不言而喻的。

对于克洛维而言，皈依的的确确为他带来了政治利益。

克洛蒂尔德生了儿子克洛塔尔以后，"国王路德维希（即克洛维）来到巴黎城，他和他的王后圣克洛蒂尔德说：'阿里乌斯的哥特人持有高卢大部分土地似乎是不合适的，在上帝的帮助下，让我们将他们驱赶出这片土地。'"[⑤]

---

① Danuta Shanzer, "Dating the Baptism of Clovis: The Bishop of Vienne vs the Bishop of Tours", pp. 51 – 52.

② Ian Wood, "Gregory of Tours and Clovis", *Revue Belge de Philologie et D'histoire*, Vol. 63, 1985 (2), p. 266.

③ Danuta Shanzer and Ian Wood (trans.), *Avitus of Vienne Letters and Selected Prose*, pp. 362 – 373.

④ Ian Wood, "Gregory of Tours and Clovis", p. 271.

⑤ J. McNamara, J. E. Halborg and G. Whatley (eds. and trans.), *Sainted Women of the Dark Ages*, p. 45.

匿名的《法兰克人史》在描述他们建立圣彼得教堂时，借克洛蒂尔德之口说出了克洛维皈依的意图，即建使徒教堂能让信仰成为克洛维战争的助手。[①]

这说明克洛维皈依公教与克洛蒂尔德的日常劝说是密不可分的，国王常常会与王后商讨战争等重要的王国事务，也认真听取王后的意见。

沃尔夫拉姆坚决主张克洛蒂尔德在克洛维皈依中的重要作用，他引用了格雷戈里的记载，证明克洛蒂尔德非同一般的意志力。[②] 斯坦福德暗示，克洛蒂尔德被奉为圣徒的一个理由是她顶着压力成功说服克洛维皈依，这为王后们开辟了新的活动领域，扩大了女性代祷的传统范围。如果妇女在最初的皈依中起了作用，那么她们在后来的宗教改革中也同样起作用。[③]

克洛维的亲属的信仰从另一个侧面反映了王后克洛蒂尔德对王国政治的影响。墨洛温时期高卢-罗马的天主教信徒与日耳曼族群的阿里乌斯信徒之间并不是水火不容的。王室女性的信仰相对自由。克洛维的两个妹妹中，东哥特王后阿尔博弗雷德和克洛维同时皈依，兰特希尔德（Lanthechild）以前接受的是阿里乌斯异端，也承认三位一体并接受了涂油。[④] 学者们试着估算天主教徒和阿里乌斯信徒之间的仇视程度，因为这一时期的资料很少超越各王国国王之间的权力争斗。布伦戴奇（James A. Brundage）认为："在日耳曼定居的早期阶段，教会不再是新的政治统治者和一些地区的保护者，教会经历了日耳曼君主和天主教会之间尖锐的仇视阶段。"[⑤] 而麦克纳马拉认为，并没有出现这种尖锐的对立，"这种不间断的暴力牵涉到的是一些微不足

---

① *Liber Historiae Francorum*, 17, *Monumenta Germaniae Historica*, p. 267.

② Herwig Wolfram, *The Roman Empire and its Germanic Peoples*, p. 212.

③ Pauline Stafford, *Queens, Concubines and Dowagers*, p. 123.

④ Gregory of Tours, *The History of the Franks*, II. 31, pp. 144 – 145.

⑤ James A. Brundage, *Medieval Canon Law*, London and New York: Longman, 1995, p. 19.

道的小人物，而很少看到那些反对阿里乌斯国王的主教和信仰天主教的贵族参与其中"[1]。这意味着产生暴力的主要根源并非信仰差异。从克洛多梅尔被杀来看，格雷戈里心目中的上帝对正统基督徒和阿里乌斯信徒是相同的标准，违背仇杀准则就要受到惩罚。

> 克洛多梅尔再次准备攻击他（戈多玛尔），并决定杀死西吉斯蒙德。当时有一位强大的教会人士、圣米西（Saint-Mesmin de Micy）的修道院院长圣阿维图斯向克洛多梅尔解说道："如果你改变计划，因尊重上帝而拒绝将这些人杀死，上帝将与你同在，你将获得胜利。然而，如果你杀死他们，你将落入敌人之手，你将遭受与他们同样的命运。你对西吉斯蒙德和他的妻儿做了什么，你和你的妻儿就将遭遇什么。"克洛多梅尔拒绝听从阿维图斯的建议。[2]

结果，克洛多梅尔后来在战场上被杀，他的妻子改嫁弟弟克洛塔尔，他的三个孩子中两个被他的兄弟杀害，一个成为教士。那么也就是说，克洛维选择信仰公教主要是出于政治需要，而王后的公教徒身份有助于获得墨洛温王朝民众的认可。

（二）布伦希尔德与王国和平的维护

在相对和平的政治环境下，王后也被认为是天然的外交家，维护男人之间的和平。[3] 布伦希尔德对王国的政治事务有很大影响。在她丈夫西吉贝特活着时，她主要充当男性之间的和平调节者。575 年，

---

[1]　J. McNamara, J. E. Halborg and G. Whatley（ed. and trans），*Sainted Women of the Dark Ages*，p. 39.

[2]　Gregory of Tours，*The History of the Franks*，Ⅲ. 6，p. 166.

[3]　Dick Harrison，*The Age of Abbesses and Queens*，p. 234.

西吉贝特与巴黎主教圣日耳曼努斯有一次不成功的商讨。这位主教对国王说："如果你出兵，打算饶恕你的兄弟，那么你将胜利生还；如果你心怀任何别的计划，你将死去。正如上帝借所罗门之口宣称的那样，'为兄弟挖坑的人自己将掉入其中'。"但是，国王由于罪孽深重，听不进去。① 在《奥斯特拉西亚书信集》中发现了这位主教同时写给王后布伦希尔德的书信，在信中，主教呼吁她劝说她的丈夫西吉贝特不要仇视他的兄弟希尔佩里克。这位主教将布伦希尔德作为调和兄弟矛盾的关键人物，用大量的《圣经》事例劝说她充当救赎图尔内民众的使者，希望她发挥自己对国王的规劝作用。

> 致最仁慈、最优秀、始终最虔敬的女士和神圣教会的、基督的女儿布伦希尔德王后：
>
> 　　正在流传的重复的话语使我们感到异常恐惧，我们知道您无可辩驳的虔诚，然而，似乎是在您的欲望、商讨和唆使之下，最荣耀的国王西吉贝特急切希望破坏这一地区。我们不说，是因为我们相信这是真的；但是，我们恳求不要让这一传言成为现实。因为你们可能因此给自己造成巨大危机。虽然，我们推断这一地区缺少幸福，并且已经到了毁灭之时，但我们有信心让仁慈化解复仇，直到现在我们仍在等待修正补救。如果带来死亡的意图没有规定，那么"贪婪乃万恶之源"，愤怒使人失去谨慎意识。……我们读到王后以斯帖救赎了她的人民。展现你的谨慎和活力，使你的信仰在这一地区变得完美，这样你能从上帝的敌人那里搬走国王的家，让他治下的人民平静地生活，直到永生的法官决定他习惯的正义。因为有目共睹的是：忽视兄弟间的仁爱，鄙视他的伴侣，不赞同真理的人会招致所有先知的反对，所有的使徒都憎

---

① Gregory of Tours, *The History of the Franks*, IV. 51, pp. 247 – 248.

恶他，全能的上帝亲自审判他的所作所为。①

这封信表明，国王西吉贝特对他的兄弟希尔佩里克发动战争的借口是为布伦希尔德死去的姐姐加尔斯温特报仇。至少在巴黎主教日耳曼努斯眼中，布伦希尔德是挑唆国王西吉贝特的背后主谋，她也有能力劝说她的丈夫停战，从而维持兄弟间的和平。格雷戈里指出，奥斯特拉西亚的一些贵族成员认为布伦希尔德对西吉贝特的影响太大。② 海因策尔曼（Heinzelmann）认为，格雷戈里也是知道这封信的。③ 从中可推断出如下两点：首先，格雷戈里明确支持巴黎主教的说法，反对同室操戈；其次，将这种兄弟仇杀归结为西吉贝特的罪孽和不听劝阻，而完全隐瞒了日耳曼努斯写给布伦希尔德的书信，很有可能是为了维护布伦希尔德的形象。

（三）弗雷德贡德的政治干预

巴黎主教日耳曼努斯给西吉贝特和布伦希尔德写信之时，可能没有想到希尔佩里克的王后弗雷德贡德策划了对西吉贝特的刺杀活动。575 年，西吉贝特被王后弗雷德贡德派去的刺客暗杀了。在格雷戈里眼中，这位王后是拥有政治谋略的。当时，巴黎的法兰克贵族已经拥有了一定的势力，而且没有显示弗雷德贡德与巴黎贵族们有什么往来，加之她刚生下儿子萨姆森④，在当时可能没有人会怀疑和防备弗雷德贡德雇凶刺杀西吉贝特。

---

① https：//epistolae. ccnmtl. columbia. edu/letter/325. html，2017 年 3 月 25 日。

② Gregory of Tours，*The History of the Franks*，VI. 4，p. 329.

③ Martin Heinzelmann，*Gregory of Tours：History and Society in the Sixth Century*，pp. 41 – 42.

④ Gregory of Tours，*The History of the Franks*，V. 22，p. 288.

西吉贝特据有巴黎南部的那些城市之后立即向鲁昂进发。他打算放弃这些城市，将它们交给归顺的敌人，但是他的顾问们阻止他这样做。紧接着，他离开鲁昂回到巴黎。布伦希尔德带着他们的几个儿子到巴黎与他团聚。然后，那些曾经依靠老希尔德贝特的法兰克人派使节来见西吉贝特，说他们将放弃希尔佩里克，如果西吉贝特到他们中间去，他们将指定（appoint）他做他们的国王。西吉贝特听了之后便派兵围攻他在图尔内的兄弟，他自己也计划随后全速前往。……他到达维特里王庄，将全体士兵集合在他周围。他们将他举在一块盾牌上，选他为他们的国王。被弗雷德贡德买通的两个年轻人靠近西吉贝特，他们带着那种通常称为大刀（scramasaxes）的锋利匕首，匕首上面已经涂了毒药。他们假装有些事情要和他商讨，而从两侧袭击了他。他大喊一声，倒在地上，不多时就死了。……希尔佩里克带着他的妻子和儿子们动身离开图尔内。他为死去的西吉贝特穿戴好，将其埋葬在朗伯村（Lambres）。①

弗雷德贡德从女仆到王后的特殊经历使她有着更为强烈的不安全感，常常用更为阴险毒辣的手段干涉王国的政治事务。在她丈夫希尔佩里克的王国内部，弗雷德贡德主要是铲除她的继子们和希尔佩里克的其他妻子（加尔斯温特和奥多韦拉），以确保她的地位。"希尔佩里克与早先的情人之一奥多韦拉生有三子，他们是提奥德贝特、墨洛维和克洛多维希。"前面我们已经提及，墨洛维在鲁昂娶布伦希尔德为妻，这桩婚姻引起了希尔佩里克的极大不满和诸多怀疑。希尔佩里克完全相信弗雷德贡德的推断，任由她参与惩处叛子墨洛维的谋划和决断。

① Gregory of Tours, *The History of the Franks*, IV. 51, pp. 247 – 248.

当格雷戈里的侄女婿尼塞提乌斯打算向希尔佩里克报告墨洛维逃跑的事情时，弗雷德贡德喊道："这些人是间谍，他们是来探听国王的意图，然后向墨洛维报告他们的所知所闻。"随后，她剥夺了他们的全部财产，将他们流放，直到 7 个月后他们才恢复自由。[①]

格雷戈里承认墨洛维的反叛。"577 年，在人们守夜期间，他带着他的所有财物走进教堂，将其放在圣马丁墓前以求让这位圣徒帮助他，授予他获得王国的大恩惠。"[②] 弗雷德贡德送消息给贡特拉姆·博索公爵，她说："如果你能说服墨洛维离开教堂，以便杀了他，你将从我这里获得一大笔赠礼。"[③] 博索将墨洛维引出教堂，但是并没有加害于他。墨洛维在圣日耳曼努斯的教堂内度过了两个月后，出逃并投靠布伦希尔德，但是，东法兰克人（即奥斯特拉西亚人）不肯接受他。[④] 于是，他躲在兰斯境内的某处。他被泰鲁昂纳人（Thérouanne）设计陷害。他们假称，如果他与他们联手，他们将放弃对他父亲希尔佩里克的效忠，接受他为他们的领导者。他选择了一帮最勇猛的随从，立即动身与他们会合，结果被围困在一所乡间房舍中，最后，墨洛维让他的仆人用剑将他刺死。[⑤] 当希尔佩里克到达时，墨洛维已经死了。格雷戈里称，"据说，他是在她（弗雷德贡德王后）的命令下被秘密谋杀。……主教埃吉迪乌斯和贡特拉姆·博索是这次陷害的罪魁祸首，后者因他杀死提奥德贝特（希尔佩里克与奥多韦拉之子）而受到王后弗雷德贡德的秘密支持，前者则长期

---

① Gregory of Tours, *The History of the Franks*, V. 14, p. 268.

② Gregory of Tours, *The History of the Franks*, p. 269.

③ Gregory of Tours, *The History of the Franks*, p. 270.

④ Gregory of Tours, *The History of the Franks*, p. 272.

⑤ Gregory of Tours, *The History of the Franks*, V. 18, p. 282.

是她的宠爱者之一。"①

　　为了保住她的地位，弗雷德贡德继续铲除王国内潜在的对手——继子克洛多维希。到 580 年，前两位王子已经被害，只剩下克洛多维希还活着。当弗雷德贡德听说克洛多维希和希尔佩里克住在谢尔，并有可能继承王位时，心中满怀惊恐。恰逢此时，她的大儿子克罗多贝特和小儿子达戈贝特相继死了②，对于她这样奴仆出身的王后，继承问题尤为关键，如果将来不能成为小国王的亲生母亲，之后的一切权力便不复存在。于是，她设法铲除克洛多维希。弗林特（Flint）提及中世纪求助于巫师的四个主要目标是健康、爱与死亡、天气和事业规划。③ 这不仅在大众生活中流行，在王室权力斗争中也是一种有效而令人敬畏的手段。弗雷德贡德就是通过此种理由铲除了克洛多维希。弗雷德贡德先拷打克洛多维希身边的女子（弗雷德贡德的女仆之女），逼她的母亲承认克洛多维希用巫术害死了弗雷德贡德的儿子们，然后，唆使希尔佩里克将克洛多维希抓获并交由她处置。

　　　　她添油加醋地将这一切报告给国王，然后她要求他向克洛多维希复仇。……他（克洛多维希）被剥去了衣服，取走了武器，换上破衣烂衫、绑着胳膊带到这位王后的面前。④

　　至此，三位王子连同他们的母亲都被弗雷德贡德铲除。格雷戈里在字里行间体现了对这位王后的仇视。学者们根据当时的政治形势推断，这可能是因为希尔佩里克和她试图向卢瓦尔河南部扩张，格雷戈

　　①　Gregory of Tours, *The History of the Franks*, pp. 282 – 283.

　　②　Gregory of Tours, *The History of the Franks*, V. 34, p. 297.

　　③　Rob Meens, "Magic and the Early Medieval World View", in Joyce Hill and Mary Swan (eds.), *The Community, the Family and the Saint*, Turnhout, Brepols, 1998, p. 228.

　　④　Gregory of Tours, *The History of the Franks*, V. 39, pp. 303 – 304.

里作为图尔教区的地方领导者进行了抵抗，因而将弗雷德贡德视为敌人。无论如何，这都说明作为国王之妻的弗雷德贡德充分介入希尔佩里克的王国事务管理中，尤其是作为她自己的孩子们的保护人，铲除潜在的对手，确保他们成为王位的合法继承人。

伍德认为，弗雷德贡德的行为更多地表明她"以自我为中心"的保护意识。①

> 希尔佩里克的小儿子萨姆森死了，之前他（萨姆森）一直在发烧和患有痢疾。……这个男孩的母亲弗雷德贡德认为他死期将至，她抛弃了他，并想要他死掉。她没有成功，在希尔佩里克的施压之下，她命令萨姆森接受洗礼。洗礼仪式由主教亲自主持，但萨姆森不到五岁就死了。他的母亲弗雷德贡德此时也病重，但她康复了。②

弗雷德贡德的三个儿子夭折后，她心烦意乱，痛苦万分地烧掉了税册，很可能是担心她因失去孩子而失去在希尔佩里克宫廷中的地位，所以通过免税来笼络人心。格雷戈里将王子们死亡的原因借弗雷德贡德之口说出，指出当时社会最重要的不公是税收，而在匿名的《法兰克人史》中作者暗示，并非只有税收不公，统治者的一切行为都是在不破坏整体统治的前提下满足个人的私利。其中指出，在弗雷德贡德的建议下，希尔佩里克在他的整个王国征收新的繁重的赋税。③ 克雷纳（Jamie Kreiner）指出，弗雷德贡德的这段话体现了"希尔佩里克对穷人的义务"是一种"王室责任"。④

---

① Ian Wood, *The Merovingian kingdoms 450 – 751*, p. 124.

② Gregory of Tours, *The History of the Franks*, V. 22, p. 288.

③ Richard A. Gerberding, *The Rise of the Carolingians and the Liber Historiae Francorum*, pp. 41 – 42.

④ J. Kreiner, "About the Bishop: The Episcopal Entourage and the Economy of Government in Post-Roman Gaul", *Speculum*, Vol. 86, 2011（2）, p. 323.

在这些天，国王希尔佩里克病了。当他康复后，轮到他的小儿子病了，这孩子还没有以圣灵之名领洗。他们看到他快要死了，给他进行了洗礼。他明显好转，但这时他的哥哥克罗多贝特又病了。当他们的母亲弗雷德贡德意识到他也面临死亡之门时，她对她的罪行表示忏悔，但是的确太迟了。她对这位国王说："上帝以他的仁慈一直忍受我们的恶行，通过高烧和其他的病痛，他一再向我们发出警告，但我们从未改邪归正。现在我们将失去自己的孩子。穷人的眼泪、孤儿的叹息、寡妇的哀鸣正是他们（指王后的儿子们）死亡的原因。然而，我们仍在大量敛财，难以收手。我们仍储存财富，留下了财富却没有留下一个继承人。我们死后，我们的财富依然是充满憎恨和诅咒的掠夺物。一旦我们走了，这些财富就没有主人了。我们的地窖葡萄酒不是已经满溢了吗？我们的仓库里不是堆满了谷物吗？我们的藏宝室里不是已经堆满了人们梦寐以求的金、银、宝石、项链和所有的王室饰品吗？现在我们将失去我们最美好的财产！那么，来吧！我请求你！让我们烧掉所有这些不公的税册。对你父亲国王克洛塔尔来说足够的东西对我们的国库应该也够了。"她捶打自己的胸脯，说着这番话。……她再次对国王说："你在等什么？看我做什么，你就照做啊！我们还可能失去我们的孩子，但我们至少逃脱了永世的谴责。"国王希尔佩里克被深深打动，他将所有的税册投入火中。税册被烧掉后，他派信使巡查并确保不再进行此种课税。同时，他们最小的儿子因病变得很衰弱最后死了。他们心碎地将他从贝尼（Berny）地产上运到巴黎，埋在了圣丹尼斯教堂。[1]

582年，当她的第四子提奥德里克出生时，希尔佩里克非常高

---

① Gregory of Tours, *The History of the Franks*, V.34, pp.297-298.

兴，下令释放囚犯并免除罚金。但是这个小孩不到两岁就染上痢疾死了。弗雷德贡德断定是有人用巫术害死她的孩子，使她失势。于是，她把巴黎各种各样的妇女抓起来，施以酷刑，加以鞭笞……使得有些妇女死于刀剑之下，有些死于火焚，有些被拴在车轮的辐条上，骨骼都折断了。[1] 她将第四子生前所属物品全部烧掉并以此博得同情，又借此事除掉了希尔佩里克王国的地方行政长官穆莫鲁斯（Mummolus the Prefect）。[2]

弗雷德贡德铲除继子和地方行政长官穆莫鲁斯，暗杀西吉贝特，这种种行为都表明，她对王国的政治事务有重大影响，深得国王希尔佩里克的信任。

二 王后摄政

老国王死后，王后就成为王国的摄政和监护者。王后作为小国王的监护人，往往直接参与王国事务。寡妻－王后不仅唆使小国王采取一系列军事行动，而且参与各种教俗高层会议的商讨，直接影响宫相等重要职位的任命。如果贵族们合谋打算控制国王，寡妻－王后首先是一个巨大的障碍。一般而言，王后只有成为一位母亲，才能确保她在宫廷的地位。

（一）克洛蒂尔德与王子继承权的争执

克洛维的王后克洛蒂尔德不仅为她的儿子们争取王权，而且企图通过扶植她的孙子们作为继承人而影响法兰克王国的继承。提奥德里克一世作为克洛维唯一成年的儿子，娶了勃艮第国王西吉斯蒙德之女

---

[1] Gregory of Tours, *The History of the Franks*, VI. 35, pp. 365 – 366.

[2] Gregory of Tours, *The History of the Franks*, p. 366.

苏阿维戈塔，严重威胁到克洛蒂尔德和她所生的三个儿子（克洛多梅尔、希尔德贝特一世、克洛塔尔一世）在墨洛温王国的地位。此时，克洛蒂尔德打出了复仇牌，她唆使她的儿子们 523 年出兵进攻勃艮第，其子克洛多梅尔死于战场；534 年勃艮第被并入法兰克王国。在此过程中，为了某些暂时的政治利益，这两个集团也出现过重组，如提奥德里克与克洛多梅尔、克洛塔尔、希尔德贝特都曾分别有过结盟。因而，克洛蒂尔德成为墨洛温时期第一个涉及王国继承问题的寡妻－王后。匿名的《法兰克人史》重复格雷戈里《法兰克人史》第三卷中的记载：

> "我亲爱的孩子们……不要让我因精心抚育你们而感到遗憾。你们应该为我所遭受的不公（the wrong）而愤怒。你们必须充分利用你们的权力为我死去的父母报仇。" 当他们听到她的请求后就向勃艮第进发。他们发兵进攻西吉斯蒙德和他的哥哥戈多玛尔。[1]

493 年，王后克洛蒂尔德的父母被杀，为什么要等 30 年，直到 523 年才进行复仇？[2] 维姆普认为，为克洛蒂尔德报仇的不是她的丈夫克洛维，而是她的儿子们，是因为她在他们小时候灌输要忠诚于母系亲属的思想。[3] 伍德阐释了将此事件的始作俑者归于克洛蒂尔德的原因。他推断，克洛维称王五年后，罗马人的国王西阿格里乌斯（Syagrius）在苏瓦松确立了自己的统治地位；克洛维必定很年轻，在

---

① Gregory of Tours, *The History of the Franks*, Ⅲ.6, pp. 166 – 167；见 Stephen D. White, "Clotild's Revenge: Politics, Kinship, and Ideology in the Merovingian Blood Feud", p. 107。

② Ian Wood, "Gregory of Tours and Clovis", p. 253.

③ Suzanne Fonay Wemple, *Women in Frankish Society: Marriage and Cloister, 500 – 900*, p. 60.

507 年，他仍精力充沛地带领着他的部队；在克洛维称王时法兰克王国很可能暂时解体，在他死后，虽然提奥德里克已经长大，但是他的儿子们的确失去了大量土地。① 也就是说，这一时期的法兰克王国并没有完全统一于墨洛温王室之手，墨洛温王国的国王们仍然忙于巩固既有王国的统治，而不是征服其他蛮族王国以开疆拓土，他们与邻国更多的是合作而非战争。在克洛维皈依公教后的几年里，他与克洛蒂尔德的叔叔贡多巴德建立了友好关系，② 尽管东哥特国王提奥多里克试图用贡多巴德制止法兰克的野心，③ 贡多巴德仍然支持法兰克人。为此，508 年勃艮第人遭到了复仇者东哥特人的痛击。由此看来，克洛蒂尔德王后的复仇是一种政治借口。怀特认为，进一步研究格雷戈里对克洛蒂尔德引起的一系列复仇事件的记载是有意义的，"不仅是因为它提供了格雷戈里思想中血亲仇杀如何运作的证据，而且它也提出了一些需要解释的问题，这些问题在血亲仇杀记载中经常出现，但是历史学家很少面对"④。仇杀的动机是领土征服还是复仇？为什么仇杀恰好在那一时刻爆发？其次，提奥德里克作为克洛蒂尔德的继子为什么在随后的仇杀中决定支持法兰克人而不支持他的岳父西吉斯蒙德？最后，为什么格雷戈里让上帝时不时地参与法兰克－勃艮第之间的仇杀，而且仅暗示法兰克人（如克洛多梅尔被杀）将遭到报应呢？格雷戈里如何理解上帝的复仇和法兰克－勃艮第复仇的关系？正如怀特所言，我们不仅要将墨洛温的仇杀看作一个政治进程，而且应将之

---

① Suzanne Fonay Wemple, *Women in Frankish Society: Marriage and Cloister, 500－900*, p. 262.

② Suzanne Fonay Wemple, *Women in Frankish Society: Marriage and Cloister, 500－900*, p. 267.

③ Danuta Shanzer and Ian Wood (trans.), *Avitus of Vienne Letters and Selected Prose*, p. 20.

④ Stephen D. White, "Clotild's Revenge: Politics, Kinship, and Ideology in the Merovingian Blood Feud", p. 110.

视为一种连贯而灵活的文化图式，目的是要组织政治实践和设计政治。① 也就是说，克洛蒂尔德发起的一系列仇杀其实是墨洛温王室巩固扩张权势的一种途径。

对于克洛蒂尔德的继子提奥德里克来说，克洛蒂尔德发起的仇杀使他陷入窘境。他不知道该支持自己的岳父还是他同父异母的兄弟们，他也不能保持中立，让战斗中的双方觉得他懦弱，更不能让他的部下觉得他懦弱，因为，在墨洛温时期甚至整个中世纪早期能征善战是国王的首要品质，否则，效忠纽带将断裂。对于克洛蒂尔德和她的儿子们来说，复仇是他们军事进攻勃艮第的最好借口，既破坏了她的继子与勃艮第的姻亲同盟，又拥有了攻击勃艮第的充分理由。

格雷戈里在写作中为了突出基督教的护佑功能，也为了掩盖此次战争的非正义性，将克洛蒂尔德王后的家族复仇安排在 523 年。其实，法兰克王国和勃艮第王国的战争一直存在，中世纪早期战争是获得土地和财富的主要来源。例如，500 年左右，克洛维就参与贡多巴德与戈迪吉赛尔（Godigisel）两兄弟的内斗，结果贡多巴德被打败，答应每年向克洛维缴纳贡品。② 格雷戈里选取克洛蒂尔德的复仇作为战争原因只是他的一个写作技巧。戴利认为，王后克洛蒂尔德的形象塑造是格雷戈里写作的难题，她不符合格雷戈里分辨王后行为好坏的标准。③ 笔者认为，这恰恰反映了当时社会对寡妻－王后参政逐渐认可的过程。格雷戈里的困惑正是因为他要在维护教会权威的前提下自圆其说，而且，在他看来复仇者是不适合被奉为圣徒的。④因而，格

---

① Stephen D. White, "Clotild's Revenge: Politics, Kinship, and Ideology in the Merovingian Blood Feud", p. 114.

② Gregory of Tours, *The History of the Franks*, II. 32, pp. 145 – 147.

③ E. T. Dailey, *Queens, Consorts, Concubines: Gregory of Tours and Women of the Merovingian Elite*, p. 39.

④ 关于克洛蒂尔德的复仇见 Stephen D. White, "Clotild's Revenge: Politics, Kinship, and Ideology in the Merovingian Blood Feud", pp. 107 – 130。

雷戈里将她的成就落脚在宗教影响力方面，给予她一个自我转变的节点，由她的儿子们谋杀她的孙子们，她则退隐图尔并虔信上帝。匿名的《法兰克人史》也只不过是照搬了格雷戈里的记载。这种王国之间的血亲复仇往往有多重的政治目的。也正是克洛蒂尔德开启了墨洛温外交打复仇牌的先例。紧接着，提奥德里克和图林根人的战争，希尔德贝特一世以他受虐待的妹妹为由向西哥特国王阿玛拉里克（Amalric）发兵，这些都是以复仇为借口的掠夺战争。[①]

（二）布伦希尔德与弗雷德贡德的争斗

墨洛温第三代国王西吉贝特的王后布伦希尔德与他的兄弟希尔佩里克的王后弗雷德贡德之间的争斗持续了半个多世纪，直到613年布伦希尔德被弗雷德贡德之子克洛塔尔二世处死才告终。在她们各自的丈夫死后，双方的争斗此消彼长，不断变化。布伦希尔德和弗雷德贡德寡居时各自只有一个儿子活着，故而，不存在克洛蒂尔德那样的诸子分割继承问题。回顾一下6世纪后期墨洛温王朝的基本情况吧。当时，各王国在原来的基础上经过内战逐渐形成了三个主要的王国：奥斯特拉西亚、纽斯特里亚和勃艮第。布伦希尔德和她的儿子占据奥斯特拉西亚，勃艮第为贡特拉姆所有，弗雷德贡德和她的儿子占据纽斯特里亚。

当西吉贝特在维特里被杀之时，王后布伦希尔德与她的孩子们住在巴黎。当她得知这一消息时，她痛不欲生，几乎不知道自己该做什么。贡多瓦尔德公爵负责将她年幼的儿子希尔德贝特秘密带走，帮他摆脱了即将来临的死难。贡多瓦尔德集合西吉贝特

---

① 关于这两次复仇的详细内容见 Gregory of Tours, *The History of the Franks*, Ⅲ.7, pp. 167 – 169；Ⅲ.10, pp. 170 – 171。

统治过的人们并宣布希尔德贝特为国王，尽管他还不满五岁。希尔德贝特在圣诞节那天开始统治。在希尔德贝特统治的第一年，国王希尔佩里克来到巴黎，抓获了布伦希尔德，将她流放到鲁昂城，夺取了她带到巴黎的财物。他下令将她的女儿们（英贡德和克洛多辛德）拘押在莫城。①

从上可知，575年布伦希尔德王后在她丈夫西吉贝特死后，面临着严峻的政治形势，希尔佩里克和贡特拉姆都试图获得西吉贝特的国土。前者直接发动军事进攻，后者成为布伦希尔德之子的监护人。②布伦希尔德本人开启了生命中的第一次流亡，也是在此时她与希尔佩里克的儿子墨洛维在鲁昂相识并结婚，这似乎是一个巧合。因为当时希尔佩里克派他的儿子墨洛维带兵前往的是普瓦提埃，如果以当时希尔佩里克所在之地巴黎为基准，那么鲁昂和普瓦提埃恰好是两个方向，一个在西北一个在西南。然而，"墨洛维违抗他父亲的命令，带兵去了图尔，并在那里度过了复活节的圣日。他的军队对整个临近地区造成了极大损害。他以探望母亲奥多韦拉为由，动身前往鲁昂。在那里他与布伦希尔德走在一起，他娶她为妻"③。

希尔佩里克听说此事，立即动身去了鲁昂，并于几天后将墨洛维带回苏瓦松。这位国王没收布伦希尔德托付给鲁昂主教保管的财产，并流放了这位主教。此后，"墨洛维被他父亲监押起来，剪去头发，改穿教士装束，受任为一名教士，被打发到勒芒地区一个名叫阿尼勒（Anille）的修道院里。在那里，他（墨洛维）被迫遵循教士的会规"④。墨洛维逃至圣马丁教堂，希尔佩里克发兵攻打图尔。

---

① Gregory of Tours, *The History of the Franks*, V. 1, pp. 254 – 255.

② Gregory of Tours, *The History of the Franks*, V. 1 – 4, pp. 254 – 259.

③ Gregory of Tours, *The History of the Franks*, V. 2, p. 255.

④ Gregory of Tours, *The History of the Franks*, V. 14, p. 267.

布伦希尔德返回她儿子希尔德贝特的王国，并在西吉贝特死后摄政长达 38 年之久。小国王希尔德贝特成年之后不仅没有威胁到她的摄政地位，反而使其有所加强。585 年左右，希尔德贝特逐渐确立起了他和他母亲的权威。格雷戈里认为布伦希尔德不仅是希尔德贝特的母亲，也是他的咨询官和老师，她对他的影响很大。① 585 年以后，她的敌人逐渐被铲除。"阴谋唆使国王希尔德贝特赶走母亲，遗弃妻子，另取配偶"② 的赛普提米娜（Septimima）和松内吉西尔（Sunnegisel）被处理。

（585～586 年）国王希尔德贝特安排与他地产上的首脑人物在布雷斯林根（Breslingen）会面，这个地方位于阿登（Ardennes）森林中间。在那里，布伦希尔德为她女儿英贡德仍滞留在非洲（的遭遇）而向所有贵族申诉，但是她没有获得多少支持。③

587 年，布伦希尔德王后似乎已经成为希尔德贝特宫廷中最有影响力的人。④ 这位王后参与了希尔德贝特与国王贡特拉姆的会晤，"希尔德贝特带着他的母亲、妹妹和妻子动身去会见他的叔叔"⑤。"贡特拉姆与他的侄子和两位王后缔和。他们互赠礼物，将王国事务建立在牢固基础上，然后一起入席赴宴。"⑥

---

① Martin Heinzelmann, *Gregory of Tours: History and Society in the Sixth Century*, p. 51.
② Gregory of Tours, *The History of the Franks*, Ⅸ. 38. pp. 524 – 526.
③ Gregory of Tours, *The History of the Franks*, Ⅷ. 21, p. 453.
④ Janet L. Nelson, "Queens as Jezebals: the Careers of Brunhild and Balthild in Merovingian History", pp. 12 – 14.
⑤ Gregory of Tours, *The History of the Franks*, Ⅸ. 10, p. 492.
⑥ Gregory of Tours, *The History of the Franks*, pp. 493 – 494.

布伦希尔德参与《昂德洛条约》①的签订。该条约不仅解决了贡特拉姆和希尔德贝特之间的王国归属问题，而且涉及与第三方弗雷德贡德的关系问题。双方都要遵守条约精神与弗雷德贡德王后为敌，因为她与布伦希尔德之间一向不和。同时，该条约还讨论了双方的要求：希尔德贝特想让贡特拉姆派兵援助其攻打伦巴德人，贡特拉姆担心士兵感染意大利的流行病，没有同意；贡特拉姆要求希尔德贝特召开宗教会议，追查杀死普雷特克斯塔图斯的真凶，希尔德贝特认为没有必要。贡特拉姆承诺，如果希尔德贝特先于他离开人世，他将"以全部的仁爱来照顾和保护希尔德贝特的母亲、王后布伦希尔德的统治权（Majesty）"，条约也规定将加尔斯温特在晨礼中获得的五座城池归于她的妹妹布伦希尔德名下，这表明《昂德洛条约》变相承认血亲复仇的合法性。布洛赫认为，偶尔有受伤害的一方希望以司法程序来指导其行动时，司法程序也不过是将族间复仇合法化。② 维多森认为，格雷戈里关于 511 年和 561 年分割继承王国的记载是为 587 年的《昂德洛条约》打基础，试图证明 587 年条约分割王国的合理性。③ 该条约意味着如果希尔德贝尔特早死，贡特拉姆在奥斯特拉西亚的权威就得以确立，这妨碍了布伦希尔德王后对小国王的监护。故而，格雷戈里强调此次会晤是由贡特拉姆发起的，并抄写了完整的条约内容，某种程度上是为了从法律上确保布伦希尔德的摄政监护权。

588 年左右，国王贡特拉姆为了将希尔德贝特置于自己的股掌之中，阴谋离间他与母亲布伦希尔德的关系。贡特拉姆辱骂布伦希

---

① "昂德洛"（Andelot）这一名称首次发现于重抄的条约文本的靠后一章，而条约中的两位国王会晤的地方没有提及。该条约签订于 587 年 11 月下旬，条约明确会晤双方是贡特拉姆与希尔德贝特母子，特别强调了最光荣的夫人布伦希尔德王后。条约内容详见 Gregory of Tours, *The History of the Franks*, Ⅸ. 20, pp. 503 – 507。

② ［法］马克·布洛赫：《封建社会》第三编，张绪山、李增洪、侯树栋等译，第 223 页。

③ Marc Widdowson, "Merovingian partitions: a 'genealogical Charter'", pp. 1 – 22.

尔德，说她唆使她的儿子希尔德贝特与西班牙勾结，谋划将她的长孙提奥德贝特送到苏瓦松，指控她想与贡多瓦尔德的其中一位王子结婚，并召集主教们召开宗教会议。布伦希尔德用发誓澄清了自己的罪名，许多从高卢最远的地方赶来赴会的主教又回去了。[①] 贡特拉姆一边告诫希尔德贝特不要去见他的母亲，不要给予她与贡多瓦尔德任何书信往来的机会；一边又以布伦希尔德王后的名义送信给贡多瓦尔德，建议他解散军队，命令他们回家，他本人到波尔多去过冬，不要抛头露面。[②]

580～584 年，布伦希尔德平息了贵族乌尔西奥和贝特弗雷德与香槟公爵卢普斯之间的冲突。

> 香槟公爵卢普斯长期受到他的仇人的骚扰和抢劫，尤其是乌尔西奥和贝特弗雷德。现在，这两人约定取他性命，为此，他们派一支军队攻击他。当王后布伦希尔德知道此事后，为她的忠实支持者正遭受的不公而激愤。带着一种男子的活力，她愤怒地站在这两支相互敌对的队伍中间，喊道："停！战士们，我命令你们停止这种邪恶的行为！停止骚扰这个没有伤害过你们的人！停止厮杀，不要仅仅因为这一个人为我们的国家带来灾难。"……最后，这位王后说服了他们，阻止了这场冲突。[③]

587～589 年布伦希尔德努力平息劳辛等人的反叛。布伦希尔德王后作为反叛贵族贝特弗雷德女儿的教母劝说他退出。"这位王后是贝特弗雷德女儿洗礼时的发起人，因此，她对他产生了一定的怜悯之

---

① Gregory of Tours, *The History of the Franks*, IX. 32, p. 518.

② Ibid., VII. 33 - 34, pp. 416 - 418.

③ Gregory of Tours, *The History of the Franks*, VI. 4, p. 329.

情。"① 592 年贡特拉姆的死使得希尔德贝特获得了勃艮第②，这一进展必定影响到布伦希尔德的地位。

595/596 年，在年仅 26 岁的国王希尔德贝特死后，他的奥斯特拉西亚－勃艮第王国分别由他 10 岁的儿子提奥德贝特二世（希尔德贝特与姘居情人所生）及其同父异母的弟弟提奥德里克二世（法伊柳巴所生）继承。当时布伦希尔德王后对奥斯特拉西亚王国的影响很大，"在提奥德贝特统治的第三年（598 年），在布伦希尔德的教唆下，公爵温特里奥（Wintrio）被暗杀"③。

不久以后，布伦希尔德王后遭遇了她生命中的第二次流亡。

> 提奥德里克统治的第四年（599 年），布伦希尔德被赶出奥斯特拉西亚。一位穷人发现她沿香槟的阿西斯（Arcis）游荡，应她的请求，他将她带到提奥德里克处，她因是他的祖母而受到礼遇。布伦希尔德任这位穷人为欧塞尔主教，让他为她做宗教礼拜。④

布伦希尔德被赶出奥斯特拉西亚到达勃艮第后，两兄弟又联合打败了克洛塔尔，征服了加斯科涅人（Gascons）。⑤ 601 年左右，这两位同父异母的兄弟联合攻打他们的堂叔国王克洛塔尔二世，他们在奥翁尼（Orvanne）河畔交战，克洛塔尔二世的军队惨遭屠杀，他带着

---

① Gregory of Tours, *The History of the Franks*, IX. 9, p. 491.

② J. M. Wallace-Hadrill (trans.), *The Fourth Book of the Chronicle of Fredegar*, chaps. 14 – 16, pp. 10 – 11.

③ J. M. Wallace-Hadrill (trans.), *The Fourth Book of the Chronicle of Fredegar*, chap. 18, p. 12.

④ J. M. Wallace-Hadrill (trans.), *The Fourth Book of the Chronicle of Fredegar*, chap. 18, pp. 12 – 13.

⑤ J. M. Wallace-Hadrill (trans.), *The Fourth Book of the Chronicle of Fredegar*, chap. 21, p. 14.

残余部队逃走了。兄弟俩对塞纳河一带的城镇和地区大肆破坏，带走了大量的俘虏。战败的克洛塔尔二世别无选择，将塞纳河和卢瓦尔河之间右靠大西洋和布列吞边境的所有土地划给提奥德里克，提奥德贝特获得了整个丹特林（Dentelin）公爵领地。①

603 年布伦希尔德和国王提奥德里克二世在索恩河畔的夏龙召开宗教会议审判维恩主教德西德里乌斯，王国的很多主教出席，里昂主教阿里迪乌斯也在列。② 608 年，布伦希尔德安排接见她的孙媳比利希尔德，但当她们将要见面时，比利希尔德遵照奥斯特拉西亚人的建议没有出席。③ 在此，《弗雷德加》试图通过比利希尔德来衬托布伦希尔德的邪恶。作者将提奥德贝特二世说成高贵而头脑简单的人④，比利希尔德因容忍这位国王而受奥斯特拉西亚人爱戴，她一直在挑战布伦希尔德的权威，这两位王后试图促成提奥德贝特和提奥德里克之间的和平。同时，《弗雷德加》中记载比利希尔德是在 610 年被她的丈夫提奥德贝特暗杀的，他另娶了一个名叫提奥德希尔德的女子为妻。⑤

在此，也许我们会产生一个疑问，那就是既然布伦希尔德王后一直行使摄政监护权，为什么会被赶出奥斯特拉西亚，而在被赶出奥斯特拉西亚之后，为什么又能在提奥德里克二世的王国内迅速东山再起？在此，布伦希尔德与教皇大格里高利的书信似乎可以为我们提供一点思路。596 年这位教皇送圣物给布伦希尔德⑥，他要求她支持奥

---

① Ibid., chap. 20, p. 13.

② Yaniv Fox, "The Bishop and the Monk: Desiderius of Vienne and the Columbanian Movement", *Early Medieval Europe*, Vol. 20, 2012 (2), p. 176.

③ J. M. Wallace-Hadrill (trans.), *The Fourth Book of the Chronicle of Fredegar*, chap. 35. pp. 22 – 23.

④ Ibid., chap. 35, p. 23.

⑤ J. M. Wallace-Hadrill (trans.), *The Fourth Book of the Chronicle of Fredegar*, chap. 37, p. 30.

⑥ https://epistolae.ccnmtl.columbia.edu/letter/327.html, 2017 年 4 月 2 日。

古斯丁到盎格鲁传教的活动①。597 年布伦希尔德为奥顿主教西阿格里乌斯（Syagrius）向教皇大格里高利求得一件象征主教权威的白羊毛披肩。当时奥顿属于勃艮第王国，并不是一个城市主教区，由布伦希尔德较为年幼的孙子提奥德里克二世统治。而此时的布伦希尔德还是生活在她的大孙子提奥德贝特二世的奥西特拉西亚王国，她是他的监护人。她为奥顿主教请求这件披肩很可能表明她当时在勃艮第王国已成为至关重要的潜在力量；事实上她似乎明显是作为勃艮第的统治者在写信。② 599 年这位教皇写信给布伦希尔德，希望她下令对教士希拉里（Hilary）予以保护，使他免受不合理的压迫。③ 同时，他还要求布伦希尔德召开一个宗教会议，打击圣职买卖等异端行为和不良习俗。④ 601 年这位教皇写信感谢布伦希尔德对奥古斯丁传教的支持；⑤ 他要求布伦希尔德允许他派遣神父到高卢⑥。

　　这些频繁的书信往来说明，布伦希尔德很可能对她的两个孙子都有监护权，在教皇格里高利眼中，她的这种监护权从未被剥夺。奈尔森认为，596 年以后布伦希尔德作为两位小国王的摄政者进入了她事业的最后也是最活跃的阶段；599/600 年提奥德贝特成年是王后布伦希尔德被流放的主要原因⑦。布伦希尔德被提奥德贝特流放之后，更可能是在她的盟友的帮助下直接逃到提奥德里克的勃艮第王国的，她的权力关系网依然存在，确保她牢牢掌握对提奥德里克的监护权。

---

① https：//epistolae.ccnmtl.columbia.edu/letter/328.html，2017 年 4 月 2 日。

② Philp Schaff and Henry Wace（eds. and trans.），*Gregory the Great*，*Epistle XI*，Nicene and Post-Nicene Farthers，Vol. 13，p. 6. https：//epistolae.ccnmtl.columbia.edu/letter/329.html，2017 年 4 月 2 日。

③ https：//epistolae.ccnmtl.columbia.edu/letter/330.html，2017 年 4 月 2 日。

④ https：//epistolae.ccnmtl.columbia.edu/letter/331.html，2017 年 4 月 2 日。

⑤ https：//epistolae.ccnmtl.columbia.edu/letter/333.html，2017 年 4 月 2 日。

⑥ https：//epistolae.ccnmtl.columbia.edu/letter/332.html，2017 年 4 月 2 日。

⑦ Janet L. Nelson，"Queens as Jezebals：the Careers of Brunhild and Balthild in Merovingian History"，pp. 14 – 15.

布伦希尔德王后与西哥特和东罗马一直有着密切联系，与意大利的教皇也有密切往来，"延展了墨洛温家族的关系"①。580 年左右，马恩河畔的夏龙主教埃拉菲乌斯（Elafius）奉命为布伦希尔德出使西班牙。② 布伦希尔德也参与接见西哥特使节。西哥特国王雷卡雷德派使臣到贡特拉姆和希尔德贝特那里去求和。雷卡雷德自认为他与他们信仰相同，定能与他们结成友谊。然而，贡特拉姆没有同意，理由是他的侄女、布伦希尔德之女英贡德遇害；而布伦希尔德和希尔德贝特却接见了这些西哥特使节，并收下了一万金币。

希尔德贝特和他母亲听了使节们所言后，承诺他们与雷卡雷德保持牢不可破的和平友好关系。③

584～585 年，布伦希尔德送信给拜占庭皇帝莫里斯（Maurice）、她的外孙阿塔纳吉尔德、皇后阿塔纳西亚（Athanasia）。格雷戈里记载 584 年希尔德贝特进军意大利，伦巴德人害怕生灵涂炭而归附于希尔德贝特的统治之下，他们给了国王希尔德贝特很多礼物，他返回高卢。但在这之前，希尔德贝特曾收受了拜占庭皇帝莫里斯的五万金币，这笔钱是用来让他除掉意大利的伦巴德人。④ 皇帝莫里斯应该是为此事而写信给希尔德贝特，但回信的是布伦希尔德，她直接派信使去送信，要求维持两国之间的和平。

正如我们许诺你的使节那样，这些礼物的携带者接受你宽容

---

① Janet L. Nelson, "Queens as Jezebals: the Careers of Brunhild and Balthild in Merovingian History", p. 13.

② Gregory of Tours, *The History of the Franks*, V. 47, pp. 313 – 314.

③ Gregory of Tours, *The History of the Franks*, IX. 15, p. 499.

④ Gregory of Tours, *The History of the Franks*, VI. 42, p. 375.

的指导，我们已经托付他们口头带话给您。①

同时，她还派人去见皇后阿塔纳西亚，认可她与皇帝共同管理东罗马，要求她劝说皇帝与希尔德贝特和平相处。

我们相信你（指皇后阿塔纳西亚）将向最尊贵的君主建议让和平事业将两国人民联系在一起，君主们（princes）的结盟将有利于为所辖地区带来利益。②

从布伦希尔德铲除提奥德里克二世的宫相一事来看，她的建议对这位国王有很大影响，也的确为他带来了政治和经济利益，为他铲除他的哥哥提奥德贝特提供了有效的途径。布伦希尔德王后固然是想让她的情人普罗塔迪乌斯出任要职以巩固自己的权力关系网，但这与国王的利益并不冲突。因而，当布伦希尔德唆使提奥德里克二世派遣她的权力关系网之外的、法兰克人出身的宫相贝特奥尔德（Bertoald）去极其危险的地方收税，并企图间接置他于死地时，提奥德里克二世听从了她的建议。

604年，罗马人出身的普罗塔迪乌斯在宫廷深受敬重，他的情人（bedfellow）布伦希尔德希望他有诸多荣誉；在她的要求下，他被任命为贵族，负责管辖汝拉山（Transjuran）以东地区和公爵万德马尔（Wandalmar）死时所辖的斯科特（Scotingi）地区。贝特奥尔德被派去核查塞纳河畔到海峡一带的王室领地。这样做是为了更容易将他杀死。③

① https：//epistolae. ccnmtl. columbia. edu/letter/320. html.
② https：//epistolae. ccnmtl. columbia. edu/letter/322. html.
③ J. M. Wallace-Hadrill （trans.）, *The Fourth Book of the Chronicle of Fredegar*, chap. 24, p. 16.

布伦希尔德能够说服提奥德里克按她的想法行动，侧面说明这位小国王认可布伦希尔德的提议，事实证明被派去收税的地方是王国之间容易发生争端的地方。

> 贝特奥尔德带着仅有的三百人动身前往国王提奥德里克派遣他去的地区，当他们到达阿尔勒（Arèle）的庄园时，他去狩猎。克洛塔尔听说此事后迅速派他的儿子墨洛维和宫相兰德里（Landri）带领一支队伍去击溃贝特奥尔德。这支队伍藐视协定，猛攻属于提奥德里克的塞纳河与卢瓦尔河之间的大部分城市和乡村。获得这一消息后，贝特奥尔德自认为无法抵挡，逃至奥尔良。在那里，他被主教奥斯特利努斯（Austrenus）接待。兰德里与他的人进入奥尔良并叫嚣贝特奥尔德出来迎战。……提奥德里克听说克洛塔尔违反约定进入他的领地时，在圣诞节当天立刻带兵出发到达卢爱河（Louet）畔的埃唐普（Etampes），在那里，他遭遇了克洛塔尔的儿子和兰德里带领的大部队。河滩如此狭窄以致提奥德里克的军队还未开战就损失了近三分之一。贝特奥尔德遵守之前的承诺前去迎击兰德里，贝特奥尔德和他的人被克洛塔尔的军队杀死。他知道普罗塔迪乌斯谋划着使他垮台，故而没有努力逃跑。墨洛维被囚，兰德里逃跑，克洛塔尔的很多随从被杀。提奥德里克胜利进入了巴黎。[①]

从这场战争结果与布伦希尔德王后炮制的提奥德贝特继承身份不合法的声明来看，提奥德里克的胜利与布伦希尔德的政治策略密不可分。她与宫相普罗塔迪乌斯的通奸谣言背后体现了她对王国高级职位

[①] J. M. Wallace-Hadrill（trans.），*The Fourth Book of the Chronicle of Fredegar*，chaps. 25 - 26, pp. 16 - 17.

人选的影响。

布伦希尔德曾不止一次地挑起内外战争。例如，她设法使提奥德里克二世悔婚，将西哥特国王威特里克（Witteric）的女儿埃尔门贝格（Ermenberga）遣送回西班牙，结果使得威特里克很生气，他和克洛塔尔二世、提奥德贝特二世、意大利国王阿吉洛夫（Agilulf）结盟，计划从四个方向进攻提奥德里克二世。① 虽然该战争并未真的出现，但是冤仇已然存在。

607 年，提奥德里克二世派里昂主教阿里迪乌斯、罗科和总管埃布罗因去见西班牙国王威特里克，向他的女儿埃尔门贝格求婚。使节们发誓提奥德里克永不抛弃她，他将女儿交给他们，在夏龙，她见到提奥德里克时，他很高兴地接受了她。但是，提奥德里克的祖母想尽办法阻止他们完婚：他的祖母布伦希尔德和他的妹妹提奥德拉（Theudila）在他面前说她的坏话。一年后，埃尔门贝格被剥夺嫁妆并送回西班牙。②

610 年，提奥德贝特和提奥德里克两兄弟之间为争夺阿尔萨斯开战，提奥德里克战败失去了阿尔萨斯。③ 之后，两兄弟不断内斗，612 年提奥德贝特乘船去了修道院。613 年提奥德里克杀死了他的兄弟提奥德贝特及其子。④《弗雷德加》记载提奥德里克二世于 613 年

① J. M. Wallace-Hadrill（trans.），*The Fourth Book of the Chronicle of Fredegar*，chaps. 30 – 31，p. 20.

② J. M. Wallace-Hadrill（trans.），*The Fourth Book of the Chronicle of Fredegar*，chap. 30，p. 20.

③ J. M. Wallace-Hadrill（trans.），*The Fourth Book of the Chronicle of Fredegar*，chap. 37，p. 29.

④ J. M. Wallace-Hadrill（trans.），*The Fourth Book of the Chronicle of Fredegar*，chap. 39，p. 32.

攻打他的堂叔纽斯特里亚国王克洛塔尔二世时，因身染痢疾而死在梅斯。[①]

　　布伦希尔德带着提奥德里克的四个儿子——西吉贝特二世、希尔德贝特、科巴斯和墨洛维。她努力让西吉贝特成为他父亲的继承者。克洛塔尔受阿努尔夫、丕平和其他贵族一派的煽动进入奥斯特拉西亚。当克洛塔尔靠近安德纳赫（Andernach）时，与提奥德里克的儿子们一起待在沃尔姆斯的布伦希尔德派查多因（Chadoin）和赫尔波（Herpo）组成使团求见他。她要求他放弃提奥德里克留给他儿子们的王国。克洛塔尔借使团之口回复她说，在上帝的帮助下，他坚持无论做什么决定都要选一些法兰克人聚在一起商讨决定。因此，布伦希尔德派遣提奥德里克的大儿子西吉贝特和宫相沃纳奇、阿尔博因和其他贵族去图林根争取莱茵河两岸的人民的支持以抵抗克洛塔尔。但是，她送走他们以后，私信给阿尔博因，命令他杀死沃纳奇和其他人。阿尔博因看了信之后将其撕碎扔在地上；一位沃纳奇的人发现了这些碎片将它们拼在一块蜡板上。这样，沃纳奇看了信后知道自己身处险境，急忙考虑将提奥德里克的儿子们撵走并承认克洛塔尔为王的办法。[②]

对于克洛塔尔二世而言，面对突如其来的机遇，他与勃艮第贵族里应外合，到勃艮第俘虏并杀死了布伦希尔德和她的三个曾孙。

---

① J. M. Wallace-Hadrill（trans.），*The Fourth Book of the Chronicle of Fredegar*, chap. 39，p. 32.

② J. M. Wallace-Hadrill（trans.），*The Fourth Book of the Chronicle of Fredegar*, chap. 40，pp. 32 – 33.

在布伦希尔德和提奥德里克之子西吉贝特二世（602～613年）指示下，勃艮第和奥斯特拉西亚的一支军队去会见克洛塔尔。当西吉贝特行至香槟，到达马恩河畔的夏龙地区（Territuriae）、埃纳河（Aisne）畔时，克洛塔尔带兵拦截了他，这支队伍中有许多支持宫相沃纳奇的奥斯特拉西亚人。因为克洛塔尔已经与沃纳奇、贵族阿勒西乌斯（Alethius）和公爵罗科可（Rocco）、希格尔德（Sigoald）和尤迪拉（Eudila）达成谅解和支持。当战争即将开始时，西吉贝特的军队收到约定的信号拔腿就跑匆匆逃回了家。克洛塔尔按事先安排好的，带着他的军队缓慢跟至索恩河畔。他俘获了提奥德里克的其中三子——西吉贝特、科巴斯和墨洛维，他是最后一位的教父。剩下希尔德贝特逃跑了再也没有回来。奥斯特拉西亚军队毫发无损地回去了。但是，宫相沃纳奇联合大量的勃艮第贵族保证在汝拉山地区的奥比（Orbe）庄园将布伦希尔德逮捕。①

613年对布伦希尔德的处决实质上是墨洛温王室内部的王权继承战争。布伦希尔德已经做好了为曾孙西吉贝特二世争夺王位的战争准备。伊扎克·汗指出，正是在布伦希尔德死后，法兰克王国才进入了一个相对和平和繁荣的时期。② 他认为，当时克洛塔尔二世一定已经意识到地方贵族权力的增长，将布伦希尔德施以五马分尸的极刑是他与其他王国地方贵族之间的一次交易。

布伦希尔德的影响力造成了法兰克如此多的恶事和血亲仇杀以致西比尔的预言成为现实。西比尔说："布鲁纳（Bruna）将从西班牙

---

① J. M. Wallace-Hadrill（trans.），*The Fourth Book of the Chronicle of Fredegar*, chap. 42, p. 34.

② Yitzhak Hen, *Roman Barbarians: The Royal Court and Culture in the Early Medieval West*, Basingstoke: Palgrave Macmillan, 2007, p. 94.

（Hispania）地区来；许多族群将在她的眼前灭亡，她将被马蹄踏得粉碎。"[1] 奈尔森表明，匿名的《法兰克人史》对布伦希尔德形象的改变可能是受博比奥的乔纳斯所写的《圣哥伦班传》的影响。[2]《弗雷德加》对布伦希尔德的记载同样充满偏见甚至敌意，几乎在提奥德里克所有的不当行为前面都加上"在布伦希尔德唆使下（instigante）"[3] 这一话语。麦克康米克（M. McCormick）指出，613年之前，克洛塔尔二世无权在马赛发行货币。……始料不及的胜利使得克洛塔尔二世由一个小王国的国王转变为高卢的主人。布伦希尔德领导的贵族们的不忠和背叛为她在争夺高卢控制权的最后内讧中带来了一个转折性的暴力终结。[4] 对布伦希尔德的公开处决表明克洛塔尔对内战的镇压，标志着布伦希尔德王后治下的反叛贵族的胜利。当时观看处决布伦希尔德的观众主要是法兰克士兵，可能还有一些由大贵族及其随从带领的西哥特士兵。[5] 处决的场所已经由城市转向乡村——法兰克东部万雅讷河畔的日内瓦。

《弗雷德加》一改格雷戈里对布伦希尔德的赞美，转而列数布伦希尔德的恶行，他转述被布伦希尔德谋杀的人员名单。[6]

　　　　布伦希尔德被带到克洛塔尔面前，他对她大发雷霆。他控诉

---

[1]　转引自 E. T. Dailey，*Queens*，*Consorts*，*Concubines*：*Gregory of Tours and Women of the Merovingian Elite*，p. 120。

[2]　Janet L. Nelson，*Politics and Ritual in Early Medieval Europe*，p. 30.

[3]　J. M. Wallace-Hadrill（trans.），*The Fourth Book of the Chronicle of Fredegar*，chap. 18，p. 12；chap. 21，p. 14；chap. 24，p. 15.

[4]　Michael McCormick，"Frankish Victory celebrations"，in Thomas F. X. Noble（ed.），*From Roman Provinces to Medieval Kingdoms*，Londonan and New York：Routledge，2006，pp. 345 – 357.

[5]　Bernard Bachrach，*Merovingian Military Organization*，*481 – 751*，Minneapolis，1972，pp. 80 – 90.

[6]　J. M. Wallace-Hadrill（trans.），*The Fourth Book of the Chronicle of Fredegar*，chap. 42，p. 35.

她应为10位法兰克国王的死负责——即西吉贝特、墨洛维、他的父亲希尔佩里克、提奥德贝特和他的儿子克洛塔尔、克洛塔尔的儿子另一位墨洛维、提奥德里克和提奥德里克已经死去的三个儿子。她被各种酷刑折磨了三天，然后，遵照他的命令，被放在一匹骆驼的驼峰上，最后，她的头发、一只手和一条腿被拴在一匹野马的尾巴上，她立刻被马蹄踏成碎片。①

布伦希尔德被国王克洛塔尔二世处决之后，整个法兰克王国重新统一，克洛塔尔二世常驻巴黎宫廷。② 这位克洛塔尔国王促成圣德西德里乌斯崇拜、支持博比奥的乔纳斯为圣哥伦班作传，保护卢克瑟，重申贡特拉姆、希尔佩里克和西吉贝特的法规。他尽力诋毁布伦希尔德及其子孙的统治，将布伦希尔德一系作为政治动荡的始作俑者，也侧面反映出布伦希尔德在当时社会的影响力之大。

格雷戈里运用对比的手法，将布伦希尔德和弗雷德贡德并置，处处体现她们之间的不同，但是现代学者伍德、戴利等人认为，格雷戈里所说的种种差异其实是发挥着同样的政治功能。她们都在其丈夫死后充当着未成年小国王的监护人，都与一些主教合作和斗争，都负责孩子们的教育，都从对手手中营救自己的女儿。③ 在国王突然去世之后，这两位王后的权力呈此消彼长的趋势。575年布伦希尔德处于困境之时，弗雷德贡德必然抓住时机发展自己的势力，反之亦然。

弗雷德贡德是墨洛温历史上少有的在其丈夫死后始终占据重要政治地位的王后。她与希尔佩里克至少生了6个孩子，但活下来的只有

① J. M. Wallace-Hadrill（trans.），*The Fourth Book of the Chronicle of Fredegar*，chap. 42，p. 35.

② Yitzhak Hen，*Roman Barbarians：The Royal Court and Culture in the Early Medieval West*，p. 101.

③ E. T. Dailey，*Queens，Consorts，Concubines：Gregory of Tours and Women of the Merovingian Elite*，pp. 139 – 140.

克洛塔尔二世。希尔佩里克于 584 年被刺身亡，她作为襁褓中的小国王克洛塔尔二世的母亲，成为他的保护人。597 年，即希尔佩里克死后十三年，弗雷德贡德作为摄政王后善终。

584 年，希尔佩里克被谋杀，后由桑利（Senlis）主教马鲁尔夫（Mullulf）将其埋葬在谢尔的圣文森特教堂（St. Vincent，即后来的巴黎圣日耳曼教堂），弗雷德贡德独自留在大教堂内。①

希尔佩里克添了一个儿子。他将这个孩子放在维特里王庄上抚养，因为他害怕这孩子要是公开露面，可能给他带来伤害甚至被杀。②

国王希尔佩里克死时，他的这个名叫克洛塔尔二世的儿子不到四个月大。在这种困境下，王后弗雷德贡德派信使去见勃艮第国王贡特拉姆。

她问："我的君主愿意来巴黎吗？我的儿子是他的侄子，他应该带着这个男孩到巴黎并为他安排洗礼；这位国王该从洗礼盆中接受他，他应该屈尊以亲子相待。"当贡特拉姆听到这些话时，就召集主教们开会。……他叫他们先去巴黎并承诺他随后就到。……但由于脚上受了感染，未能动身。……他康复后就到了巴黎，又从巴黎到了他的乡间地产吕埃。③

她一再拖延克洛塔尔二世的洗礼，直到等到贡特拉姆亲自见证他的洗礼，让这位势力强大的叔叔做了孩子的教父。

---

① Gregory of Tours, *The History of the Franks*, VI. 46, p. 381.
② Gregory of Tours, *The History of the Franks*, VI. 41, p. 375.
③ Gregory of Tours, *The History of the Franks*, X. 27 – 28, pp. 587 – 588.

国王（贡特拉姆）旅行到巴黎并在那里作了公开发言。他
说："我的兄弟希尔佩里克死时曾告诉我，他留下一个儿子。应
这位母亲的请求，负责抚养这个男孩的人们要求我在圣诞节将他
从神圣的洗礼盆中接出来。他们没有来。第二次，他们请求我在
复活节为他领洗，他们也没有操办。然后，他们第三次建议他应
该在圣约翰日受洗，他们再次爽约。现在，他们又强迫我在这个
炎热的季节离开我的家。我来了，但这个男孩依然被藏了起来，
我见不到他。就我看来，他们对我做的承诺都是空的。我现在相
信他是我的一个随从的儿子了。如果他真的是我们自己家族的一
员，他们肯定会把他带到我面前。你们必定知道，除非我获得证
明他身世的十足证据，否则我不会认可他。"王后弗雷德贡德听
了这番话后，召集了她丈夫王国的首脑人物。三位主教和三百名
更重要的首脑人物聚集起来一同宣誓希尔佩里克国王是这个男孩
的父亲。这样，贡特拉姆对克洛塔尔（不合法）的质疑就解
除了。①

王后能迅速召集三百人必定与她在其丈夫活着时所建立的权力关
系网密不可分。宫相兰德里克也必定是她的主要支持者之一。她试图
通过各种手段拉拢王国的重要人员。甚至在希尔佩里克死后，她试图
色诱司库埃贝鲁尔夫，以期结成新的权力关系网。

弗雷德贡德控告希尔佩里克的司库埃贝鲁尔夫。因为她在丈
夫死后曾经邀请埃贝鲁尔夫同她住在一起，可是他不肯听从，因
此之故，两人之间结下了深刻的仇恨。②

① Gregory of Tours, *The History of the Franks*, Ⅷ. 9, p. 440.
② Gregory of Tours, *The History of the Franks*, Ⅶ. 21, p. 402.

与这位司库的结盟失败了，但是她与宫相兰德里克的结盟事实证明是成功的。抨击王后的感情生活是教会和王室敌人所用的锋利武器，在某种程度上，对手的强弱决定了王后在私生活方面的个人道德水平。① 这一说法对于弗雷德贡德王后与宫相兰德里克的通奸谣言再合适不过了。

匿名的《法兰克人史》认为，弗雷德贡德应为希尔佩里克的死负责。因为她担心希尔佩里克发现她有一个情人。② 作者模仿格雷戈里利用了王后和宫廷贵族通奸的主题。关于希尔佩里克的死，弗雷德贡德为了包庇她与宫相兰德里克的奸情，自己认罪了。这一故事讲述希尔佩里克没有打到预想的猎物，提前回宫之后，发现了他们的奸情。该描述增加了读者头脑中的画面感，甚至使人浮想出一个希尔佩里克将弗雷德贡德和兰德里克捉奸在床的画面。斯坦福德认为，野蛮的控诉背后隐藏着政治争端。③ 匿名的《法兰克人史》比格雷戈里更进一步控诉了王后对她自己的丈夫希尔佩里克的谋杀，这也侧面说明墨洛温时期王后干政给后来的男性统治者造成了很大困扰。

希尔佩里克死后，他的兄弟贡特拉姆命令弗雷德贡德王后退居鲁昂地区的吕埃庄园。

> 她由希尔佩里克王国的全体首脑人物护送到那里。他们将她托付给梅拉尼乌斯（Melanius）主教关照，这位主教已被革去鲁昂主教之职。然后这些首脑人物转而效忠于她的儿子克洛塔尔，他们承诺要以最大的关怀抚养克洛塔尔。④

---

① Pauline Stafford, *Queens, Concubines and Dowagers*, p. 86.

② *Liber Historiae Francorum*, 35, *Monumenta Germaniae Historica*, p. 302.

③ Pauline Stafford, *Queens, Concubines and Dowagers*, p. 15.

④ Gregory of Tours, *The History of the Franks*, Ⅶ. 19, p. 401.

从中可以看出，王后弗雷德贡德在她的丈夫希尔佩里克死后，受到了国王贡特拉姆和纽斯特里亚贵族的保护。王国的首脑人物向她承诺忠心抚养她的儿子。"最大的关怀"必定包括对他的教育。这些首脑人物效忠年幼的克洛塔尔二世也侧面反映了王后和贵族的结盟，是后来联合摄政的雏形。

格雷戈里向读者暗示他并不认可弗雷德贡德所生的克洛塔尔二世是希尔佩里克之子。[①] 赖密茨（Helmut Reimitz）认为，如果希尔德贝特二世继承贡特拉姆的王国，格雷戈里更有望提升他自己或家族的地位。他的《法兰克人史》似乎是为希尔德贝特二世接管东北部和勃艮第王国而铺路。因此，他暗示希尔佩里克的继承者克洛塔尔二世是非婚生子，一再强调贡特拉姆和希尔德贝特之间的协议。[②]

588 年，格雷戈里受国王希尔德贝特派遣去拜访国王贡特拉姆，谈到《昂德洛条约》的执行情况时，说道："但愿我的侄子遵守诺言，我所有的一切都是他的。要是他因我接见我的侄子克洛塔尔的使节而气恼，我会愚蠢到不能在他们之间调解吗？我难道不会停止他们的争端扩散吗？……如果我正式承认克洛塔尔为我的侄子，我将从我领域内的某些地区划出两到三个城市给他，以免他觉得没有从我的王国继承到什么。如果我将这些赠礼授予克洛塔尔，希尔德贝特没有理由气恼。"[③]

弗雷德贡德退居吕埃王庄，她的权力大多被剥夺。这时她秘密派遣家里的一名教士去陷害和杀掉布伦希尔德。结果，阴谋暴

---

① Ian Wood, "Deconstructing the Merovingian family", pp. 162 – 164.

② Helmut Reimitz, "Social Networks and Identities in Frankish Historiography", in Richard Corradini, Max Diesenberger and H. Reimitz (eds.), *The construction of communities in the early Middle Ages: Texts, Resources and Artefacts*, p. 257.

③ Gregory of Tours, *The History of the Franks*, IX. 20, p. 509.

露，这位教士承认了事实后被遣送回弗雷德贡德处。当他向弗雷德贡德述说事情的经过和他有辱使命之时，就让人把他的手和脚全部砍掉，以示惩罚。[1]

从上可知，弗雷德贡德与布伦希尔德的争斗实质上代表着两个墨洛温王国之间的内战。至少在格雷戈里眼中，当时弗雷德贡德只要除掉她的对手布伦希尔德，就能够东山再起。

由此可见，格雷戈里笔下的贤王贡特拉姆其实是一位狡猾的政治家。他试图将所有矛盾都转移到他的两位侄子之间，希尔佩里克死后，弗雷德贡德作为寡妻－王后一直是委曲求全、寻求庇护，等待克洛塔尔长大成人。同时，也反映出这位出身低微的王后比布伦希尔德更善于用人，她能很好地将自己和她襁褓中的儿子置于当时最有权威的国王贡特拉姆保护之下，其寡居的财产受到了巴黎主教拉格内莫德的保护。

弗雷德贡德王后甚至直接介入军事冲突。590 年，贡特拉姆惩罚性地劫掠布列塔尼，弗雷德贡德派遣一支萨克森人的军队去帮助布列塔尼人对抗贡特拉姆的入侵。

> 当弗雷德贡德获知这支远征军是由她憎恨多年的贝伯伦（Beppolen）带领时，她命令住在贝叶（Bayeux）的萨克森人将他们的头发剪成布列塔尼人的发型，让他们穿着布列塔尼人的服饰，然后发兵支援瓦罗克（Waroch）。[2]

先王希尔佩里克的儿子克洛塔尔病得很重。……为了救他的命，她派信使到瓦罗克那里，命令他释放仍然被拘禁在布列塔尼

---

[1]　Gregory of Tours, *The History of the Franks*, VII. 20, pp. 401–402.

[2]　Gregory of Tours, *The History of the Franks*, X. 9, pp. 556–557.

的国王贡特拉姆的部下。瓦罗克照办了，这在某种程度上足以证明这位妇女应为贝伯伦的死和他的军队的毁灭负责。①

在匿名的《法兰克人史》第36章中，作者讲述了弗雷德贡德在贝尔尼里维耶尔（Berny-Rivière）集合她的部队，伪装成移动的树林，试图将奥斯特拉西亚人引入德鲁瓦斯（Droisy）开战，弗雷德贡德追击这些战败者到兰斯，从那里她返回苏瓦松。② 哈索尔认为，弗雷德贡德参战值得怀疑，因为中世纪早期是近距离作战，妇女是无望参战的，这个故事明显有传说的成分掺杂其中。③ 但是，我们从第45章中奥多因传信给埃布罗因的情况看，当时人们对于弗雷德贡德直接参与战争是认可的。

埃布罗因重新蓄发，聚集一帮盟友去救他。他在离开卢克瑟修道院时已经准备好战斗，带着军队回到法兰克。他去找圣奥多因，这样，圣奥多因能给他一个作战计划。但是，奥多因只让他的信使带了下面的字条："回忆一下弗雷德贡德的计划。"埃布罗因心领神会，在夜间集合他的军队，到达瓦兹河畔，杀死了哨兵，他过了河逼近圣马可桑斯。④

596年，弗雷德贡德和她的儿子克洛塔尔接管了巴黎和其他城市，为了与希尔德贝特的儿子们（提奥德贝特和提奥德里克）打交道，她派遣一支队伍到达一个名叫拉法克斯（Laffaux）的地方，双

① Gregory of Tours, *The History of the Franks*, X. 11, p. 559.
② Richard A. Gerberding, *The Rise of the Carolingians and the Liber Historiae Francorum*, pp. 154 – 155.
③ Guy Halsall, *Warfare and society in the barbarian West*, *450 – 900*, London and New York：Taylor & Francis Group, Routledge, p. 34.
④ Paul Fouracre and Richard A. Gerberding, *Late Merovingian France*, p. 90.

方面对面扎营。克洛塔尔和他的属下扑向提奥德贝特和提奥德里克，并在他们的队伍中间展开了大屠杀。① 很显然，弗雷德加笔下的弗雷德贡德在新旧王权交替时，能当机立断去扩张她所统治的纽斯特里亚王国。

587 年，王后弗雷德贡德干涉贵族之间的血亲仇杀，将图尔内的三个相互之间不断仇杀的法兰克人邀请进宫，宴请他们，直到这些客人和仆人都酩酊大醉之时，她派人将这三人用斧头砍死。

现在，图尔内的某些法兰克人之间发生了争吵（altercation），直接原因是其中一人的儿子不止一次怒斥另一人的儿子，因为后者娶了他的姊妹，对她视若无睹而去追求其他女人。犯错的年轻人不在意，双方的恶感到了如此程度，以致这个女孩的兄弟攻击他的姊妹夫并杀死了他以及他的一些亲属。然后女孩的这位兄弟被对方的支持者谋杀。最后双方家族没有多少人活着了，只要有人活着，敌对就永远存在。接下来发生的事情是双方家族的亲属开始争吵。他们不止一次受到弗雷德贡德王后的告诫，要他们停止仇杀再次和解，以免这场纠纷变成一场更大规模的公共伤害。和解的尝试没有成功，最后弗雷德贡德用斧头使双方平静下来。她邀请许多人共进晚餐，将三位幸存者安排坐在同一条长凳上。这顿饭持续了很长时间，直到夜幕降临。按法兰克人的习惯，桌子被撤走，但是这三人仍坐在这条长凳上。他们继续喝葡萄酒直到酩酊大醉。他们的仆人也和主人一样喝醉了，他们所有人都在他醉倒的房间角落里睡着了。王后命三个拿着斧头的人在这三个敌人的后面站成一排，正当他们继续聊天之时，这些人

① J. M. Wallace-Hadrill, *The Fourth Book of the Chronicle of Fredegar with its Continuations*, chaps. 16–17, pp. 11–12.

抢起他们的武器，一下子砍下了他们的头。所有人都回家了，这三个人的名字叫查理瓦尔德（Charivald）、柳多瓦尔德（Leudovald）和瓦尔丁（Waldin）。当消息传到他们的其他亲属那里，他们密切监视着弗雷德贡德。然后他们送信使去见国王希尔德贝特并说弗雷德贡德应该被逮捕处决。结果香槟人被召集起来，但是他们耽搁太久，弗雷德贡德在她的支持者的帮助下逃往别处避难去了。①

布伦希尔德和弗雷德贡德这两位王后的出身不同，个人能力也有较大差异。前者活得更长，但是她的能力似乎远远不如后者。弗雷德贡德更善于游说和用人，能够获得潜在对手的支持和帮助，而且常常能够主动出击，消除潜在的政敌。她屡次派杀手刺杀希尔德贝特和布伦希尔德，除掉了司库埃贝鲁尔夫和鲁昂主教普雷特克斯塔图斯。贡特拉姆似乎对寡居期间帮助过她而感到些许懊悔。面对丈夫的突然死亡，布伦希尔德的处境似乎更为恶劣；尽管，她最终东山再起，但她似乎从未完全控制过奥斯特拉西亚。很显然，她的个人资源不足以打败她在奥斯特拉西亚贵族中的所有对手。

613 年之后，克洛塔尔二世成为唯一的法兰克国王，其他两个宫廷由宫相为首的贵族群体把持。克洛塔尔二世的儿子达戈贝特一世继承王位之后，也放弃原来的奥斯特拉西亚梅斯宫廷，定居巴黎。《弗雷德加》中记载他喜欢他父亲的宫廷。伊扎克·汗认为，这一巨大变化使得法兰克国王能够聚集更大批的随员并花更多的时间在节日、仪式和会议之上，这为宫廷文化的培植和文化资助的具体制度的出现创造了有利环境。

① Gregory of Tours, *The History of the Franks*, X. 27, pp. 586 – 587.

（三）南特希尔德与鲍尔希尔德的政治活动

7世纪的墨洛温王朝，王后与宫相共同摄政的局势日益明朗化。达戈贝特一世的王后南特希尔德和他的两位儿媳鲍尔希尔德、西米希尔德开始活跃于墨洛温政治舞台上。比之她们的先辈，这些王后有了更为明确的摄政监护权。

南特希尔德是墨洛温第五代国王达戈贝特一世（Dagobert I,623～634年奥斯特拉西亚国王，632～639年为法兰克诸王国唯一的国王）的众多王后之一。南特希尔德明确获得了她丈夫国王达戈贝特一世委托的摄政大权。

> 在他统治的第十六年，达戈贝特得了痢疾，感觉生命垂危，急召艾噶（Aega），并向他推荐了王后南特希尔德和他的儿子克洛维。[1]
>
> 在克洛维二世统治的第一二年以及第三年初，艾噶与达戈贝特的寡妻南特希尔德共同治理着宫廷和王国。[2]

据说，王后南特希尔德（突死于641年）是萨克森人。她从达戈贝特身边的贴身侍女转为王后，约633年生下儿子克洛维二世（Clovis II）。她所生活的时期是墨洛温历史上较为稳定和平的时期，整个英格兰东南部臣属于达戈贝特一世。达戈贝特一世死后，纽斯特里亚和勃艮第王国由南特希尔德的不到5岁的小儿子克洛维二世继承，由王后和宫相艾噶共同摄政。

---

[1] J. M. Wallace-Hadrill（trans.）, *The Fourth Book of the Chronicle of Fredegar*, chap. 79, p. 67.

[2] J. M. Wallace-Hadrill（trans.）, *The Fourth Book of the Chronicle of Fredegar*, chap. 80, p. 68.

南特希尔德签署她儿子的特许状，召集王室会议。据《弗雷德加》记载，641 年发生在奥格斯（Augers）的宫廷世仇就是由她挑起的。

克洛维二世统治的第三年，艾噶发高烧并死在克里希（Clichy）。不久前他的女婿厄门弗雷德（Ermenfred）在宫廷杀死了奥格斯的伯爵钱恩努尔夫（Chainnulf），结果是，钱恩努尔夫家族和其他许多人，凭借王后南特希尔德的批准和许可强占了厄门弗雷德的领地。厄门弗雷德在奥斯特拉西亚人兰斯的圣雷米（St. Rémi）教堂避难，在那里待了许多天以便躲避攻击和躲避王室的愤怒。[①]

641 年，宫相艾噶死后，南特希尔德的盟友厄奇诺尔德（Erchinoald）（达戈贝特母亲的亲戚）接替艾噶成为纽斯特里亚宫相。642 年，她带着她的儿子小国王克洛维二世去了勃艮第王国的奥尔良。在那里她召集所有的领主、主教、公爵以及勃艮第的要人选举弗劳卡德（Flaochad）为勃艮第宫相。

克洛维二世统治的第四年，艾噶死后，王后南特希尔德与她的儿子国王克洛维一起到了勃艮第王国的奥尔良；在那里她召集所有的领主、主教、公爵和勃艮第的要人。她挨个赢得他们的支持，然后由所有主教和公爵选定法兰克人弗劳卡德出任勃艮第王国的宫相。[②]

---

① J. M. Wallace-Hadrill（trans.），*The Fourth Book of the Chronicle of Fredegar*, chap. 83, pp. 70 – 71.

② J. M. Wallace-Hadrill（trans.），*The Fourth Book of the Chronicle of Fredegar*, chap. 89, p. 75.

在此，我们看到她干涉勃艮第宫相的选举，同时，我们也必须承认，南特希尔德作为王后在当时是很有号召力的。南特希尔德和克洛维二世的统治主要在纽斯特里亚，他们仅是勃艮第理论上的统治者。南特希尔德能安插自己中意的候选人弗劳卡德出任勃艮第宫相，充分说明她的政治影响力。不仅如此，她还安排了宫相弗劳卡德的婚姻。

> 她（南特希尔德）将她的侄女拉贡贝特（Ragnoberta）许配给弗劳卡德，我不知道谁安排的这桩婚事。弗劳卡德和王后南特希尔德正谋划一项似乎与上帝的意志相悖的事情。也就是说，这两位宫相厄奇诺尔德和弗劳卡德有着同一目标和想法；因此，他们相互支持并准备友好行使他们的高官权力。①

南特希尔德死后，弗劳卡德和南勃艮第贵族威尔伯德（Willebad）之间的争斗迅速升级为暴力战争。那时大约 8 岁的国王克洛维二世不能压制这种暴力。南特希尔德去世的同一年，威尔伯德被杀，弗劳卡德不久后也死了。接下来的几年没有记载，不知道发生了什么。接着我们看到宫相厄奇诺尔德府上的女奴鲍尔希尔德成为国王克洛维二世的王后。

对于鲍尔希尔德而言，被厄奇诺尔德推上王后的高位之后如何保持这一显赫地位显然要看她是否能生下王子。努瓦永主教艾里基乌斯首先成为她拉拢和倚靠的对象。649 年，当鲍尔希尔德怀孕时，她向艾里基乌斯吐露她担心会生下女孩。艾里基乌斯给了她一个预言性的礼物，即一个适合男孩玩的玩具，结果鲍尔希尔德生了一个儿子，即后来的克洛塔尔三世。② 这样，她不仅因儿子巩固了自己的王后地

① J. M. Wallace-Hadrill（trans.），*The Fourth Book of the Chronicle of Fredegar*，pp. 75 – 76.

② Jo Ann McNamara（trans.），*Dado of Rouen：The Life of Eligius*，588 – 660，Book II. 32，in T. Head（ed.），*Medieval Hagiography：An Anthology*，New York：Garland Pub，2000，p. 161.

位，而且获得了教会对这位合法继承人的认可。艾里基乌斯死后，王后鲍尔希尔德带着她的儿子们和贵族们前去悼念。在《艾里基乌斯传》中描写她哭得很伤心，表达了对这位努瓦永主教的崇高敬意。她要求将他的圣体搬到谢尔修道院，但是怎么也挪不动。她注意到血从他冻僵的尸体的鼻子里流出来。看到此，主教们和最虔诚的王后迅速放了一块亚麻布手帕。他们收集了这些血液，作为礼物精心保留，将其分成三块。① 鲍尔希尔德后来的诸多活动也表明她是在效仿和延续艾里基乌斯的做法。

657 年克洛维二世死后，鲍尔希尔德争取到两位极有影响力的教会人士巴黎的克罗多贝特和鲁昂的奥多因的政治支持，开始了她的摄政生涯。她的儿子们并未分割继承克洛维二世的王国，而是由大儿子克洛塔尔三世一人继承。奈尔森赞同艾维希和杜普拉兹（Dupraz）的观点，认为 7 世纪墨洛温分割继承王国的习俗逐渐停止不是国王或王后自己所能决定的。②

鲍尔希尔德摄政时期，贵族力量普遍强大，但派系并不稳定，经常出现重组。鲍尔希尔德尽力平衡宫相厄奇诺尔德家族、奥多因、埃布罗因等贵族集团的政治力量，利用勃艮第地方贵族之间的冲突铲除了主教奥尼穆德在里昂的家族势力，保持了整个法兰克王国的相对和平。她的统治比她丈夫的统治更牢固更有个性，没有史料将任何重要的行为归功于国王，而鲍尔希尔德似乎是许多行为的开创者。③

还有什么要说的呢？按照上帝的要求，她的丈夫国王克洛维

---

① T. Head （ed.）, *Medieval Hagiography: an Anthology*, New York: Garland Pub, 2000, p. 163.

② Janet L. Nelson, "Queens as Jezebals: the Careers of Brunhild and Balthild in Merovingian History", p. 21.

③ Paul Fouracre and Richard A. Gerberding, *Late Merovingian France*, p. 107.

死了，留下几个儿子和他们的母亲。他死后，他的儿子克洛塔尔三世接替了他的王位，与其他优秀的王公、巴黎主教克罗多贝特、鲁昂主教奥多因和宫相埃布罗因等大贵族共同管理（王国）。的确，法兰克人的王国保持了和平。①

659 年厄奇诺尔德死后，埃布罗因继任宫相成为宫廷中新的占主导地位的贵族势力，厄奇诺尔德一派被排除在外。

举棋不定的纽斯特里亚人要求召开会议确定埃布罗因出任王国的宫相。在此期间，仍然是一个孩子的国王克洛塔尔死了，他统治了四年。②他的弟弟提奥德里克被作为纽斯特里亚人的国王来养育。纽斯特里亚人送克洛塔尔的另一个弟弟到奥斯特拉西亚，让他与公爵伍尔夫沃尔德一起统治奥斯特拉西亚王国。③

纽斯特里亚贵族和王后鲍尔希尔德共同确定王国的宫相，国王本身的意见并不重要，或者说王后对宫相的任职有很大影响。664 年，鲍尔希尔德被迫退隐谢尔修道院，此后墨洛温贵族之间的斗争成为墨洛温历史发展的主流，但是鲍尔希尔德时期形成的诸多政策和措施深深影响了墨洛温历史的发展，她对于儿子希尔德里克二世的教育更正了后世学者们对墨洛温"懒王"的历史认识。

---

① Paul Fouracre and Richard A. Gerberding, *Late Merovingian France*, p. 122.

② 弗拉克里等学者指出克洛塔尔三世统治是从 657 年至 673 年，他死时已经不是一个男孩子了。参见 Paul Fouracre and Richard A. Gerberding, *Late Merovingian France*, p. 89, n. 43；我国学界关于墨洛温"长发国王"的详细论述见陈文海《蓄发与削发——法兰克墨洛温王族象征符号释论》，《华南师范大学学报》2012 年第 6 期，第 102～109 页。

③ Paul Fouracre and Richard A. Gerberding, *Late Merovingian France*, p. 89.

此后，纽斯特里亚人策划了一个反对埃布罗因的阴谋，他们起来反对提奥德里克三世并将他赶下台。他们将这位国王和宫相强拖出去，剪掉了二者的头发。他们剃度了埃布罗因并将他送进勃艮第的卢克瑟修道院。对于送到奥斯特拉西亚的希尔德里克，他们将他带回来，当他和公爵伍尔夫沃尔德一起来时，他们将他扶上纽斯特里亚的王位。但是，这位希尔德里克太孩子气，他对所有事情都掉以轻心以致冒犯了他们，成为他们憎恨的对象。……他命令将其中一名叫博迪罗（Bodilo）的纽斯特里亚人绑在火刑柱上，并对其非法拷打。看到这些，纽斯特里亚人极为愤怒。英格贝特（Ingobert）和阿马尔贝特（Amalbert）与其他的纽斯特里亚世袭贵族开始策划反对希尔德里克。博迪罗与其他反叛者起来反对国王并将之杀死，我要很抱歉地说，一起被杀的还有他的怀孕的王后。①

在墨洛温历史上，初次见到国王和王后同时被杀。学者们对675年的这次谋杀多有关注。弗拉克里、伍德和麦基特克里特（Rosamond Mckitterick）等学者探究其原因，基本上认可希尔德里克二世致力于王国统一，并非以往认为的那种碌碌无为。弗拉克里认为，阿奎丹、普罗旺斯、巴伐利亚和阿勒曼尼并没有背离墨洛温王国，相反，它们并不支持查理·马特。②

鲍尔希尔德之后，墨洛温王后随着国王权力的衰退而淡出墨洛温政治舞台。但在751年以前并没有一派贵族强大到可以直接取代墨洛温的王权，故而，丕平家族仍然扶持一些名义上的墨洛温王室成员作

---

① Paul Fouracre and Richard A. Gerberding, *Late Merovingian France*, pp. 89 – 90; J. M. Wallace-Hadrill（trans.）, *The Fourth Book of the Chronicle of Fredegar*, cont. 2, pp. 80 – 82.

② 转引自 J. Kreiner, *The Social Life of Hagiography in the Merovingian Kingdom*, p. 73。

为傀儡国王。

诺森伯里亚人斯蒂芬纳斯（Eddius Stephanus）在《主教威尔弗雷德传》中列出了鲍尔希尔德的具体罪状，其中之一是她干涉里昂主教选举，杀害了威尔弗雷德①的朋友当时的里昂主教奥尼穆德，然后安插她的赈济官杰尼修斯出任里昂主教。斯蒂芬纳斯写道：

> 那时有一位名叫鲍尔希尔德的心肠狠毒的王后，她迫害上帝的教士。甚至类似于古老的邪恶王后耶洗别那样慢待上帝的先知，这样，尽管她放过了一些教士和执事，但是命令屠杀了9位主教，其中一位是主教达尔芬纳斯（Dalfinus）。她召见这些公爵带着邪恶的意图。……因此神圣的主教赢得了殉教者的桂冠；但是准备殉教的圣威尔弗雷德毫无畏惧地站在那里，公爵们问道："那位帅气的准备赴死的年轻人是谁？"他们被告知是"一位外族人，来自不列颠的英格兰人"，这样圣威尔弗雷德被饶恕。②

现在学者们大都认为斯蒂芬纳斯很可能将奥尼穆德和他的兄弟里昂伯爵达尔芬纳斯混为一谈，所以给予鲍尔希尔德如此不好的评价。但事实是，当时奥尼穆德确实死了，而杰尼修斯又恰好继任了。鲍尔希尔德王后也的确出席了杀害里昂主教奥尼穆德兄弟的会议。

> 在国王的召集下，在奥尔良城郊外的马洛尔（Marolle）宫殿里召开会议。出席会议的有国王的随从、出身高贵的贵族和公

---

① 我国学界关于圣威尔弗雷德的介绍参见李隆国《教诲和谐：从对主教威尔弗雷德事件的叙述看比德的写作特色》，《世界历史》2010 年第 6 期，第 117 ~ 124 页。

② Stephen of Ripon, *The Life of Bishop Wilfrid by Eddius Stephanus*, by B. Colgrave (ed. and trans.), Cambridge, 1927, Reprinted, New York, 1985, p. 15.

爵以及民众。按往常习惯，他们相信这位神圣的主教和他的兄弟也会来。但由于他最近工作很累，还没缓过劲儿来，没有前来。然后，他们暴露他们为这位神圣的主教所设的骗局。他们诬告他的兄弟励精图治的里昂地方长官叛国，国王和王后鲍尔希尔德砍掉了他的脑袋。他可怜的身体已经被运走，城里的人将他的尸体埋在使徒们和48位殉教者安息的教堂。正是从他兄弟的命运中，这位上帝的子民获知他自己也将丧命。尽管他心里已经有所准备，但他的身体一直很弱，出城没走多久就摇摇晃晃地返回去了。[1]

回去之后，这位里昂主教立刻派人请来了卢克瑟修道院院长沃尔德贝特，请求他给予保护。鲍尔希尔德王后曾向沃尔德贝特保证奥尼穆德的安全，结果奥尼穆德在去见国王的路上被杀。[2] 学者们认为鲍尔希尔德不该为奥尼穆德的死负责。因为《圣奥尼穆德传》中没有明确指出鲍尔希尔德是杀死奥尼穆德兄弟的罪魁祸首，但从她任命杰尼修斯为里昂主教一事来看，她很难摆脱嫌疑。

历史学家对鲍尔希尔德的政治经历比她的圣徒形象更感兴趣。他们一致认可鲍尔希尔德在政治斗争中的重要作用，但是在解释重要性方面大不相同。库恩认为，鲍尔希尔德是将宫廷政治和圣徒崇拜联系在一起的"中介"，是贵族派系斗争的仲裁者，以适当的礼仪接待重要的外交使节和教会人士。[3] 而另一些学者认为鲍尔希尔德并没有什么实权，她的政策是较强一方贵族派系的具体体现。纽斯特里亚贵族的成功，表明寡妻－王后的虚职可能是使空位期没有政治动荡的一种

---

① Paul Fouracre and Richard A. Gerberding, *Late Merovingian France*, pp. 182–183.

② Paul Fouracre and Richard A. Gerberding, *Late Merovingian France*, pp. 188–189.

③ Lynda L. Coon, *Sacred Fictions*: *Holy Women and Hagiography in Late Antiquity*, p. 136.

安排。① 在笔者看来，鲍尔希尔德对当时的政治影响很大，以至引起了当时教俗贵族的不满，所以才被迫进入谢尔修道院。尽管，鲍尔希尔德成为王后并不能改变墨洛温后期贵族派系斗争的局面，但她尽力平衡贵族之间的力量。

从鲍尔希尔德摄政后展开的一些政治活动来看，她在其丈夫克洛维二世活着时很有可能已经参与政治事务了。至少杰尼修斯作为她的助手向教会和修道院捐赠了大量土地和物资，为她后来的摄政获得了部分教会人士的支持。她在摄政期间努力维护法兰克的统一和王国之间的和平，策划了墨洛温历史上唯一一桩王族内婚。

在鲍尔希尔德女士的安排下，通过大贵族们的建议，奥斯特拉西亚人和平接受她的儿子希尔德里克成为奥斯特拉西亚国王。勃艮第人和纽斯特里亚人原本是统一的。我们相信在上帝的指引下，根据虔诚的鲍尔希尔德女士的安排，这三个王国之间将保持和平、和谐。②

格雷蒙德是奥斯特拉西亚宫相丕平之子。639 年达戈贝特死后，丕平和科隆大主教昆尼贝特一致决定支持西吉贝特三世为奥斯特拉西亚国王。"他们联手讨好奥斯特拉西亚贵族，将他们拉拢到自己的一边，仁慈地管理他们，赢得他们的支持并懂得怎样维持这种关系。"③ 640 年丕平死后，其子格雷蒙德继任宫相。在面对国王西吉贝特三世的老师乌拉（Uro）之子奥拓（Otto）的敌对势力时，他继续宣誓与

---

① Janet L. Nelson, "Queens as Jezebals: the Careers of Brunhild and Balthild in Merovingian History", p. 23.

② Paul Fouracre and Richard A. Gerberding, *Late Merovingian France*, p. 122.

③ J. M. Wallace-Hadrill (trans.), *The Fourth Book of the Chronicle of Fredegar*, chap. 85, pp. 71 – 72.

主教昆尼贝特保持友好关系。① 656 年，国王西吉贝特三世去世，宫相格雷蒙德没有将王子达戈贝特二世②扶上王位，而是将他自己的儿子希尔德贝特作为西吉贝特三世的养子③扶上奥斯特拉西亚的王位。

> 国王西吉贝特死了，宫相剃度了他（国王西吉贝特）年幼的儿子达戈贝特，将他送给普瓦提埃主教狄多（Dido），这样，达戈贝特可能去爱尔兰朝圣。他将自己的儿子扶上王位。然而，纽斯特里亚人因此愤怒，准备伏击格雷蒙德，将他带给纽斯特里亚人的国王克洛维。格雷蒙德被铁链锁住囚禁在巴黎，理应处死，因为他反对他的领主。他遭受酷刑而死。④

鲍尔希尔德王后和纽斯特里亚贵族们抓住这一机会，试图结束合法的奥斯特拉西亚王脉，扩张他们对东法兰克的控制权，而当时的奥斯特拉西亚王后西米希尔德试图将摄政大权牢牢掌握在自己手里。我们看到当时负责流放达戈贝特二世的普瓦提埃主教狄多出身于纽斯特里亚大贵族家庭。狄多是奥顿主教留德加的舅舅。留德加是经奥多因介绍给鲍尔希尔德王后的，并被任命为主教。⑤ 留德加的母亲西吉拉达（Sigrada）是埃布罗因所建的苏瓦松诺特 – 达姆（Notre-Dame）修

① J. M. Wallace-Hadrill（trans.），*The Fourth Book of the Chronicle of Fredegar*，chap. 86，p. 72.

② 关于达戈贝特二世是否做过奥斯特拉西亚国王的争议见 Richard A. Gerberding，*The Rise of the Carolingians and the Liber Historiae Francorum*，pp. 49 – 55。

③ Richard A. Gerberding，*The Rise of the Carolingians and the Liber Historiae Francorum*，p. 48.

④ Paul Fouracre and Richard A. Gerberding，*Late Merovingian France*，p. 88.

⑤ Barbara H. Rosenwein，*Negotiating Space: Power, Restraint, and Privileges of Immunity in Early Medieval Europe*，p. 84.

道院的一名修女。① 弗拉克里推断，可能王后西米希尔德不是达戈贝特二世的母亲。② 她为了保全自己在宫廷的王后之位，与贵族伍尔夫沃尔德、王后鲍尔希尔德里应外合，将格雷蒙德③交给纽斯特里亚国王。662 年格雷蒙德之子希尔德贝特三世死后，鲍尔希尔德的二儿子希尔德里克二世娶了他的堂妹比利希尔德，成为奥斯特拉西亚国王。

学者们认为，王后西米希尔德在奥斯特拉西亚王宫的作用不可忽视。《圣普雷吉克图斯传》描述了这位王后的影响。这位克莱蒙主教声称，他将他的教会的法律事务委托给了王后西米希尔德，反对他的人们认可了他的申明，但事情仍未结束。最后，圣普雷吉克图斯解释他旅途的艰辛，讲述他如何依法布道。国王和王后（即希尔德里克二世和他的王后比利希尔德）很害怕，他们在众人面前乞求主教普雷吉克图斯的宽恕。④ 这至少说明王后在当时有权介入并处理教会的一些事务。而且普雷吉克图斯是她权力关系网中的重要成员，因为奥顿主教留德加支持普雷吉克图斯的敌人赫克托（Hector）。在这种复杂的关系网中，其中心人物不是国王，而是这两位摄政的王后，她们对谁当国王有着很大的影响。

总之，墨洛温王朝的王后们拥有很大权力，她们能够出席并召集各类高级教俗会议，直接负责外交事务，处理王国间的纠纷，甚至直

---

① Marilyn Dunn, *The Emergence of Monasticism: From the Desert Fathers to the Early Middle Ages*, Blackwell Publishers Ltd, 2000, p. 191.

② Paul Fouracre, *The New Cambridge Medieval History*, Vol. 1 c. 500 – c. 700, p. 386.

③ 关于格雷蒙德死亡的时间有两种说法，以奈尔森为代表的学者认为他死于 656 年西吉贝特死后不久，另一种认为他死于 662 年，在其子希尔德贝特三世死后不久。奈尔森认为格雷蒙德与鲍尔希尔德摄政时的政治活动没有关系，详述见 Janet L. Nelson, "Queens as Jezebals: the Careers of Brunhild and Balthild in Merovingian History", p. 20。伍德认为格雷蒙德被克洛维处决之后，他的儿子又当了五年左右的奥斯特拉西亚国王是奇怪的，可能是 657 年克洛维二世的死救了他的命。见 Ian Wood, *The Merovingian Kingdoms* 450 – 751, pp. 222 – 223.

④ Paul Fouracre and Richard A. Gerberding, *Late Merovingian France*, pp. 289 – 290.

接介入军事冲突。与现代机构和官僚政治相比，墨洛温政治更多的是一种家族政治。掌管财富的王后能够雇凶杀人，引起动乱和权力的争夺。从政治的角度看，在王国纷争和家族内讧中，王后既是诡计多端的阴谋家，她教唆国王争权夺势，怂恿国王四处征战；同时也是维护和平的使者，她能够劝诫国王停止杀戮，虔信宗教，维持公平和正义。王后的这些角色都表明，王后的政治斗争是一种无硝烟的战争，只不过其手段更为隐蔽，她们所用的武器和斗争的场所也与国王不同而已。

墨洛温王国政治没有明确的公私之分，拥有个人财产的女性在私人领域和公共领域都占有一席之地。① 从王后的权力运作看，她的丈夫和孩子是确保她权力地位的前提。一个有野心的王子对于国王是一种很大的威胁，如希尔佩里克的儿子墨洛维和克洛多维希，他们不仅是弗雷德贡德想铲除的对象，也是他们的父亲必须铲除的对象，在王位面前，亲情向来都不占优势。而母亲不同，她们是王子的天然盟友，墨洛维的母亲奥多韦拉、希尔德贝特的母亲布伦希尔德都是如此。当然，小国王成年对行使监护权的寡妻－王后来说是一种威胁，因而，王后似乎也愿意选年幼的王子作为国王。克洛蒂尔德想让克洛多梅尔的儿子们继承他的王国；布伦希尔德在提奥德贝特二世成年之后，被赶出奥斯特拉西亚，转而投靠提奥德里克二世；鲍尔希尔德在克洛塔尔三世成年之时被逼至谢尔修道院。作为王后，她与国王一样懂得财富的重要性，她要招募新的盟友需要土地和财富。与国王相比，她获取和支配财富的途径更少，国王可以通过战争获得丰厚的战利品（包括大量的土地和居民），而她主要靠嫁妆和国王的赏赐和部分税收。她对财富的支配很大程度上取决于她的个人能力，如果她在

---

① Jo Ann McNamara and Suzanne Wemple, "The Power of Women through the Family in Medieval Europe: 500 – 1100", in Mary Erler and Maryanne Kowaleski (eds.), *Women and Power in the Middle Ages*, The University of Georgia Press, 1988, pp. 84 – 85.

政治斗争中获胜，那么她会将反对贵族的财产收缴国库，由她掌管。与国王相比，王后有着更为强烈的危机意识。除了生孩子本身的生命危险之外，王后要提前合理规划她的财富，当突然失去丈夫或儿子等依附对象时，她的财富越多可能面临的危机越大，轻者被偷抢，重者因此丧命，如查理贝特的王后提奥德希尔德。随着法兰克人基督教化进程的推进，王后发现教堂和修道院是确保她财产和人身安全的理想庇护所。因而，在掌握权力之时，王后尽力培植自己的亲信，与主教、公爵和伯爵等结成盟友。

第三章

王后与教会

从墨洛温王后与教会机构的关系来看，她与国王一样慷慨施赠。为了更牢固地确保自己的生存和安全，她与教会人士密切往来，干涉教会职务的选任，大力捐赠教会机构。王室的教堂和修道院首先是王陵，圣徒是王陵的守护神。通过建修道院，王后为自己赢得宗教机构的支持和保护，相当于给自己安上了物质和精神的"双保险"。拉戴贡德建圣克罗伊斯修女院，以至克洛塔尔一世都忍让三分，她的声望也早已越出法兰克国界。克洛蒂尔德更多的是模仿罗马帝国皇后海伦娜，当克洛维一世出征时，她建立教堂和修道院。她晚年住在图尔广施善行，某种程度上是为了加强对法兰克新获领土的管理。鲍尔希尔德重组地方教会机构，慷慨捐赠，建修道院，并授予它们豁免权，她被认为是利用宗教的手段实现其政治目的的圣徒。

第一节　王后与教会人士的冲突与合作

墨洛温王朝前期，神职层级系统相对简单的状况下，王后与主教的关系成为当时社会政治的一大焦点。王后与教会成员总体上是呈合作趋势，但也时有冲突。在这一时期值得一提的王后有拉戴贡德和布伦希尔德。墨洛温王朝后期，除少数王室控制的主教区外，许多主教职位控制在贵族手中，大多数主教出身于贵族阶层，其中一些人本身也是世俗官员，他们作为主教，参与高层政治斗争，有的甚至带兵打仗。因而，王后与教会人士的关系随教会贵族派系的变化而变化。

一　拉戴贡德与普瓦提埃主教的恩怨

克洛塔尔一世的王后拉戴贡德与普瓦提埃主教马罗韦乌斯（Maroveus）的矛盾充分体现了王后与教会人士的关系。他们之间矛盾的根源在于政治利益的冲突，其导火索是马罗韦乌斯拒绝为拉戴贡德安置圣物。

首先，拉戴贡德和马罗韦乌斯的矛盾，在某种程度上体现了王室与地方教会之间的利益争夺。普瓦提埃特殊的地理位置使得这一地区成为教俗统治的纷争之所。普瓦提埃地处法兰克西南部的阿奎丹地区，归波尔多教省管辖。在克洛塔尔一世时期，拉戴贡德最终选定在普瓦提埃建修女院，当时的普瓦提埃地方主教对此也给予了积极支持。在克洛塔尔国王的安排下，由普瓦提埃教区主教平提乌斯（Pientius）和公爵奥斯特拉皮乌斯（Austrapius）迅速完成了该修女院的修建。然后，拉戴贡德拒绝了俗世虚假的甜言蜜语，欣喜地进入了这所修女院。① 格雷戈里称："在国王克洛塔尔时期，圣拉戴贡德和她的共同体成员都服从于主教们。"② 根据格雷戈里的记载，第一任主教平提乌斯是由克洛塔尔任命的；克洛塔尔也安排忠诚于他的公爵奥斯特拉皮乌斯作为平提乌斯的继任者。"在克洛塔尔统治期间，公爵奥斯特拉皮乌斯被接纳为教士，后来他被任命为普瓦提埃教区的尚托索（Champtoceaux）管区主教。"③ 564 年，圣平提乌斯死后，奥斯特拉皮乌斯继任普瓦提埃教区主教一职本是顺理成章之事。然而，561 年克洛塔尔一世死后，普瓦提埃由他的儿子查理贝特管辖。根据查理贝特的命令，当时的圣希拉里修道院院长帕森提乌斯继任普瓦提埃主教职位。④ 大约 568 年，马罗韦乌斯出任普瓦提埃教区主教，他一改以往主教们对待拉戴贡德的态度，选择对其置之不理；而拉戴贡德所建的圣克罗伊斯修女院在她的各种运作下迅速吸引了大批的地方信徒，对圣希拉里崇拜的中心地位造成了明显的威胁。马罗韦乌斯发现这位王后威胁到他的地方利益，动摇了圣希拉里（Hilary，315 ～368 年)⑤ 崇拜的中心地位。

---

① J. McNamara, J. E. Halborg and G. Whatley (eds. and trans.), *Sainted Women of the Dark Ages*, Radegund 2, pp. 88 – 89.

② Gregory of Tours, *The History of the Franks*, IX. 40, pp. 530 – 531.

③ Gregory of Tours, *The History of the Franks*, IV. 18, p. 214.

④ Gregory of Tours, *The History of the Franks*, IV. 18, pp. 214 – 215.

⑤ 圣希拉里于 368 年左右去世，曾为普瓦提埃主教，350 年成为天主教徒，他的父母信仰异教。5 世纪后期在普瓦提埃城郊建立了崇拜圣希拉里的修道院。参见 David Hugh Farmer (ed.), *The Oxford Dictionary of Saints*, Oxford University Press, 1978, p. 210。据说圣希拉里在出任普瓦提埃主教期间捍卫罗马公教，严厉抨击阿里乌信仰，他死后，普瓦提埃民众为了治病去他的墓地朝圣。当时，圣希拉里崇拜常常与图尔的圣马丁崇拜联系在一起。参见 Raymond Van Dam, *Saints and Their Miracles in Late Antique Gaul*, Princeton University Press, Princeton, New Jersey, 1993, pp. 29 – 30。

　　范达姆将拉戴贡德在普瓦提埃的活动称作"6世纪中期圣希拉里崇拜和普瓦提埃主教们突然面临的一个新挑战"[①]。最初，普瓦提埃主教们并未将她的到来当作一种威胁，因为之前也有别的王室妇女寡居后隐退其他城市并成为圣徒崇拜的保护人，然而，后来发现事实并非如此。他们发现这位王后有着强大的教俗关系网，她不仅与巴黎主教日耳曼努斯有密切来往，还充分利用王室的医疗资源，在她的修女院为人治病，帮助穷人，引来了众多的崇拜者。普通大众相信"奇迹"的治愈力量，但与医生治疗并不矛盾，有人甚至认为医生也是"奇迹"制造者。从589年普瓦提埃修女对新的修女院院长柳博韦拉的控诉中，我们知道御医雷奥瓦利斯（Reovalis）作为外科医生与拉戴贡德一起为人治病。[②] 也就是说，她在普瓦提埃的各种宗教活动一直受到国王和其他教区（如巴黎、图尔）主教的支持，她活着时制造的各种"奇迹"吸引了大量的信徒。这些信徒既相信天意，也相信事在人为，这位王后所制造的"奇迹"也增加了圣十字修女院的朝圣经济收入。拉戴贡德因其强大的教会关系网，也时常绕开普瓦提埃主教直接与其他地方主教往来，在一封致拉戴贡德的信中，明显受她请求（包括图尔的尤夫罗尼乌斯和巴黎的日耳曼努斯在内）的七位主教称她为第二位马丁，其中没有一位是普瓦提埃的主教。[③] 因而，帕森提乌斯很快与拉戴贡德产生冲突，并造就了马罗韦乌斯继任主教的局面。[④] 他们对她的宗教活动不再给予支持。

　　在这种情况下，拉戴贡德试图通过自己强大的权力关系网，收集大量圣物来提高圣克罗伊斯修女院的声望，以撼动圣希拉里作为普瓦

---

① Raymond Van Dam, *Saints and Their Miracles in Late Antique Gaul*, p. 30.

② Gregory of Tours, *The History of the Franks*, X. 15, pp. 570 – 571.

③ Ibid., IX. 39, p. 527. 另外五位主教是鲁昂的普雷特克斯塔图斯、南特的费里克斯（Felix）、昂热的多米提亚努斯（Domitianus）、雷恩的维克托里乌斯（Victorius）和勒芒的多姆诺卢斯（Domnolus）。

④ Raymond Van Dam, *Saints and Their Miracles in Late Antique Gaul*, pp. 30 – 33.

提埃崇拜中心的地位。569 年围绕安置圣物，拉戴贡德与马罗韦乌斯的关系进一步僵化，马罗韦乌斯由原来的置之不理转变为明确拒绝。

569 年拉戴贡德派遣教士到东方，他们身上带着西吉贝特国王的书信，登上旅程，并且带回了一些圣物。在安置这些圣物的问题上，拉戴贡德王后和主教马罗韦乌斯发生了分歧，也许是因为拉戴贡德派人出发寻求圣物之前没有预先告知这位教区主教。然而，更重要的原因是她寻回的圣物威胁到普瓦提埃圣希拉里的崇拜，而圣希拉里是马罗韦乌斯的先辈。[1] 罗维森认为，更可能的原因是如果将圣物安置在圣克罗伊斯修女院，那么教区居民接近圣物将受到极大的限制，[2] 因为拉戴贡德的圣克罗伊斯修女院不对外开放。在格雷戈里笔下，马罗韦乌斯是一位了解教区居民需要的主教。马罗韦乌斯请求国王希尔德贝特派人前往制定新税册，解除穷人和病弱者的负担。[3] 当国王贡特拉姆的军队到达普瓦提埃时，马罗韦乌斯打破了教堂里一盏金质的圣杯，熔铸成钱，赎回了他自己和民众。[4] 笔者认为，马罗韦乌斯拒绝为拉戴贡德主持安置圣十字架残木块的原因主要是她威胁到他在普瓦提埃地区的主教权威，因而采取不合作的态度。

这些圣物运到后，这位王后便要求主教马罗韦乌斯以全部应有的尊荣和吟唱圣诗的大礼来安置它们。他断然拒绝这样做，转而骑马去参观他的一处乡间地产。然后，这位王后再次写信给西吉贝特，恳求他命令他的一位主教按照她的誓愿以全部应有尊荣将这些圣物安置在修女院内。西吉贝特责成图尔主教圣尤夫罗尼乌斯完成拉戴

① Raymond Van Dam, *Saints and Their Miracles in Late Antique Gaul*, pp. 31 – 36.
② Barbara Rosenwein, "Inaccessible Cloisters: Gregory of Tours and Episcopal Exemption", in *the World of Gregory of Tours*, ed. by Kathleen Mitchell and Ian Wood, Cultures, Leiden: Brill, 2002, p. 193.
③ Gregory of Tours, *The History of the Franks*, IX. 30, pp. 515 – 517.
④ Gregory of Tours, *The History of the Franks*, VII. 24, pp. 406 – 407.

贡德所要求之事。尤夫罗尼乌斯与他手下的教士来到普瓦提埃。马罗韦乌斯故意离去，但是尤夫罗尼乌斯在圣诗的吟诵声中，在烛光闪烁和香烟氤氲的排场下将该圣物安置在修女院内。[①]

当时的尤夫罗尼乌斯既非普瓦提埃主教，又非波尔多教省的大主教，而是受王命委派的一个图尔主教。布雷南（Brennan）认为，马罗韦乌斯拒不主持这次圣物的安置仪式是要保持普瓦提埃城外的圣希拉里长方形大教堂作为崇拜中心。如果他不出席，那么普瓦提埃城的崇拜中心就不会从圣希拉里转到拉戴贡德的修女院。[②]

此时，我们不能忘记墨洛温国王们对普瓦提埃世俗管辖权的争夺。查理贝特死后，他的兄弟西吉贝特和希尔佩里克展开了对普瓦提埃的争夺。希尔佩里克入侵图尔和普瓦提埃，根据协议这两个地方归属于西吉贝特。[③] 575 年西吉贝特被谋杀，他的遗孀布伦希尔德下嫁给希尔佩里克之子墨洛维，希尔佩里克追击墨洛维时经过普瓦提埃；575～580 年，公爵贡特拉姆·博索将他的女儿们带到普瓦提埃城。当时的普瓦提埃归于西吉贝特之子希尔德贝特，国王希尔佩里克再次攻击普瓦提埃，他的士兵赶跑了国王希尔德贝特，将普瓦提埃伯爵恩诺迪乌斯（Ennodius）押解到他的面前。贡特拉姆·博索将他的女儿们留在圣希拉里教堂，又回到国王希尔德贝特那里。[④] 希尔佩里克与西吉贝特父子对普瓦提埃管辖权的争夺，迫使拉戴贡德缓和与主教马罗韦乌斯之间的关系。尽管，格雷戈里和弗图纳图斯对希尔佩里克与普瓦提埃地方主教之间的密切合作没有记载。

---

① Gregory of Tours, *The History of the Franks*, IX. 40, p. 530.

② Brian Brennan, "St. Radegund and the Early Development of Her Cult at Poitiers", *Journal of Religious History*, XIII, 1985, pp. 340 - 354.

③ Gregory of Tours, *The History of the Franks*, IV. 45, p. 241.

④ Gregory of Tours, *The History of the Franks*, V. 24, p. 289.

因为之后的一些年，拉戴贡德有好几次想获得马罗韦乌斯的帮助，但是一无所获。拉戴贡德和她任命的修女院院长阿格内斯（Agnes）被迫投靠阿尔勒，采纳圣凯撒利乌斯（Caesarius）和圣凯撒利亚（Caesaria）会规。阿格内斯的任职仪式也是由巴黎主教圣日耳曼努斯主持的。本该管辖她们的马罗韦乌斯一直对她们不予理睬，她们只能将自己置于西吉贝特父子的保护之下，他与修女院的不和日渐恶化。

587年拉戴贡德死后，马罗韦乌斯拒绝主持她的葬礼仪式。时任图尔主教的格雷戈里远道而去为她举行葬礼。格雷戈里本人在《奇迹集》中关于该次葬礼有详细记载，他表明他最初不愿意介入拉戴贡德的葬礼，但是面对大众的请求他答应了。他在悼词中写道：

> 神圣的拉戴贡德，我在记载殉教者之书的开头就提到了她，她在完成她俗世的事务之后离开了这个世界。收到她的死讯，我去了她所建立的普瓦提埃修女院。我发现她躺在棺材里，她的圣容如此明亮以至超过百合和玫瑰之美。站在棺材周围的是一大群修女，约有200人，她们因拉戴贡德的布道和养育而皈依这种神圣生活。就社会地位而言，她们不仅出身元老，一些甚至出身王室；现在她们因循自己虔信的修道会规而繁荣。她们站在那里哭诉着说：神圣的母亲，你怎么抛下我们这些孤儿？你将我们这些弃儿托付给谁？我们已经离开我们的父母，丢弃我们的财产，离开我们的家园，执意追随你。[1]

与上次安放圣物的仪式不同的是，格雷戈里主持葬礼并非国王委

---

① 转引自 Thiébaux Marcelle（trans. and intro.），*The Writings of Medieval Women: An Anthology*, pp. 90 – 91。

派，而是"大众的请求"；他的前任尤夫罗尼乌斯代替马罗韦乌斯主持圣物安放，并未提及对马罗韦乌斯的任何愧疚，而格雷戈里却给马罗韦乌斯留有足够的机会，他将安魂弥撒后的封墓仪式留给马罗韦乌斯，希望他能出席，但是马罗韦乌斯始终没有出现。他描述，当葬礼队伍通过时，修女们全挤到城垛和城楼上的窗口。葬礼结束后，回到修女院，修女院院长和修女们带着格雷戈里参观了拉戴贡德读书和祈祷的地方。修女院院长怀着悲痛的心情向他出示了拉戴贡德曾经跪过的垫子、读过的书和用过的纺车。宝多妮维雅也详细描写了拉戴贡德的入殓仪式。"他们推迟了三天等待这位主教（指马罗韦乌斯）的到来，但是他没有来，前面提及的使徒（指格雷戈里）相信'伟大的爱使人无畏'，他将她带到圣玛丽的长方形大教堂内，将她安葬于此。"从中侧面反映出，马罗韦乌斯在与拉戴贡德争夺普瓦提埃的地方宗教权威时，最后妥协的是拉戴贡德所建的修女院。而修女院的优势随着拉戴贡德王后的去世逐渐消失了。另外，我们不得不承认的一个事实是，马罗韦乌斯并没有受到圣十字残片所给予的诅咒，这充分说明此时的拉戴贡德在地方上的宗教权威非常有限，而扩大她在普瓦提埃的宗教影响力是她的首要任务。

拉戴贡德死后，修女院院长阿格内斯再次乞求马罗韦乌将拉戴贡德的修女院置于他的关怀之下。马罗韦乌斯前往国王希尔德贝特二世那里，获得了一份准予他依例管辖该修女院的证书（written statement），其权限类似于他对普瓦提埃教区的其余修道院的管辖权。① 在处理拉戴贡德和马罗韦乌斯之间的矛盾时，我们看到格雷戈里的普遍原则遭受了挑战。他所强调的教区主教的权威是延续已久的社会秩序准则，充任该职位的全部是男性。按此种社会秩序，即便是拉戴贡德这样的女圣徒也应该理所当然地服从于教区主教的管辖，而

---

① Gregory of Tours, *The History of the Franks*, IX. 40, pp. 529 – 531.

拉戴贡德活着时的普瓦提埃修女院明显是一块飞地。此时，他将这种纠纷归结为马罗韦乌斯的傲慢无礼，从而巧妙地解决了这一现实困境，有效地维护了拉戴贡德的声望。这其实也侧面反映了格雷戈里的个人忠诚倾向，因为，拉戴贡德也是支持他事业发展的重要人物之一。

纵观拉戴贡德与马罗韦乌斯之间的紧张关系，我们要特别注意以下两个问题。一是拉戴贡德作为王后获得了整个高卢教区主教们的广泛支持，但是一直得不到马罗韦乌斯的认可，其中的奥妙到底在哪儿？笔者认为主要是墨洛温三个分王国在普瓦提埃地区的政治利益使然，也体现了墨洛温王朝对地方的治理方式，其中不仅有安插自己的世俗官员伯爵等，而且还有与地方主教合作，影响地方主教的选举。如前所述，普瓦提埃教区在当时属波尔多教省管辖，当时真正有实权的大主教都来自波尔多、科隆和图尔三大地区。在判决普瓦提埃修女反叛时，希尔德贝特派使臣去见贡特拉姆，建议两个王国的主教们召开宗教会议。希尔德贝特派出的人员有图尔主教格雷戈里、科隆主教埃布雷吉赛尔（Ebregisel）、普瓦提埃主教马罗韦乌斯；贡特拉姆派出的是波尔多教省主教贡德吉赛尔（Gundegisel）[1]。在格雷戈里的墨洛温王朝谱系中，592年贡特拉姆去世后，勃艮第王国由希尔德贝特接管。也就是说，592年之前，马罗韦乌斯既受希尔德贝特王国的管辖，又受贡特拉姆王国的波尔多主教管辖。希尔佩里克死后，他在普瓦提埃的影响突然消失了，代之而起的是国王贡特拉姆的影响。然而，我们知道这一时期墨洛温王国仍然是三个分王国。可能此时的弗雷德贡德王后和她的儿子克洛塔尔二世在三方纷争中处于劣势，而主要成为贡特拉姆和希尔德贝特的争夺。此时的拉戴贡德为了在世俗纷争中确保自己的宗教威望，采用与世隔绝的凯撒利乌斯修道会规。在采用该会规之时，拉戴贡德很可能已经与周围主教们达成协议，如果

---

[1]　Gregory of Tours, *The History of the Franks*, X. 15, pp. 568 – 570.

有修女离开修女院，她们将被永远革除教藉。因为，512～534 年的凯撒利乌斯修女会规中规定：

> 修女院的许多事情似乎与修道院不同，所以我们从中选出几条，年长者和年幼者应遵照此会规生活，努力在精神上履行她们认为特别适合她们性别的事情。这些规训适应你们的圣灵：
>
> 如果一个离开她父母的女孩希望弃绝俗世，进入神圣的羊栏（即修女院），那么，在上帝的帮助下，她可以免受精神迫害（the jaws of spiritual wolves），但至死都不准离开修女院，甚至不能再进入（修女院之外的）教堂，即便她能望见该教堂之门。①

阿尔勒的修女院院长凯撒利亚与拉戴贡德一直有信件往来，她曾经告诫拉戴贡德"不要允许不识字的人进入修女院"②，"如果你希望守卫自己的贞洁就尽量不要暴露在男性面前；如果你摆脱不了男人，你就不能战胜欲望"③。

我们看到即便在拉戴贡德的葬礼上，她的修女院的修女们也是站在围墙上观望。④ 在七位主教写给拉戴贡德的书信中指出，一名修女离开修女院犹如"夏娃被驱逐出伊甸园"，她将遭受革除教籍的严厉惩罚。⑤ 589 年普瓦提埃反叛的修女们徒步去找国王，途中没有一个

---

① Emilie Amt（ed.），*Women's Lives in Medieval Europe：A Source Book*，London and New York：Routledge，1993，p. 184.

② Yitzhak Hen，*Culture and Religion in Merovingian Gaul，481 – 751*，p. 39.

③ Suzanne Fonay Wemple，*Women in Frankish Society：Marriage and Cloister，500 – 900*，p. 147.

④ J. McNamara，J. E. Halborg and G. Whatley（eds. and trans.），*Sainted Women of the Dark Ages*，Radegund 2. 24，p. 103.

⑤ Gregory of Tours，*The History of the Franks*，IX. 39，pp. 526 – 529.

人供给她们粮食，这些都说明拉戴贡德所建的这所修女院实际上相当于普瓦提埃的一块飞地。王后拉戴贡德试图凭借这块飞地，利用自己的关系对普瓦提埃甚至整个墨洛温王国的信仰产生影响，体现的是一种王者之气。

二是关于拉戴贡德修女院和圣希拉里修道院的关系问题。这所新建的修女院有着过硬的政治后台，威胁了圣希拉里的中心地位。只要进入这所修女院，即便国王要求她还俗都会被拒绝。584年希尔佩里克打算将其与奥多韦拉所生之女巴西娜（580年左右被安置在普瓦提埃修女院）送到西班牙，遭到拉戴贡德的拒绝。她说："一个已经献身给基督的少女又回到尘世的享乐中去，这是不适宜的。"①而这位巴西娜就是后来的普瓦提埃反叛中的领导者之一。格雷戈里在其作品中只字未提拉戴贡德在世时圣希拉里的修道院院长和修士们对她的修女院的态度。安置圣十字残片和为拉戴贡德举行葬礼这两个重大场合，也没有提及圣希拉里的修道院院长和任何修士参与。这样一个小小的普瓦提埃城，如果两处圣所没有什么世仇的话怎么可能互不往来？然而，我们还发现格雷戈里记载了一个片段，那就是拉戴贡德修女院里的女隐士从墙上跳下去，逃到圣希拉里教堂②。我们还发现，国王查理贝特和他的父亲克洛塔尔一世支持的普瓦提埃主教人选是不一致的，但他们都出自圣希拉里修道院。当我们继续追踪格雷戈里的记载时，发现唯一一次提及的圣希拉里修道院院长是波尔卡里乌斯（Porcarius），他是马罗韦乌斯派去拜见波尔多主教等人的，要求他们在给予修女们教籍以后，准许他前去向她们当面解释。③德国学者沙因贝利特（Georg Scheibelreiter）认为，波尔卡里乌斯之所以同意充当谈判者是因为他害怕中断了宗教

① Gregory of Tours, *The History of the Franks*, VI. 34, pp. 364–365.
② Gregory of Tours, *The History of the Franks*, IX. 40, p. 532.
③ Gregory of Tours, *The History of the Franks*, IX. 43, pp. 538–539.

生活而亵渎教堂。① 而当我们回看拉戴贡德和马罗韦乌斯的恩怨之时，我们或许会明白这种恩怨其实是以他们为首的两个地方崇拜中心之间的斗争，是一种地方政治利益的争夺。

二　布伦希尔德与圣哥伦班和圣德西德里乌斯

如果说王后拉戴贡德是通过宗教的行为维持自己的政治地位的话，那么布伦希尔德就是通过确保她的男性子嗣的王位继承而保持王后的政治影响力。也是因此，布伦希尔德与圣哥伦班和维恩主教圣德西德里乌斯之间产生了冲突和分歧。

哥伦班出生于爱尔兰的伦斯特城，590 年到大陆传教。他和他的爱尔兰同伴到达法兰克大陆时，改善道德生活的教会改革已经展开。哥伦班进入了图尔的格雷戈里所描述的那个世界，但"他（哥伦班）在高卢没有遇到修道沙漠"②。此时的修道思想是整个高卢社会宗教的一部分，也是变革和发展的代表。"修道思想在 5 世纪以前的高卢已经确立。第一批修道院出现在利居热（Ligugé，属普瓦提埃）和马尔穆提埃（Marmoutier）。"③

哥伦班到达大陆后首先受到了国王贡特拉姆的欢迎。④ 592 年贡特拉姆死后，他的国土归布伦希尔德和她的儿子希尔德贝特所有，他们成为赠予哥伦班土地的最大支持者。哥伦班与一些爱尔兰传教士在

①　Brian Brennan, "St. Radegund and the Early Development of Her Cult at Poitiers", p. 353, n. 68.

②　Yaniv Fox, *Power and Religion in Merovingian Gaul: Columbanian Monasticism and the Frankish Elites*, Cambridge University Press, 2014, p. 9.

③　Ian Wood, *The Merovingian Kingdoms 450 – 751*, p. 181.

④　Ian Wood, "Jonas, the Merovingians and Pope Honorius: Diplomata and Vita Columbani", in A. C. Murray (ed.), *After Rome's Fall Narrators and Sources of Early Medieval History*, Toronto, Buffalo and London, 1998, p. 106.

远离城市的偏远农村建立了大量修道院。哥伦班倡导修道院不受主教控制的管理制度，他所建立的各所修道院相对独立。

哥伦班的活动或许应该被视为布伦希尔德和她的孙子们改革的新高潮，因为在贡特拉姆死后，他们发起了更激烈的教会改革。提奥德里克和布伦希尔德似乎很乐意将哥伦班作为他们的"私人"圣徒，以便加强他们的王室地位。[①] 可能布伦希尔德母子对哥伦班的支持比贡特拉姆更胜一筹。大格里高利的书信中提到奥古斯丁等人去盎格鲁传教途经法兰克，请求布伦希尔德到时候给予支持，并提到派卡迪杜斯去接管罗马在高卢的遗产。[②] 这些都表明布伦希尔德对教会事务有着直接的管理。

596 年，希尔德贝特死后，他的两个儿子提奥德贝特二世和提奥德里克二世共同继承了他的王国，前者获得了奥斯特拉西亚，后者获得了勃艮第。他们在布伦希尔德王后的监护下继续支持哥伦班的修道活动，因为哥伦班所建的修道院对他们有着重要的政治意义。安尼格雷（Annegray）和卢克瑟修道院坐落在奥斯特拉西亚和勃艮第两个王国边界的两侧。希尔德贝特和他的儿子提奥德里克二世希望通过它们加强对东北部新获得的国土的控制。勃艮第的大多数修道院坐落于罗纳河谷，那里是城市密集的富庶之地。[③] 孚日（Vosges）处于墨洛温法兰克的东部边境，历来是兵家必争之地。哥伦班等人在王室和乡村贵族捐赠的土地上建立了大批修道院。修道院的最高职务修道院院长一职大多由资助捐赠家族的成员担任，它们有自己的实体经济。

四面八方的贵族子弟力求来到哥伦班所建的修道院，鄙视俗世

---

① Y. Hen and R. Meens (eds.), *Bobbio Missal: Liturgy and Religious Culture in MerovingianGaul*, Cambridge University Press, 2004, p. 164.

② https://epistolae.ccnmtl.columbia.edu/letter/328.html, 2017 年 3 月 22 日。

③ J. Kreiner, "About the Bishop: The Episcopal Entourage and the Economy of Government in Post-Roman Gaul", pp. 321 - 360.

的荣华富贵，追求永恒的回报。哥伦班预料，人们为了忏悔将从四
面八方涌入此地，一所修道院很难容纳如此多的皈依者。……因此，
又在另一个有充足水源的地方建了第二所修道院，他为其取名为
方丹尼。他将那些信仰虔诚之人安置于此。他让一帮修士定居在
这些地方，他在两所修道院之间轮流居住。……哥伦班去了方丹
尼修道院，找了 60 名修士松土，为耕作作准备。①

　　他们将这些收入分发给周围的居民，吸引他们加入其修道共同
体。哥伦班派的修道院很快变得富有，成为地方管理的一大机构。不
到 20 年的时间，哥伦班的影响力迅速扩大。据称，当时"受哥伦班
影响的贵族名单看起来像是一个法兰克贵族花名册"②。布伦希尔德
试图利用他的宗教影响力来巩固她的政治地位。这位老王后打算让哥
伦班为提奥德里克的儿子们祈福，支持他们合法享有王国继承权。然
而，哥伦班拒绝了，这激怒了布伦希尔德。作为哥伦班的金主，布伦
希尔德不仅没有得到他的效忠，还培植起一些影响王国政治的地方教
会贵族。于是，布伦希尔德"立即策划这位圣人的倒台。她向卢克
瑟修道院附近的居民下令，所有的修士都不许离开修道院，也不允许
有任何避难或帮助之所"③。
　　当时的勃艮第国王提奥德里克为了争取哥伦班的效忠，充当着他
的祖母和哥伦班之间的调和者。在此，我们甚至能够感觉出王后和国

---

① http：//sourcebooks. fordham. edu/halsall/basis/columban. asp. *Vita Columbani*，I，
　chaps. 17，28，2017 年 4 月 8 日。

② P. J. Geary，*Before France and Germany：The Creation and Transformation of
　Merovingian World*，New York：Oxford University Press，1988，p. 172. 又见 Paul
　Fouracre（ed.），*The New Cambridge Medieval History*，*c. 500 - c. 700*，Vol. 1，
　p. 382.

③ J. M. Wallace-Hadrill（trans.），*The Fourth Book of the Chronicle of Fredegar*，
　chap. 36，p. 24.

王对哥伦班的恩威并用。提奥德里克得到哥伦班到来的消息以及得知他与布伦希尔德之间发生的冲突后，向哥伦班赠送礼物表示歉意。

> 他下令按王室的规模准备礼物并送给这位上帝之人。上帝的仆人们遵命去将这些礼物送给哥伦班，他看了一眼送给他的那些王室奢华的盘子和高脚杯，询问他们的来意。他们回答道："国王命令将它们带给你。"但是，哥伦班诅咒着将他们推了下去，说："据记载，万能的主责备这些不虔诚的礼物。上帝仆人们的唇不会因一个人少量而美味的食物而玷污，他否认他们，不仅否认他们自己的家也否认别人的家。"在说这些话的时候，花瓶被打碎，酒和苹果汁洒在地上，到处都混乱不堪。这些受惊吓的仆人匆忙去告诉国王所发生之事。当拂晓时分，国王提奥德里克与他的祖母惶恐地去见这位上帝之人并乞求他的原谅，承诺未来将好好相处。通过这些协议和解，哥伦班回到了他的修道院。……但是他们的协定并没有维持多久。布伦希尔德再次激起国王对哥伦班的愤怒，她造成了他的所有不幸。她请求贵族、宫廷官员和所有大亨影响国王去反对这位上帝之人，与主教们联合使他在业界名声扫地，质问他强加给他的修士们的会规。……国王离开，留下一个名叫鲍杜尔夫（Baudulf）的贵族，他立即将这位圣人赶出他的修道院，将他流放到贝桑松城镇直到这位国王消气为止。……当布伦希尔德和提奥德里克听说他（哥伦班）离开流放地时，很生气，立即派遣一支队伍去追捕他。①

大约在哥伦班被驱逐的同时，维恩主教德西德里乌斯被谋杀。据

---

① J. M. Wallace-Hadrill (trans.), *The Fourth Book of the Chronicle of Fredegar*, chap. 36, pp. 24 – 27.

《德西德里乌斯传》记载，这位主教之死也是因为他与王室不合作，与哥伦班一样，谴责国王没有合法的王后。

603 年，在里昂主教阿里迪乌斯（Aridius）和布伦希尔德的唆使下，在夏龙召开的宗教会议上罢黜了维恩主教德西德里乌斯的教职。该教区交由多姆诺卢斯（Domnolus）管辖，德西德里乌斯被流放到一座岛上。① 607 年，德西德里乌斯从流放中返回。国王提奥德里克遵照鲁昂主教阿里迪乌斯和布伦希尔德的建议，将德西德里乌斯用乱石砸死。②

> 这时提奥德里克和布伦希尔德不仅迁怒于哥伦班，而且迁怒于圣人维恩主教德西德里乌斯。他们将后者流放之后，对他干了更邪恶的事情，最后，他们授予他光荣的殉教式的死亡。凭他的行为，我在前面已经讲过，凭他遭遇的不幸，他称得上是上帝身边的一个光荣的典范。③

613 年布伦希尔德被处决后，（王后弗雷德贡德之子）克洛塔尔二世将德西德里乌斯的圣体公开转移到维恩的圣彼得教堂。④ 乔纳斯称，德西德里乌斯封圣的理由是他的圣行和他的不幸之死。因此，给人造成这样一种印象：这两位圣徒的不幸似乎都因王位继承问题冒犯了小国王和他的祖母，布伦希尔德成为杀害圣人的邪恶王后。

当下学界对于哥伦班被布伦希尔德驱逐的原因进行了探讨，有的说关键原因在于他拒绝为国王的私生子祈福冒犯了布伦希尔德和国

---

① J. M. Wallace-Hadrill（trans.），*The Fourth Book of the Chronicle of Fredegar*, chap. 24, p. 15.

② J. M. Wallace-Hadrill（trans.），*The Fourth Book of the Chronicle of Fredegar*, chap. 32, p. 21.

③ http://sourcebooks. fordham. edu/halsall/basis/columban. asp，2017 年 4 月 8 日。

④ Ian Wood, *The Merovingian Kingdoms 450 – 751*, p. 142.

王，失去了王室的支持，有的说主要是他与当时的教会不和，受到教会的排挤。关于私生子的问题前面我们已经提及，其实质是一个政治斗争的武器。伊扎克·汗指出，对于哥伦班而言，他所关心的是推进修道思想而不是异教族群的皈依[1]，这种修道思想威胁到教会内部的利益。而弗拉克里和格伯丁认为，"爱尔兰修道理念不仅吸引人苦修，而且将传教搞得风生水起"[2]。教会与哥伦班在劝人皈依公教方面有着共同的目标，不仅没有威胁到教会的利益，而且有助于法兰克基督教化的推进。伍德等人认为，当下学界夸大了爱尔兰与大陆之间的差异，夸大了圣哥伦班与墨洛温统治者之间的不和以及与大陆教会关于复活节的推算争议。华莱士－哈德里尔表明法兰克教会的复活节向来都不是统一的。[3] 图尔的格雷戈里记载，在 590 年，图尔遵循的是拉丁日期四月二日，而高卢的另一些地区庆祝的是希腊日期的三月二十六日。

> 出现了关于复活节的争议。因为，维克托里乌斯编排的周期表中写着复活节应该在望月之后的第 15 天庆祝，为了使基督徒不与犹太人在望月之后的同一天内庆祝复活节，维克托里乌斯又补充道："罗马教会在第 22 天庆祝。"结果高卢的许多人在第 15 天庆祝复活节，但是我自己保持在第 22 天举行庆祝活动。[4]

从格雷戈里的记载看出，墨洛温在仪式和节日方面向来都是五花八门的。尤斯坦西乌斯承认祈福在卢克瑟随处可见，但这一习俗对墨

---

[1] Yitzhak Hen, *Culture and Religion in Merovingian Gaul*, *481 – 751*, p. 17.

[2] Paul Fouracre and Richard A. Gerberding, *Late Merovingian France*, p. 147.

[3] J. M. Wallace-Hadrill, *The Frankish Church*, pp. 118 – 122.

[4] Gregory of Tours, *The History of the Franks*, X. 23, pp. 581 – 582.

洛温统治者是有用且毫无冒犯的，统治者们接受这一习俗。这种多样性被黑暗时代的教会全盘接受，"他们并不担心哥伦班从家乡带来的这种便携式祭坛"[1]。

笔者认为，哥伦班被驱逐的原因主要在于他在法兰克大陆迅速发展起来的宗教影响力引起了教俗统治者的恐慌，而他又似乎与两者都不太合作，他的修道院游离于主教和王国的控制之外。他的修道机构和修道理念对于在政治上没有多少优势的人而言，是一个不错的选择。丕平家族正是利用了这一点，在墨洛温王朝后期迅速崛起。

三　鲍尔希尔德与法兰克教会贵族

鲍尔希尔德摄政时期，法兰克贵族势力凸显，他们与鲍尔希尔德共同推进了法兰克王国的教会改革。鲍尔希尔德参与宫廷年轻贵族的培训，储备了一批支持她的教俗人士，这一政策主要因循墨洛温先辈国王的治国策略；她于660年左右，不仅将巴黎的圣丹尼斯和圣日耳曼、苏瓦松的圣梅达德、森斯的圣彼得、奥尔良的圣安尼和图尔的圣马丁变成了修道院，而且与法兰克教会贵族共同兴建了大批修道院。

613年，克洛塔尔二世在勃艮第宫相沃纳奇和奥斯特拉西亚贵族丕平一世及阿努尔夫的邀请下，最终铲除了布伦希尔德及其后代，统一了法兰克王国。克洛塔尔二世派尤斯坦西乌斯去博比奥，提议让哥伦班回法兰克。[2] 此时，哥伦班所建的修道院大多已经归邻近的主教们掌控，哥伦班修道群体被纳入了法兰克王国教俗权威控制之下。哥伦班所建的修道院为墨洛温王室提供巩固地方统治机会的同时，也培养起一批奉行哥伦班修道思想的法兰克教会贵族。

---

① Ian Wood, "The Vita Columbani and Merovingian Hagiography", pp. 63 – 80.

② http：// sourcebooks. fordham. edu/halsall/basis/columban. asp，2017 年 4 月 7 日。

　　王后鲍尔希尔德支持法兰克教会贵族所建的修道院，进一步推广哥伦班所创立的"男女双修"修道模式。613 年之后，克洛塔尔主要管辖纽斯特里亚，奥斯特拉西亚和勃艮第由各自的宫相管理。沃纳奇成为勃艮第宫相，但是奥斯特拉西亚的宫相却成了亲纽斯特里亚的贵族拉多（Rado）。① 像卢克瑟这类的修道院转到地方家族手中，受哥伦班影响的法兰克贵族纷纷在自己的领地上建起了修道院。600～649 年法兰克和比利时境内新建了 102 所修道院。例如：617 年莫城建立了法利穆提埃男女双修的修道院；约 641 年莱昂建立了最大的修女院。657 年修道院院长沃尔德伦（Waldelen）允许他妹妹和她的修女们从邻近的多尼阿提（Dorniaticum）迁入，贝尔泽（Bèze）成为一所男女双修的修道院。② 这些男女双修的修道院建立在缪斯河 - 塞纳河 - 索姆河一带。

表 1　500～749 年法兰克与比利时新建的修道院

年份	新建修道院总数（所）	男修道院（所）	修女院（所）	修女院所占比例（%）
500～549	108	100	8	7.4
550～599	156	137	19	12.2
600～649	102	77	25	24.5
650～699	159	107	52	32.7
700～749	63	55	8	12.7

　　（该数据统计资料引自 Jane Tibbetts Schulenburg, "Female Sanctity: Public and Private Roles, ca. 500 - 1100", in Mary Erler and Maryanne Kowaleski (eds.), *Women and Power in the Middle Ages*, The University of Georgia Press, 1988, p.107。）

　　从表 1 可知，7 世纪是修道院尤其是修女院发展的黄金时期，有约 1/3 的修女院建成，规模大小不等，但小型的居多，主要由寡妇、

---

① J. M. Wallace-Hadrill (trans.), *The Fourth Book of the Chronicle of Fredegar*, chap.42, p.35.

② Suzanne Fonay Wemple, *Women in Frankish society: Marriage and Cloister, 500 - 900*, pp.160 - 162.

女孩的父母和主教们为他们的女性亲属建立。到 680 年哥伦班派的法兰克教会贵族在法兰克建立了 29 所修道院。[1]

657 年鲍尔希尔德王后摄政，此时的法兰克贵族势力已经相当强大。宫相厄奇诺尔德本身就是她政治生涯的引进人。成为王后之后，鲍尔希尔德在依靠厄奇诺尔德的政治势力的同时，积极争取与努瓦永主教艾里基乌斯建立关系。因为这位主教在当时有着强大的教俗关系网，而且是与宫相家族对立的一派。艾里基乌斯与鲁昂主教奥多因有着非常深厚的友谊。630 ～ 635 年出任卡奥尔（Cahors）主教的德西德里乌斯在一封著名的致鲁昂主教奥多因的书信中回忆了他在宫廷的朋友圈。这一群体包括德西德里乌斯和他的两个兄弟、鲁昂主教奥多因、努瓦永主教艾里基乌斯、凡尔登（Verdun）主教保罗以及布尔日主教苏尔皮西乌斯。[2] 他这样写道：

> 我们彼此之间与我们的艾里基乌斯拥有的往日情谊仍然未变，犹如往日那样亲密如兄弟。我默默地祈祷我们在天国能够生活在一起，就像我们在地上的王宫那样。[3]

他们在政治和道德上的相互支持。这些年轻贵族离开宫廷后成为教会的显要人物，他们将自己年轻时在宫廷的友谊和交往圈延续到各自所管辖的教区，将整个高卢的教会机构变成宗教文化活动中心，因而，此时的教会机构拥有了当年他们在宫廷生活的影子。

王后鲍尔希尔德也与鲁昂的奥多因家族建立联系。她从茹阿尔请

---

[1]　Yaniv Fox, *Power and Religion in Merovingian Gaul: Columbanian Monasticism and the Frankish Elites*, p. 2.

[2]　Paul Fouracre (ed.), *The New Cambridge Medieval History*, Vol. 1, p. 383.

[3]　Norberg (ed.), *Epistulae Sancti Desiderii*, Studia Latina Stockholmiensia Ⅵ, Uppsala, 1961, nos. Ⅰ. 11, p. 30.

来修女并由贝蒂拉（Bertila）出任谢尔的第一任女修道院院长。贝蒂拉来自苏瓦松地区的贵族家庭，从童年时就在茹阿尔当修女，而茹阿尔的建立者阿多（Ado）是奥多因（也称达多 Dado）的兄弟。① 奥多因父子与达戈贝特的宫廷有着紧密的联系。奥多因的父亲是贵族出身，曾与妻子艾噶（Aiga）于 610/611 年款待过圣哥伦班。②

> 阿多在修道秩序中发展，寻求宗教生活，他轻视世俗的怨恨。拉多被任命为宫廷财富的监管人，获得了极高的世俗官职。出于对上帝的敬畏和慷慨救济，他坚守并充任高官。尊者奥多因，也称达多，被提升为主教，去了主教教堂，并获得了王室的认可。他长期履行他的义务。③

《弗雷德加》记载的 636 年所发生的一件小事充分说明奥多因在当时的社会地位。

> 布列吞国王朱迪卡尔（Judicael）再次带着大量礼物去克里希请求国王达戈贝特的宽恕……然而，他拒绝和达戈贝特坐在一起吃饭，因为他是有信仰的，对上帝充满了敬畏。当达戈贝特坐在餐桌旁时，朱迪卡尔离开宫廷到秘书官达多的府邸吃饭去了。他知道达多引领着一种宗教生活。④

奥多因家族与莫城主教博贡多法罗家族也有联系，他们二人是同

---

① Paul Fouracre and Richard A. Gerberding, *Late Merovingian France*, p. 109.

② http://sourcebooks.fordham.edu/halsall/basis/columban.asp, 2017 年 4 月 7 日。

③ Vita Audoini Episcopi Rotomagensis, 1. in Paul Fouracre and Richard A. Gerberding, *Late Merovingian France*, p. 154.

④ J. M. Wallace-Hadrill（trans.）, *The Fourth Book of the Chronicle of Fredegar*, chap. 78, p. 66.

僚，服务于达戈贝特一世的宫廷。弗拉克里和格伯丁认为，奥多因家族是塞纳河上游和瓦兹河谷一带的法兰克贵族。该家族依附于纽斯特里亚国王，在当地有极大的影响力。① "丹尼斯不仅是圣丹尼斯修道院的庇护者（patron），也是墨洛温家族的'特殊庇护者'。"② 伯爵万宁（Waning）在他自己的土地上建立了费康（Fécamp）修道院。圣奥多因和圣万德利为该修道院举行揭幕圣礼，在它开放不久后，就被奥多因的盟友埃布罗因用来关押政敌圣留德加。③

　　鲍尔希尔德进入克洛维二世的宫廷之后，继续执行墨洛温先辈国王们培育宫廷青年贵族子弟的治国策略，培养出一批支持她的主教和贵族，为她在摄政时期进行的教会改革培养出得力的助手。法兰克贵族送他们的子弟到国王的宫廷接受教育在整个墨洛温时期都有证明。奥斯特拉西亚贵族罗马里克（莱兰修士）小时候在提奥德贝特二世的宫廷接受教育④，他的父亲罗姆尔夫（Romulf）出身于阿奎丹的罗马望族，他的爷爷是香槟公爵卢普斯，他的叔叔亚哈尼（Iohannes）继承了他爷爷的职位，出任香槟公爵。罗姆尔夫是梅斯宫廷的高官，后来出任兰斯主教。612 年提奥德贝特二世被杀之后，他的父亲罗姆尔夫被处决，他的土地被勃艮第国王（提奥德里克二世）和他声名狼藉的祖母（布伦希尔德）霸占。⑤ 613 年后罗马克里的人生有了转机。620 年，在尤斯坦西乌斯的学生阿曼图斯的帮助下，

---

① Paul Fouracre and Richard A. Gerberding, *Late Merovingian France*, p. 139.

② Richard A. Gerberding, *The Rise of the Carolingians and the Liber Historiae Francorum*, p. 149.

③ Paul Fouracre, "The Work of Audoenus of Rouen and Eligius of Noyon in Extending Episcopal Influence from the Town to the Country in Seventh-Century Neustria", *Studies in Church History*, Vol. 16, 1979, pp. 77 – 91.

④ Yaniv Fox, *Power and Religion in Merovingian Gaul: Columbanian Monasticism and the Frankish Elites*, p. 11.

⑤ Vita Romarici, c. 3, p. 222, 转引自 Yaniv Fox, *Power and Religion in Merovingian Gaul: Columbanian Monasticism and the Frankish Elites*, pp. 90 – 91。

罗马里克（Romarich）在摩泽尔河畔的地产哈本杜姆（Habendum）上建立了雷米雷蒙（Remiremont）修道院，该修道院是"哥伦班派修士和地方精英两股力量合作的结果"①。它的第一任修道院院长是阿曼图斯，阿曼图斯死后，罗马里克自己加入卢克瑟修道共同体，接管了雷米雷蒙。

许多主教和修道院院长甚至修道院资助者，他们年轻时都像罗马里克一样曾在王宫生活并接受教育。王后作为王子们的教育承担者，与这些人有着紧密的联系。修道院院长阿雷迪乌斯（Aredius）在青年时期就被送到提奥德贝特国王（533～548年在位）的宫廷，成为依附于王室的少年贵族之一。②达戈贝特一世少年时在他父亲的宫廷学校中与来自全法兰克的年轻贵族们一同接受这种宫廷教育。如此一来，达戈贝特一世的宫廷云集了大批年轻贵族，他们作为宫廷文化的受众、创造者以及在随后的传播中起着至关重要的作用。他们形成一种强烈的友谊意识。在宫廷内他们舞文弄墨，诗书比拼是一种娱乐；出了宫廷，诗歌和书信就成为他们传递社会政治讯息的主要方式。633年以后，诺森伯里亚国王埃德温（Edwin）的寡妻－王后埃塞尔伯格（Ethelberga）送她的两个儿子到她的朋友法兰克国王达戈贝特一世的宫廷去。③

鲍尔希尔德摄政时期，接受宫廷教育的年轻贵族大多数由王室提名担任教会的高级职务，他们与王后有着密切关系。这一联系不仅满足了贵族对政治权力的渴望，而且也将贵族置于王国的控制之下。朱米耶吉斯的菲利贝特被他父亲埃尔（Aire）主教菲利鲍尔德（Filibald）放在达戈贝特的宫廷。④ 在那里，菲利贝特结识了鲁昂主

① Yaniv Fox, *Power and Religion in Merovingian Gaul*: *Columbanian Monasticism and the Frankish Elites*, p. 12.

② Gregory of Tours, *The History of the Franks*, X. 29, pp. 589 – 590.

③ Bede, *A History of the English Church and People*, II. 20, Penguin Books, 1965, p. 139.

④ Yaniv Fox, *Power and Religion in Merovingian Gaul*: *Columbanian Monasticism and the Frankish Elites*, p. 38.

教奥多因。他很快进入奥多因家族建立的勒拜（Rebais）修道院[1]，投奔修道院院长安吉鲁斯（Agilus），菲利贝特平步青云爬到了修道院的上层，最终被任命为勒拜的第二任修道院院长。宫廷的联系是有用的，奥多因任鲁昂主教时帮助菲利贝特向克洛维二世和王后鲍尔希尔德申请到城市不远处的一块地，654 年菲利贝特在那里建立朱米耶吉斯修道院（实行男女双修制度），随着修士人数的增长，朱米耶吉斯男女修士被分开，修女们被帕维伊的修女院吸纳，奥斯特贝特（Austreberta）任修女院院长。[2] 里昂主教奥尼穆德曾在达戈贝特和克洛维二世的宫廷长大。[3]

本书在前面已经讨论过这位里昂主教对王后鲍尔希尔德的声誉造成的不良影响。在此，笔者要强调的是奥尼穆德曾经也是鲍尔希尔德的支持者。他的家族当时在里昂是最强大的地方势力，他也是王后鲍尔希尔德之子克洛塔尔三世的教父。而在王子的洗礼问题上，王后历来起着决定性的作用。

> 依靠国王和他的随从们，他（奥尼穆德）受到了如此高的尊重以至无论他向他们要求什么都会被满足。除非靠他（奥尼穆德）向国王克洛塔尔三世亲自请求，否则没有人能获得他们自己的利益。克洛塔尔三世在神圣的领洗池旁成为奥尼穆德的教子。[4]

另外，与鲍尔希尔德并称为教会改革第一阶段领军人物的是丕平

---

① 关于勒拜修道院的建立者和所有权归属问题的详细讨论见 Paul Fouracre and Richard A. Gerberding, *Late Merovingian France*, pp. 142 – 143。

② Paul Fouracre and Richard A. Gerberding, *Late Merovingian France*, pp. 147 – 149.

③ Paul Fouracre and Richard A. Gerberding, *Late Merovingian France*, p. 180.

④ Paul Fouracre and Richard A. Gerberding, *Late Merovingian France*, p. 182.

家族。鲍尔希尔德曾安插圣万德利的修士厄尔姆贝特（Erembert）做图卢兹主教。① 丕平二世（Pepin the Middle，死于714年）正是通过鲁昂附近的圣万德利进入纽斯特里亚教会结构当中，从而与鲁昂地区最有权势的阿思弗雷德（Ansfled）家族联合的。代表鲁昂地区的地方贵族瓦拉托（Waratto）和他的家族是丕平影响纽斯特里亚的重要渠道。丕平二世首次被提及是在659年克洛塔尔三世的宫廷，他是一名陪审员（juror），出现在解决鲁昂教会和圣丹尼斯修道院之间的一桩纠纷中；680年在圣万德利的一份特许状中他再次出现；埃布罗因死后，他继任成为纽斯特里亚宫相。② 在689～691年，丕平设法驱逐奥多因的继任者阿斯贝特（Ansbert），然后安插他自己的亲信格雷夫（Gripho）取而代之③，这些事在某种程度上说明当时像鲁昂这类地区的法兰克教会贵族一直是王后争取的对象。

鲍尔希尔德的政治活动是围绕教会改革展开的。通过干涉主教任命、慷慨捐赠等手段，她在纽斯特里亚王国的重要修道场所推行男女双修制度，将圣徒崇拜推上一个新台阶，从而将教会转变成一个有效的地方管理工具。她与法兰克教会贵族合作推进一系列王室政策，也与法兰克教会贵族争夺地方教会管辖权，给予修道院诸多特权。鲍尔希尔德是教会派的庇护者和支持者，该派的主要成员包括朱米耶吉斯的建立者菲利贝特、达戈贝特的前任廷臣鲁昂主教奥多因、奥斯特拉西亚贵族之一卢克瑟修道院院长沃尔德贝特。

---

① Richard A. Gerberding, *The Rise of the Carolingians and the Liber Historiae Francorum*, p. 69, n. 9.

② Richard A. Gerberding, *The Rise of the Carolingians and the Liber Historiae Francorum*, pp. 89 – 90.

③ Richard A. Gerberding, *The Rise of the Carolingians and the Liber Historiae Francorum*, p. 97.

他们暗中帮助埃布罗因。① 沃尔德贝特为鲍尔希尔德的二儿子②希尔德里克二世（662～675 年在位）登上奥斯特拉西亚王位的宝座铺平了道路。

总之，鲍尔希尔德王后有意识地将修道院作为一种实现政治目的的机制，尤其是当以宫廷为中心的中央打算与地方势力交好之时。她将修道院作为一种安抚和调和的纽带，作为王国统治的据点，凝聚地方力量，也将它们作为自己晚年的居所。她的威逼利诱最终使修道院成为她沟通和控制地方的一个有效工具。

① J. McNamara, J. E. Halborg and G. Whatley (eds. and trans.), *Sainted Women of the Dark Ages*, p. 265.

② 希尔德里克二世是鲍尔希尔德王后与国王克洛维二世所生的第三子。他与他的大表姐比利希尔德结婚。比利希尔德是奥斯特拉西亚公主，而当时的奥斯特拉西亚王国没有男性继承人，参见 Janet L. Nelson, "Queens as Jezebals: the Careers of Brunhild and Balthild in Merovingian History", p. 20。在《弗雷德加》中希尔德里克排行第二。"他与她育有三子——即克洛塔尔、希尔德里克和提奥德里克。"见 J. M. Wallace-Hadrill (trans.), *The Fourth Book of the Chronicle of Fredegar*, p. 80。

第二节 宗教捐赠与庇护

伊扎克·汗认为，墨洛温时期的捐赠同样也是实实在在的宗教虔诚的表现。[①] 哈里森指出，在一个以礼物交换逻辑为基础的经济政治体制下，一个捐赠财产的人自然被认为是重要人物，捐赠财产的人获得别人的感谢和服务。[②] 王后作为王室顾问和宫廷的女主人，她从事的最常见的活动就是王室捐赠。她们通过捐赠不仅获得晚年的保障，为王室建立新的墓地，而且，增强了王室的神圣性，提高了王后的威望。王后传记中出现的大量关于此类捐助活动的记载表明，创作该类传记的作者所处的时代赞同王后对宗教事务的参与和介入，这为女性活动提供了机会。女性不像男性一样，她们不是教阶体系的成员，她们被奉为圣徒的途径只有建修道院和大量捐赠。

一 王后的捐赠

王后向教会和神职人员进行大量捐赠，建修道院和医院。王后克洛蒂尔德、拉戴贡德等人是教会和穷人的捐赠者、救济者。

---

① Yitzhak Hen, *Culture and Religion in Merovingian Gaul*, *481 – 751*, p. 115.

② Dick Harrison, *The Age of Abbesses and Queens*, p. 358.

　　她（克洛蒂尔德），基督的穷人，没有什么东西可给了，因为她割让王室财富，将它通过穷人之手传至天国。[1]

　　在《圣鲍尔希尔德传》中，作者提到了其他三位知名的墨洛温王后，其中首先提及克洛蒂尔德新修了诸多教堂并馈赠礼物。

　　她带领国王和其他法兰克要人在巴黎建起一座纪念圣彼得的教堂，她在谢尔为圣乔治创建了贞女共同体，纪念那些圣徒，为了将来的回报，她捐赠大量财富修建了许多（宗教场所）。[2]

《圣克洛蒂尔德传》记载道：

　　在一些地区，她为圣徒们建立了许多修道院，尤其是在圣马丁避难所门前、图尔的郊区建立了崇拜使徒的圣彼得修道院。她在鲁昂城不远处的一个名叫莱桑德利（LesAndelys）的地方为圣母修建了一所修道院。……在莱昂城郊，她为神职人员们建立了圣彼得教堂，她将该教堂延伸到兰斯城内，给予它广阔的土地和丰厚的教会饰物。她在世时，给予这座教堂厚爱和尊崇，因为她的丈夫国王路德维希（Ludovic，即克洛维）在此接受了洗礼。从那里的修道建筑来看，她扩建了鲁昂郊区的圣丹尼斯修道院。[3]

---

[1]　J. McNamara, J. E. Halborg and G. Whatley（eds. and trans.）, *Sainted Women of the Dark Ages*, pp. 49 - 50.

[2]　Paul Fouracre and Richard A. Gerberding, *Late Merovingian France*, Vita Balthildis, 18 - 19, pp. 131 - 132; J. McNamar, J. E. Halborg and G. Whatley（eds. and trans）, *Sainted Women of the Dark Ages*, p. 277.

[3]　J. McNamara, J. E. Halborg and G. Whatley（eds. and trans.）, *Sainted Women of the Dark Ages*, pp. 48 - 49.

王后不仅向教会机构捐赠，也捐赠土地和财富给教会人士。前面我们提及，克洛蒂尔德赐赠给阿纳斯塔西乌斯一份地产。① 这位王后也资助那些经由圣马丁"奇迹"恢复健康的人，她资助恢复听说能力的聋哑人提奥多穆德（Theodomund），并送他去学校，将之培养成一名神职人员。②

华莱士－哈德里尔认为，克洛蒂尔德重建了欧塞尔的教堂，但是对欧塞尔的圣日耳曼修道院的建立没起什么作用。克洛维和克洛蒂尔德似乎都没有考虑在他们于巴黎新建的圣彼得教堂建立修道院，也没有供养大批修士，只由"某一使徒式的人敬奉十二位使徒"。九月初，在圣坛建筑的石头上做了雕刻，建立了崇拜之所，在那里她也没有召集众多神职人员为上帝服务。③

而接下来的两代墨洛温人对修道院的建立展现出积极兴趣。④拉戴贡德在普瓦提埃建立修女院之时将她的所有世俗财产都捐赠给修女院。她在给主教们的信件中讲道："当（普瓦提埃修女院）建立之时，我以赠礼的形式向它捐赠了我得自国王慷慨厚赐予我的全部财产。……当我们进入修女院时，我和其他修女遵照使徒的榜样，立下文契转让我们在尘世的所有财产，我们自己毫无保留。"⑤拉戴贡德将自身以及克洛塔尔一世赐予她的晨礼——包括阿瑟斯、塞伊克斯和佩罗纳的王庄——献给宗教和慈善事业，捐建医院和收容所。⑥

---

① Gregory of Tours, *The History of the Franks*, IX. 20, p. 390.

② Raymond Van Dam, *Saints and Their Miracles in Late Antique Gaul*, p. 209.

③ J. McNamara, J. E. Halborg and G. Whatley (eds. and trans.), *Sainted Women of the Dark Ages*, p. 49.

④ J. M. Wallace-Hadrill (trans.), *The Frankish Church*, p. 55.

⑤ Gregory of Tours, *The History of the Franks*, IX. 42, p. 535.

⑥ Marilyn Dunn, *The Emergence of Monasticism: From the Desert Fathers to the Early Middle Ages*, p. 108.

拉戴贡德将教会人士带进宫廷并赠予他们礼物，没有一位隐修士没有受过她的馈赠。

> 如果一位主教要来，她很高兴见到他，赠予他礼物，她对他不得不离去而感伤。① 无论她何时收到贡品，她都将赠送出全部的十分之一。剩下的那些，她分发给各修道院，她送礼物给那些她不能徒步去的修道院。没有一个隐修士没有受过她的慷慨赠予。②

圣徒传中没有描述拉戴贡德将她的世俗财产分发给穷人，而是将它们捐赠给修女院。她在城外建立了多处圣玛利亚教堂，几乎都在克莱因（Clain）河畔；在城市内建修女院，是属于防御工事的一部分。

在拉戴贡德成为修女后，通过治病的"奇迹"，为修道院带来了大量捐赠。波尔多使徒式的主教雷翁提乌斯和圣欧西比乌斯召集贵族利奥出席宗教会议。在去的路上，利奥患了眼疾，用拉戴贡德的一件毛衣治好了，他为圣拉戴贡德的长方形大教堂奠基并为它的建造出资100索里达。③ 财政官多姆诺勒努斯（Domnolenus）因王后拉戴贡德治病的幻象为圣马丁建了一座私人礼拜堂。④

548 年希尔德贝特一世和王后符尔特罗戈塔在阿尔勒建立了圣彼得修道院。⑤ 549 年的奥尔良公会议记载了符尔特罗戈塔在里昂建立

---

① J. McNamara, J. E. Halborg and G. Whatley（eds. and trans.），*Sainted Women of the Dark Ages*, p. 74.

② J. McNamara, J. E. Halborg and G. Whatley（eds. and trans.），*Sainted Women of the Dark Ages*, p. 72.

③ J. McNamara, J. E. Halborg and G. Whatley（eds. and trans.），*Sainted Women of the Dark Ages*, Radegund 2. 15, p. 96.

④ J. McNamara, J. E. Halborg and G. Whatley（eds. and trans.），*Sainted Women of the Dark Ages*, p. 85.

⑤ Yitzhak Hen, *Culture and Religion in Merovingian Gaul*, 481 – 751, p. 90.

的一所救济院（exnodochium）。① 格雷戈里在他的《圣马丁的德操》中将到圣马丁朝圣的符尔特罗戈塔比作寻求所罗门智慧的王后示巴（Sheba）。② 符尔特罗戈塔的丈夫国王希尔德贝特一世在巴黎的圣文森特教堂旁建了一座花园，用来放置他十年前从西班牙带回来的宗教财宝。③

与其他财宝一起，希尔德贝特还拿走了一堆珍贵的教堂器皿。他拿走了六十盏圣餐杯，十五个圣餐碟，二十个福音书的封面，所有这一切都是用纯金制作的，镶嵌着珍贵的宝石。他没有打碎它们，将它们统统捐赠给了各教堂和修道院的礼拜堂。④

查理贝特一世的王后英格贝特设计羞辱她的侍女玛尔科韦法和梅罗芙蕾德，而遭国王查理贝特一世抛弃⑤，但她在进入修道院之后的品行和行为值得称赞。格雷戈里说，"她是一位非常审慎的妇女，尤其是在宗教生活方面有天赋，她勤奋守夜、祈祷和施赈救济。"589年英格贝特去世，在她弥留之际，她写信给格雷戈里，要求他亲自前来为其草拟遗嘱。格雷戈里写道："她友好地接待我，并且请来一位公证人。经过同我进行商议之后，她给图尔大教堂、圣马丁教堂和勒芒大教堂各留了一笔遗产。"⑥

捐赠对于王后而言有着尤为重要的意义，某种程度上可以说是她

① Council of Orleans V (549), preface and canon 15, 参见 Ian Wood, *The Merovingian kingdoms 450－751*, p. 184。
② Kings, 10：1－13.
③ Judith George (trans.), *Venantius Fortunatus：Personal and Political Poems*, poem 6.6, pp. 51－52.
④ Gregory of Tours, *The History of the Franks*, Ⅲ.10, pp. 170－171.
⑤ Gregory of Tours, *The History of the Franks*, Ⅳ.26, pp. 219－220.
⑥ Gregory of Tours, *The History of the Franks*, Ⅸ.26, p. 513.

悔罪的一大体现。就连格雷戈里笔下邪恶的王后博比拉也给予教会赠礼。瓦朗斯（Valence）公会议提到贡特拉姆和他的王后博比拉以及他的女儿们赠予圣马塞尔（St. Marcel）和圣索菲亚（St. Symphorian）礼物。[①]

布伦希尔德在奥顿建立起三处宗教机构，即一所教堂、一所修道院和一所医院，还是奥顿圣彼得和圣保罗教堂的资助者。[②] 克洛维二世与王后南特希尔德一起将福塞（Fossés）转让给布雷德吉赛尔（Blidegisel）；王后西米希尔德摄政时将巴利西斯（Barisis）赠予圣阿曼杜斯。[③]

希尔佩里克曾经抱怨教会使他贫穷，"他一直对人说：'我的国库总是空的。我们所有的财富都落入了教会之手。除了主教之外，没有人有权力。我作为国王没有人尊重，所有的尊重都转到待在自己城市的主教们手中。'这样想着想着，他就撕毁了赠予主教们财产的遗嘱。他践踏他父亲的王室法令，认为没有人有兴趣见证那些王室法令的执行。想不出还有什么他不敢干的恶行或放荡行为了！"[④] 但是，他的王后弗雷德贡德也捐赠给圣马丁教堂大量的钱财。[⑤]

到鲍尔希尔德时期，王室对宗教机构的捐赠资助似乎更加慷慨。与当时国王肩负的公义相对应，王后肩负的是仁慈。鲍尔希尔德的丈夫国王克洛维二世任命杰尼修斯为施赈官帮助她履行王后友好对待穷人的义务。王后资助新建修道院、修缮旧的修道院。鲍尔希尔德对修道院的资助是大面积的，几乎涵盖了整个纽斯特里亚 – 勃艮第王国。

---

① Barbara H. Rosenwein, *Negotiating Space: Power, Restraint and Privilegesof Immunity in Early Medieval Europe*, p. 46.

② J. M. Wallace-Hadrill, *The Frankish Church*, p. 61.

③ Ian Wood, "The Vita Columbani and Merovingian Hagiography", pp. 63 – 80.

④ Gregory of Tours, *The History of the Franks*, VI. 46, p. 380.

⑤ Gregory of Tours, *The History of the Franks*, X. 11, p. 559.

她丈夫在世时，她与他一起不仅资助当时已经存在的修道院，像法利穆提埃、艾伯利亚坎（Eboriacum）①，而且在高卢完成了整个修道局势（scene）的大范围重组。也是在她担任王后时，厄奇诺尔德的外孙女肯特公主厄康格塔（Eorcengota）在法利穆提埃做了修女。②

　　为了建修道室或修道院，她捐出了几处整块的农庄和大片的森林，谁能说她捐赠了收入的多少或多大份额呢？她也建上帝之所，在巴黎附近的谢尔为虔信上帝的妇女们建一所大型的修女院，她任上帝的女仆女孩贝蒂拉为第一任修女院院长。……她给予了上帝之所或上帝所爱之穷人多少安抚和支持呢？在亚眠教区称作科尔比的修道院她花费了多少？现在的主教尊者提奥多弗雷德阁下曾是那里的修道院院长，负责管理一大群修士，他们是前面提到的鲍尔希尔德女士从卢克瑟找来的，那时卢克瑟的修道院院长是已故的最受人尊敬的沃尔德贝特。③

　　在此，我们看到鲍尔希尔德对修道院的慷慨捐赠与卢克瑟的修道

---

① 后来以它的建立者命名为法利穆提埃 - 因 - 布里奇，该修道院是 617 年在卢克瑟修道院院长尤斯坦西乌斯的指导下，由博贡多法罗所建。她是勃艮第贵族查戈内里克（Chagneric）之女，约在 10 岁左右见过哥伦班，他曾为她祈福。她的哥哥查戈诺尔德（Chagnoald，卢克瑟的修士，后来的莱昂主教）是哥伦班的同僚，她自己后来成为埃沃利卡斯（Evoriacas）家族法利穆提埃修女院院长，也是后来的圣法利。她的另一个亲戚（或许是哥哥）查戈努尔夫（Chagnulf）是莫城的伯爵。她拒绝父母安排的婚事，向卢克瑟修道院院长尤斯坦西乌斯求教，他将她接到莫城，并接受她为修女，然后派两位修士，即她的哥哥查戈诺尔德和沃尔德贝特帮助她建立修女院，最后又增建修道院，这两个机构都由她一人主持。详见 Jonas, *Vita Columbani* I. chap. 50. http：//sourcebooks. fordham. edu/halsall/basis/columban. asp，2017 年 4 月 1 日。

② Bede, *A History of the English Church and People*, Ⅲ. 8, pp. 153 - 155.

③ Paul Fouracre and Richard A. Gerberding, *Late Merovingian France*, chap. 7, pp. 123 - 124.

院长沃尔德贝特有着紧密的联系。科尔比修道院完全是她自己一手扶持修建的。

> 为了资助朱米耶吉斯的宗教人士菲利贝特以供其建修道院，她出让了国库的大片森林，修士们的修道院就坐落于此，并且从王室财政中拿出许多礼物和牧场。的确，她将一大块王庄和许多金银送给了科比恩（Cobion）修道院的莱戈贝特（Laigobert）。她甚至将自己用的腰带也解下来给了需要救济的修士们。……同样，为了资助圣万德利和洛戈姆（Logium），她出让了大量财产。的确有整片农庄和不计其数的钱捐献出去，那么，她到底给了卢克瑟和勃艮第的其他修道院多少呢？她召集一些圣女和上面提到的贝蒂拉女士去她自己的谢尔修道院时，她给了茹阿尔修道院什么呢？她给那里赐赠了多少土地和钱呢？同样，她经常授予法利穆提埃修道院大量礼物。在巴黎附近，她将许多大块的王庄授予一些圣徒的教堂和修道院，她赐赠它们很多礼物，使它们变得富有。①

罗马的大教堂，像圣彼得和圣保罗大教堂也都受王后的慷慨馈赠，城市穷人也受到捐助。鲍尔希尔德王后经常送许多礼物到罗马，送给圣彼得和保罗的大教堂和罗马的穷人。②

最后，卢克瑟和在勃艮第的其他修道院获得了大量的货币资助和几处田庄。这些足以说明王室对现存修道院的资助和促成新修道院的

---

① Paul Fouracre and Richard A. Gerberding, *Late Merovingian France*, *Vita Domnae Balthildis*, chap. 8, pp. 124 – 125.

② Paul Fouracre and Richard A. Gerberding, *Late Merovingian France*, *Vita Domnae Balthildis*, pp. 123 – 124.

建立方面有很多参与。① 德国学者艾维希认为，大教堂转向混合修道院使得主教丧失了诸多权力和可观的财富。

在鲍尔希尔德的圣徒传中，我们看到她作为王后，要求用一部分王室资金来救济穷人和支持其他的宗教事务。

> 她为教士和穷人服务，给食不果腹者提供食物，给衣不蔽体者提供衣服，谨慎地安葬死者。通过他（杰尼修斯）之手，她送大量金银救济给修道院的男男女女。②

鲍尔希尔德在她的助手杰尼修斯的帮助下，在克洛维二世活着时已经接管了王室的大部分宗教捐赠事务。

二 教会对王后的庇护

王后们在资助和保护教会的同时，也受到教会的庇护。教会是她们值得信赖的存放财产之所，也是她们人身安全的庇护所。据格雷戈里自己所言："克洛蒂尔德王后在丈夫死后，到图尔居住。她在圣马丁教堂做礼拜，除了偶尔去巴黎之外，剩余时间都住在此地。"③ 也就是说511年以后，克洛蒂尔德已经开始在图尔受到教会的庇护，图尔的圣马丁修道院一直是她最理想的庇护之所。

王后带着她们的财产进入修女院是因为国王能够因贪婪没收私人财产，但是不能仅仅因为贪婪而革除宗教机构，没收它们的财产。圣徒之墓及其教堂等形成的宗教共同体历来被认为是人们避难的场所。

---

① Yaniv Fox, *Power and Religion in Merovingian Gaul*: *Columbanian Monasticism and the Frankish Elites*, pp. 39 – 43.

② Paul Fouracre and Richard A. Gerberding, *Late Merovingian France*, pp. 121 – 122.

③ Gregory of Tours, *The History of the Franks*, Ⅱ.43, p. 158.

如果不出教堂，王后的财产和人身安全是有保障的。《圣经》中的亚多尼雅和约押都抓紧祭坛的边角寻求庇护。[1] 584 年希尔佩里克被谋杀后由桑利主教马鲁尔夫将其埋葬在谢尔的圣文森特教堂，弗雷德贡德独自留在大教堂内。[2]

> 584～585 年，寡居的王后弗雷德贡德带着她那部分藏在城内的财宝避居于大教堂内，在那里受到主教拉格内莫德的保护。[3]
> 布伦希尔德被流放到鲁昂时，将五包金银财宝托付给鲁昂主教普雷特克斯塔图斯保管。[4]

墨洛温人继承了这种庇护观念，形成一种约定俗成的传统。修道院为未婚女子、寡妇或离异妇女提供了理想的隐退之地。许多贵族和王室为他们的女性亲属建立了修道院。6 世纪是妇女宗教生活繁盛的时期，一些寡妇和被遗弃的妻子仍享有城市的税收和安全保障。悔罪者如果要当修女，即便是已婚妇女也允许离婚。王后拉戴贡德能够抛弃她的丈夫国王克洛塔尔一世去当一名修女也是因为受到教会的保护。576 年以后圣马丁教堂的庇护权尤为重要。

克洛蒂尔德退至图尔后，住在她自己建立的一所小修道院内。克洛蒂尔德和鲍尔希尔德都是被迫隐退至修道院的。她们晚年都获得宗教共同体的庇护。实质上，不管王后是否情愿，她们安度晚年的理想居所就是修道院。

---

① Kings 1：50－53；2：28－30.
② Gregory of Tours, *The History of the Franks*, Ⅵ. 46, pp. 379－381.
③ Gregory of Tours, *The History of the Franks*, Ⅶ. 4, p. 390.
④ Gregory of Tours, *The History of the Franks*, Ⅴ. 18, pp. 275－280.

第三节　王后对教会事务的干预

王后对教会事务的干预主要表现在影响主教等高级教职的选任、纯洁教会、授予修道院特权等方面。

一　王后与高级教职的选任

王后作为王室的女主人，在法兰克墨洛温王朝时期承担着教化和使异教徒皈依的使命，这一使命的完成离不开与高级教职人员的合作。王后对主教选任的干预在地方上产生一种张力。如果她想安插自己的亲信担任某一地方的主教，会受到该地贵族们的反对或赞同。如果一位王后成功安插她自己关系网中的成员成为教区主教，说明她在该地成功建立起了自己的教俗关系网。

王后克洛蒂尔德参与了图尔三位主教的任命。这一行为很难说是政治干预还是对教牧关怀的支持。第十任、第十一任图尔主教都与克洛蒂尔德王后有密切联系。"在虔诚的王后克洛蒂尔德要求下，提奥多鲁斯（Theodorus）和普罗库鲁斯（Proculus）被任命为第十任主教。他们跟随她从勃艮第而来，在那里他们已经是主教，但是，由于他们招致了仇恨被人从他们所在的城市驱逐出去。他们两位都已年迈，共同管理图尔教堂两年，死后被安葬在圣马丁教堂里。第十一任主教是迪尼菲乌斯（Dinifius），他也来自勃艮第。按照克洛蒂尔德王后的愿望，他继任主教。"①

布伦希尔德影响欧塞尔的主教选举。正如伍德所说，布伦希尔德不仅负责在奥顿建教堂、修道院和医院，还负责关注来自大格里高利的书信，以教皇的名义确保她选任的修道院院长和主教的任职，除非国王和修士们共同反对该选任，否则不能撤换她所安插的神职人员。② 救她到勃艮第的那位穷人被任命为欧塞尔主教③，她也影响里昂的阿里迪乌斯以及图尔的格雷戈里的主教选举，奥顿主教西阿格里乌斯是她的盟友。597 年她为他向教皇大格里高利求得一件象征主教权威的白羊毛披肩。

布伦希尔德也干涉罗德兹教区主教的继任，雅沃尔（Javols）伯爵英诺森提乌斯受到她的支持，被任命为主教。他一上任就与卡奥尔主教争夺乡村教区。④ 可能因为卡奥尔是布伦希尔德从姐姐加尔斯温特手中继承来的，她想通过英诺森提乌斯进一步控制卡奥尔。在英诺森提乌斯受任罗德兹主教之前，曾控告雅沃尔的普利图瓦斯修道院院长、圣徒、殉教者卢彭提乌斯诽谤布伦希尔德王后。她面见卢彭提乌斯，之后他被判定是无辜的，并准予离开。在归途中被英诺森提乌斯杀害。⑤ 在此，虽然王后判定这位圣人无罪，但是对英诺森提乌斯的纵容很容易引起人们对她的怀疑。多姆诺勒努斯接任维恩主教与这位王后也有直接关系。

573 年，西吉贝特和布伦希尔德任命格雷戈里为图尔主教，并由兰斯主教埃吉迪乌斯主持就职仪式。⑥ 弗图纳图斯认为，格雷戈里的

---

① Gregory of Tours, *The History of the Franks*, X. 31, p. 598. & Ⅲ. 17, pp. 179 – 180.

② Ian Wood, *The Merovingian Kingdoms 450 – 751*, p. 184.

③ J. M. Wallace-Hadrill (trans.), *The Fourth Book of the Chronicle of Fredegar*, chap. 19, p. 13.

④ Gregory of Tours, *The History of the Franks*, VI. 38, pp. 370 – 371.

⑤ Gregory of Tours, *The History of the Franks*, VI. 37, p. 370.

⑥ Martain Heinzelmann, *Gregory of Tours: History and Society in the Sixth Century*, pp. 38 – 40.

当选受王后布伦希尔德的极大影响，同时又说图尔教区是其家族遗产的一部分。因此，布伦希尔德很有可能通过干涉地方主教选举而获得地方贵族的支持。正如范达姆所言，一些贵族凭借当选为主教而荣升为教会贵族，这样他的家族就优越于曾经地位相当的贵族。[①] 格雷戈里的任命也受到拉戴贡德的支持。[②] 他一直与东北部王国的统治者保持良好关系。

兰斯主教埃吉迪乌斯不仅与王后布伦希尔德有关系，而且也受到弗雷德贡德王后的支持。埃吉迪乌斯与贡特拉姆·博索的紧密联系暗示，他是希尔德贝特王国中参与将贡多瓦尔德带到高卢的贵族之一。贡特拉姆告诫希尔德贝特切不可对埃吉迪乌斯加以信任或者留在身边。[③] 这位为格雷戈里主持过就任图尔主教仪式的兰斯主教与弗雷德贡德的关系相当密切，他长期以来受到她的喜爱。[④]

当希尔佩里克死后，当时担任图尔主教的格雷戈里又拒不承认克洛塔尔二世的合法继承人身份，侧面表明他是王后弗雷德贡德的反对者。

格雷戈里记载了弗雷德贡德和两位神职人员的会谈，这两位神职人员被派去暗杀希尔德贝特和布伦希尔德。格雷戈里将此事以王后之口道出，她承诺给暗杀者丰厚的回报。如果他们为此而死，钱财和官位给他们的亲属：

> 她把这两把匕首交给两位神职人员，然后命令他们：带着这两把毒匕首尽快到国王希尔德贝特那里，假装成乞丐，当你们跪

---

① Raymond Van Dam, *Leadership and Community in Late Antique Gaul*, pp. 206 - 208.

② Raymond Van Dam, *Leadership and Community in Late Antique Gaul*, p. 214.

③ Gregory of Tours, *The History of the Franks*, Ⅶ. 33, p. 416.

④ Gregory of Tours, *The History of the Franks*, V. 18, p. 283.

在他脚下乞求布施时，向两侧刺他。那个长期骄傲自恃的布伦希尔德将因此倒台，这样她将停止与我斗争。如果护卫森严不能接近这个男孩，那么杀死我憎恨的那个妇人布伦希尔德。做这事你们将获得如下报酬：如果你们在执行任务时被杀，我将补偿你们的亲属，我将厚加赏赐，使他们变得富有，提升他们至我的王国中的最高位。将恐惧抛开，不要让死的念头出现在你的脑海中，你们要知道死是人类共同的命运。①

从这段话中，我们至少可以看出王后在神职人员的任命方面有着重要的影响力。王后与主教之间常常结成强大的权力关系网。梅斯主教阿吉洛夫和他的外甥阿诺尔德是布伦希尔德一派的成员，他们与梅斯的阿努尔夫是政敌。阿吉洛夫的父亲是高卢－罗马的元老贵族，他母亲可能是克洛维的孙女——提奥德里克一世与德乌特里亚所生之女提奥德希德。616 年，阿吉洛夫家族的某些地产被迫经勒芒主教贝特拉姆之手赠给了阿努尔夫。②

王后布伦希尔德和王后弗雷德贡德都卷入了鲁昂主教一职的选任当中。普雷特克斯塔图斯是布伦希尔德的支持者，而梅拉尼乌斯是弗雷德贡德的支持者。格雷戈里通过讲述鲁昂主教普雷特克斯塔图斯被弗雷德贡德谋杀一事，试图使人们相信弗雷德贡德对主教和复活节没有任何敬畏。然而，当时的弗雷德贡德事实上是属于受威胁的一方。布伦希尔德、弗雷德贡德的继子墨洛维、普雷特克斯塔图斯、墨洛维的母亲奥多韦拉结成主动进攻的一方。弗雷德贡德只有通过影响鲁昂主教的选任来改变她的困境。因而，弗雷德贡德渴望驱逐普雷特克斯塔图斯，并非格雷戈里所描述的那样不可理解和邪恶，而是这位王后

① Gregory of Tours, *The History of the Franks*, Ⅷ. 29, p. 457.
② Guy Halsall, *Settlement and Social Organization: The Merovingian Region of Metz*, p. 15.

的正常反应。在普雷特克斯塔图斯被杀后，弗雷德贡德任命曾经关照她的主教梅拉尼乌斯为鲁昂主教。

普雷特克斯塔图斯是墨洛维的教父，为布伦希尔德和墨洛维主持过婚礼。对于弗雷德贡德而言，铲除这位鲁昂主教是她削弱布伦希尔德为首的敌对势力的重要一步。最初，她怂恿国王希尔佩里克以盗窃之名治罪于这位鲁昂主教，将其流放。

584 年希尔佩里克死后，普雷特克斯塔图斯主教被鲁昂居民从流放中召回，恢复其主教职位。此时，弗雷德贡德居住在鲁昂的吕埃王庄，她反对被流放的鲁昂主教普雷特克斯塔图斯复职。

> 普雷特克斯塔图斯回去之后，他前往巴黎拜见国王贡特拉姆，请求这位国王就他的案件做个彻底的调查。弗雷德贡德坚持认为不该让他复职，因为他已经由 45 位主教宣判撤除了他的鲁昂主教职务。贡特拉姆打算召集一次宗教会议来处理此事，可是巴黎主教拉格内莫德代表全体主教回复道："你们要知道这些主教们所宣判的是要他苦行赎罪，而不是要撤除他的主教职务。"于是，贡特拉姆接待了普雷特克斯塔图斯并邀请他一同进餐。然后，普雷特克斯塔图斯回到了自己的城市（鲁昂）。①

该记载表明，弗雷德贡德王后在普雷特克斯塔图斯的主教任职方面有重要的影响力。也正因为没有遂了她的意愿，这位王后才策划了对这位主教的谋杀。

> 耶稣复活节之时，主教普雷特克斯塔图斯早早地赶去教堂履行义务。按照惯例，他开始依序唱歌。歌唱中间，他坐下来休

---

① Gregory of Tours, *The History of the Franks*, Ⅶ. 16, p. 400.

息，这时，一个凶残的谋杀者从腰间抽出一把匕首，刺入他的腋窝。普雷特克斯塔图斯向在场的神职人员呼救，但是所有站在附近的人没有一个前来救他。于是，他将滴着鲜血的手伸向圣坛，对上帝作了感谢和祈祷，之后，信徒们将他扶到他的修道室并让他躺在床上。在波伦公爵和安索瓦尔德陪同下，弗雷德贡德立即来看望他。……他说，"上帝决定召我离开这个世界，但是你这个被认为是罪魁祸首之人，只要你活着就会被诅咒，上帝会将我的血债记在你的头上"。这位王后一离去，他就安排他的事务，然后就死了。①

之后，弗雷德贡德为了辟谣，将杀害这位主教的罪名安在她的一个仆人头上。

她将此人交给这位主教的侄子，当他遭受酷刑时，便承认了一切。他说："作为此事的报酬，我从弗雷德贡德王后那里接受了100枚金币，又从主教梅拉尼乌斯那里接受了50枚金币，从本城大执事那里接受了50多枚金币。此外，他们承诺释放我和我的妻子为自由人。"主教普雷特克斯塔图斯的侄子一听到此话，便抽出佩剑把这个被控诉者剁成碎片。弗雷德贡德当初提议梅拉尼乌斯为候选人，现在，受她委任，他去了那里的大教堂。②

王后弗雷德贡德也与部分主教保持着密切联系。在贡特拉姆截获的一封信中称，西哥特国王柳维吉尔德敦促弗雷德贡德阻止贡特拉姆向西班牙领土进军，让她酬谢比戈拉主教阿梅利乌斯（Amelius）。③

① Gregory of Tours, *The History of the Franks*, Ⅷ. 31, p. 463.
② Gregory of Tours, *The History of the Franks*, Ⅷ. 41, pp. 472 – 473.
③ Gregory of Tours, *The History of the Franks*, Ⅷ. 28, p. 457.

也许这封信是假的，但充分说明在格雷戈里眼中，主教阿梅利乌斯是王后弗雷德贡德的支持者。这位王后还通过其他手段间接铲除与她作对的主教。

弗雷德贡德力图破坏巴德吉希尔（Badegiseil）主教的兄弟内科塔利乌斯（Nectarius）在宫廷内的权力，硬说他曾经从先王的库藏中偷去许多东西。她宣称他从库房偷走了大量的兽皮和葡萄酒，要求把他绑起来投入阴森的地牢。内科塔里乌斯的兄弟为他求情，国王很宽容，没有处罚他。弗雷德贡德对于她曾避居之处的上帝没有敬畏，她是许多暴行的主使。这次是她与法官奥多（Audo）合谋的。在希尔佩里克活着时，法官奥多一直是她干的许多坏事的帮凶。[1]

巴德吉希尔原为国王克洛塔尔时期的宫相，后接受剃发，从教阶逐级提升，勒芒主教多姆诺卢斯死后六周，他被任命为主教。[2] 在他任勒芒主教的第六年突然死亡。同年，阿尔勒主教萨鲍杜斯也死了，接替他的是贡特拉姆国王的秘书官（Referendary）里塞利乌斯。[3] 也就是说，许多主教出自宫廷官员，他们与王后有着密切联系。司马官库帕和勒芒主教巴德吉希尔都与弗雷德贡德有关联，库帕曾想强娶巴德吉希尔的女儿，结果失败了。[4]

鲍尔希尔德任命了奥顿、图卢兹，甚至是巴黎主教，尤其是任命宫廷教士、修道院院长杰尼修斯取代奥尼穆德为里昂主教。[5]

---

① Gregory of Tours, *The History of the Franks*, Ⅶ. 15, p. 399.

② Gregory of Tours, *The History of the Franks*, Ⅵ. 9, pp. 339 – 340.

③ Gregory of Tours, *The History of the Franks*, Ⅷ. 39, pp. 470 – 471.

④ Gregory of Tours, *The History of the Franks*, Ⅹ. 5, p. 553.

⑤ Paul Fouracre and Richard A. Gerberding, *Late Merovingian France*, p. 122.

鲁昂主教奥多因、巴黎主教克罗多贝特和努瓦永主教艾里基乌斯都是她的盟友和摄政支持者，她将他们推上整个纽斯特里亚－勃艮第王国的权力核心。受奥多因的影响，她任命提奥德弗雷德为科尔比的第一任修道院院长。[1]

> 王后鲍尔希尔德和她的儿子克洛塔尔一起统治着法兰克宫廷。在我们看来，她受上帝建议的鼓舞，派精力充沛之人留德加出任奥顿主教，因为，将近两年那里的教会像一个寡妇一样独自站在混乱的世界里，现在它（指教会）应该在他的大力指导下受到保护以抵御那些暴力攻击。[2]

奈尔森暗示，鲍尔希尔德对奥顿主教留德加的任命和里昂的杰尼修斯任命得益于贵族各派在乡村和城市的运作与争斗。[3] 在留德加出任奥顿主教之前的两年，该地并没有人担任主教，即出现了地方主教空缺期，鲍尔希尔德正是抓住该机会安插自己的亲信出任该地主教。

二 纯洁教会

王后布伦希尔德和王后鲍尔希尔德都被称为教会改革家，她们都积极致力于打击圣职买卖。教皇大格里高利在致布伦希尔德的书信中指出她的责任是："不要让你的王国的任何人通过出钱、捐赠，或通过某种关系而获得圣职。……一位优秀的布道者完全禁止一名新信徒

---

① D. Ganz, *Corbie in Carolingian Renaissance*, Sigmaringen, 1990, pp. 14 – 15.

② Paul Fouracre and Richard A. Gerberding, *Late Merovingian France*, p. 218.

③ Janet L. Nelson, "Queens as Jezebals: the Careers of Brunhild and Balthild in Merovingian History", p. 33.

成为高级教士，你决不能允许任何一个俗人受任主教。"①

鲍尔希尔德的圣徒传记载道：

> 在那时，圣职买卖的异端用它堕落的行为玷污着上帝的教会，他们付钱获得了主教头衔。遵照上帝的意志，在好的神父们的敦促下，上面提及的鲍尔希尔德女士阻止了这种不虔诚的恶行，这样没有人能出钱取得圣职。②

布伦希尔德所处的墨洛温王朝前期，法兰克教会与罗马教皇有着紧密的联系。教皇大格里高利写信暗示布伦希尔德，她所辖王国中的许多人即便皈依了基督教，还保留着一些原始崇拜。"你（指布伦希尔德）应该将你剩余的臣民约束在规训之内，以免他们向多神献祭，进行树崇拜或者用动物的头颅献祭而亵渎神；因为我们听说许多基督徒既求助于教会，也不放弃他们对魔鬼的崇拜。"③ 601年，格里高利请求布伦希尔德允许他派神父去高卢纠正教会人士的罪恶。

> 神父们的恶行是一个族群毁灭的原因。但是，因为关怀不能质问他们，也不能急于惩罚，让我们与你书信往来。如果你发布命令，那么赞同你权威的人可能连同其他的神父细致地寻求这些东西，根据上帝的旨意纠正它们。对于我们所说的不应该被掩盖，因为一个能改邪归正的人绝不会让自己成为共犯。因此，看

① Philp Schaff and Henry Wace （eds. and trans.）, *Gregory the Great*, *Epistle XI*, Nicene and Post-Nicene Farthers, Vol. 13, p. 7.

② Paul Fouracre and Richard A. Gerberding, *Late Merovingian France*, *Vita Domnae Balthildis*, chap. 6, p. 123.

③ Philp Schaff and Henry Wace （eds. and trans.）, *Gregory the Great*, *Epistle XI*, Nicene and Post-Nicene Farthers, Vol. 13, p. 8.

你的灵魂、看你的孙子们，你希望他们快乐的统治；看这些行省，在我们的造物主出手打击之前，积极考虑纠正这种罪，以免他仁慈等待的时间越长，打击越重。你知道，如果你想要这种罪行带来的疾病从你的国土上消失，你就要对我们的上帝提供巨大补偿。①

王后布伦希尔德和教皇之间的接触和相互支持促成了法兰克教会的独立发展。华莱士-哈德里尔认为，教皇虽然有权管法兰克教会，但实际上法兰克教会可能是独立的。② 到 7 世纪早期，教皇权威因"三章争论"而严重受损，"处在一个特别困难的时刻"③。大格里高利在给布伦希尔德的书信中提到，"来接受这件披肩的人牵涉到支持教会分裂的错误当中"④。538 年，教皇维吉利（Vigilius）通过他的教区牧师阿尔勒的凯撒利乌斯送信给法兰克东部的奥斯特拉西亚国王提奥德贝特一世。⑤ 纽斯特里亚阿尔勒地区与教皇一直有联系，而且教皇在高卢有部分地产，之前是由教皇推荐的贵族迪纳米（Dynamius the Patrician）掌管，595 年大格里高利派长老卡迪乌斯到高卢负责⑥，并要求布伦希尔德王后给予支持。布伦希尔德王后试图借罗马教皇的名誉打击圣职买卖、插手教会事务。

---

① https：//epistolae. ccnmtl. columbia. edu/letter/332. html，2017 年 3 月 25 日。

② J. M. Wallace-Hadrill, *The Frankish Church*, p. 115.

③ R. A. Markus, *Gregory the Great and His World*, Cambridge University Press, 1997, pp. 125 – 142.

④ Philp Schaff and Henry Wace（eds. and trans. ），*Gregory the Great*, *Epistle XI*, Nicene and Post-Nicene Farthers, Vol. 13, p. 7.

⑤ J. M. Wallace-Hadrill, *The Frankish Church*, p. 113.

⑥ Philp Schaff and Henry Wace（eds and trans），*Gregory the Great*, *Epistle VI*, Nicene and Post-Nicene Farthers, Vol. 12, p. 190.

鲍尔希尔德作为墨洛温王朝后期教会改革者，大力规范修道会规。① 墨洛温时期的修道院从来没有实行单一的哥伦班修道会规，许多修道院采用融合了哥伦班、本尼迪克特和原始成分的混合修道会规。② 伍德指出："尽管圣本尼迪克特会规在 7 世纪的法兰克为人所知，但它仅是其中之一，大多数会规更古老，即便有些地方采用了本尼迪克特会规，也是混合了其他修道院建立者的法规。"③ 而在鲍尔希尔德摄政时期，受她资助的修道院引入了混合修道会规。

她强加给纽斯特里亚各修道院的爱尔兰－法兰克修道会规（也称为"哥伦班－本尼迪克特修道会规"或"神圣会规"）某种程度上是中央集权的产物或者说是亲纽斯特里亚的会规。实质上，选择何种会规基本上由建立者或现任修道院院长说了算。王后能从制度层面上推行某种会规，充分说明她对修道院的重要影响。尽管奥赛勒（Oexle）和赛穆勒（Semmler）的研究都表明，许多教堂是遵循修道会规还是教会法规的问题直到 9 世纪也一直在摇摆。④

鲍尔希尔德的教会改革主要是扩大纽斯特里亚的中央权力，重新安排教会结构以便使其成为一个更有效的控制地方的工具。⑤ 伍德认为，鲍尔希尔德推动修道活动的政治目的是明确的，这种修道也的确

---

① 哥伦班会规与爱尔兰莱兰（Lérins）和阿尔勒的修道会规同时并存。7 世纪在阿尔比主教管区的豪特里夫（阿尔塔里帕）［Haute Rive（Altaripa）］和朱萨（Jussamoutier）的修女会规是由贝桑松主教多纳图斯（Donatus）创作的。参见 J. M. Wallace-Hadrill, *The Frankish Church*, p. 59。

② J. B. Stevenson, "The Monastic Rules of Columbanus", in M. Lapidge（ed.）, *Columbanus: Studies on the Latin Writings*, Woodbridge, 1997, pp. 203–216.

③ Ian Wood, *The Merovingian Kingdoms 450–751*, p. 181.

④ 参见 Julia M. H. Smith, "Access to Relic Shrines in the Early Middle Ages", in Kathleen Mitchell and Ian Wood（eds.）, *The World of Gregory of Tours*, p. 172.

⑤ Yitzhak Hen, *Culture and Religion in Merovingian Gaul, 481–751*, pp. 54–57.

是墨洛温教会改革的尝试。① 鲍尔希尔德和宫相埃布罗因拉拢兼并各地方大教堂（seniores basilicas），从强大的地方主教们手中夺取控制权。

从地理范围上看，鲍尔希尔德推行本尼迪克特-哥伦班会规的地方主要集中在一些与王室保持密切联系的宗教中心。②

> 圣丹尼斯、圣日耳曼努斯、圣梅达德、圣彼得、圣安尼和圣马丁的所有高级大教堂，或者她的规训所到之处，她凭借对上帝的虔敬说服和命令各主教和修道院院长，并送信以期达到如下效果：即在这些地方居住的修士们应该生活在一种神圣日常会规之下。③。

对于鲍尔希尔德的教会机构改革，艾维希与奈尔森有着不同看法。前者认为她的改革是失败的，后者认为从长远看她的改革为加洛林人打下了良好基础。④ 无论如何，鲍尔希尔德王后是通过宗教的手段实现其政治目的的，但是她低估了教会贵族的势力。

此外，布伦希尔德常常向教皇请教一些教会管理问题。这位王后与教皇大格里高利在书信中讨论重婚者能否进入教士队伍的问题。"你也问我一个重婚者能否获得圣职，（我答复你的是）根据教会法规，我们禁止这样做。在你统治时期你作了如此多虔诚的宗教事务，

---

① Ian Wood, *The Merovingian Kingdoms 450 - 751*, pp. 197 - 202.

② Richard A. Gerberding, *The Rise of the Carolingians and the Liber Historiae Francorum*, p. 149.

③ Paul Fouracre and Richard A. Gerberding, *Late Merovingian France*, p. 125; J. McNamara, J. E. Halborg and G. Whatley (eds. and trans.), *Sainted Women of the Dark Ages*, p. 273.

④ Janet L. Nelson, "Queens as Jezebals: the Careers of Brunhild and Balthild in Merovingian History", p. 7, 42.

你不会允许做一些反对教会机构的事情。"① 595 年，教皇大格里高利在写给布伦希尔德的书信中暗示，教皇不想再以现金的方式收税，高卢钱币在罗马花不出去，他打算以布匹和盎格鲁－撒克逊奴隶的形式代替，他将这些奴隶培养成修士。②

鲍尔希尔德王后继续通过基督教教化俘虏。630 年左右，艾里基乌斯赎买了来自不同国家的大量奴隶，尤其是萨克森人。③ 这种行为也被鲍尔希尔德效仿，"她付钱并下令买回许多俘虏，她将他们释放为自由人。他们中的一些人，是来自她自己族群的男子，也有许多女孩。她自己出钱赎买他们，送他们进修道院。她能吸引许多人，并委托他们负责神圣的修道院，命令他们为她祈祷"④。

三　王后与教会特权的授予

拉戴贡德的圣克罗伊斯修女院预示着王室豁免权的出现。602 年，布伦希尔德呼吁教皇大格里高利赞成在奥顿建立的三处宗教机构享有特权（prerogative）是豁免权的雏形。这位教皇送信给奥顿主教西阿格利乌斯，其中规定：

> 任何国王、主教，任何人都没有被赋予这种尊严。的确，没有任何人能减少或带走国王最近授予这些机构礼物和特权。⑤

王后鲍尔希尔德摄政时期授予教会各种特权，尤其是授予许多修

---

① https：//epistolae. ccnmtl. columbia. edu/letter/335. html，2017 年 3 月 25 日。

② J. M. Wallace-Hadrill，*The Frankish Church*，p. 114.

③ http：//sourcebooks. fordham. edu/Halsall/source/630Eligius. asp，2017 年 4 月 5 日。

④ Paul Fouracre and Richard A. Gerberding，*Late Merovingian France*，p. 126

⑤ Philp Schaff and Henry Wace（eds. and trans.），*Gregory the Great*，*Epistle XI*，Nicene and Post-Nicene Farther，Vol. 13，p. 93.

道院豁免权。伍德指出，豁免权至少在克洛塔尔一世时期就被授予，克洛塔尔二世的"巴黎敕令"进一步确认此事。[1] 7 世纪随着修道院的大规模建立，鲍尔希尔德进一步扩大了对修道院豁免权的颁发。

墨洛温时期授予教会的特权主要包括两种：一是授予土地的特许状，二是授予修道院的豁免权。王后积极为修道院授予特许状，使其拥有各种特权。德国历史学家艾维希指出修道院的特权主要包括六条：一是保证修道院财产的完整性；二是该共同体能自由选举修道院院长；三是有权选择主持祈福和祝圣的主教；四是保证修道院的财产权和任命权；五是未经邀请，教区主教不得进入修道院，如果主教受邀进入修道院，那么必须保证他的宗教礼仪（services）是无偿的；六是修道院院长有义务为修士们的规训负责。[2] 其中，最核心的就是修道院的地产权和不受主教干涉的自由选举修道院院长的特权。

罗维森认为，"Immunities"和"Exemptions"同时形成于 6 世纪，这两种特权在 7 世纪都以特许状的形式出现，有着相同的政治、社会和宗教背景，不同时期有着不同内容，是不断变化的概念。前者多侧重于免税权，最初是指王室（国王和王后）禁止国王的代理人在特定土地上收税和执行司法功能；后者多指由教区主教或教皇发布的为了保护修道院，禁止当地教区主教入内、禁止其干涉该修道院的司法管辖权。[3]

鲍尔希尔德承袭并发展了达戈贝特时期大量授予修道院豁免权的政策。7 世纪中期的夏龙会议本来是要约束修道院院长和修士们与王室直接联

---

[1] Ian Wood, *The Merovingian Kingdoms 450 – 751*, p. 204.

[2] 参见 Barbara Rosenwein, "Inaccessible Cloisters: Gregory of Tours and Episcopal Exemption", in Kathleen Mitchell and Ian Wood (eds.), *The World of Gregory of Tours*, p. 182.

[3] Barbara H. Rosenwein, *Negotiating Space: Power, Restraint, and Privileges of Immunity in Early Medieval Europe*, pp. 3 – 4.

系。① 而博比奥的乔纳斯就是作为一名修道院院长被克洛维二世和鲍尔希尔德召集到夏龙去参加此次会议的。②

在圣丹尼斯，新会规的引入与巴黎主教兰德里克（Landeric）给予修道院的保护并存。兰德里克发现他自己丧失了许多关于修道院日常运作的财政权。在墨洛温王朝后期，修道院影响力的扩大与鲍尔希尔德王后的坚持密不可分。

660 年鲍尔希尔德将高卢所有主要的城郊大教堂转变成修道院并使它们摆脱了教区主教的控制。

> 我们必定不会忽略的一个事实是，圣丹尼斯、圣日耳曼努斯、圣梅达德、圣彼得、圣安尼和圣马丁的所有高级大教堂，或者她的规训所到之处……她下令批准它的特权，也承认它的豁免权，这样她可能更好地诱惑它倡导基督——最高的国王的仁慈，为了国王的利益，为了和平而祈祷。③

这一事实侧面表明在鲍尔希尔德摄政时期，圣马丁、圣梅达德崇拜中心的管辖权已经牢牢控制在修道院院长手中。这也说明鲍尔希尔德的行为不仅是一种宗教行为，更是一种维护社会稳定的手段。她的这种行为在某种程度上将王室财富和修道院紧密地结合在一起。这也意味着王室可能在紧急时刻会用修道院的土地和财富回报其支持者和亲信。

---

① Ian Wood, "The Vita Columbani and Merovingian Hagiography", p. 79.

② Ibid., p. 80. 关于这次公会议的时间，参见 J. M. Wallace-Hadrill, *The Frankish Church*, p. 106。

③ Paul Fouracre and Richard A. Gerberding, *Late Merovingian France*, p. 125; J. McNamara, J. E. Halborg and G. Whatley (eds. and trans.), *Sainted Women of the Dark Ages*, p. 273.

第四节　王后与圣徒崇拜

墨洛温王朝的国王们意识到他们必须认可图尔的圣马丁崇拜，就像他们不得不与有影响力的主教们合作一样。[①] 然而，圣马丁是实实在在的地方圣徒，与地方家族势力紧密地结合在一起。墨洛温人要融入高卢社会，巩固自己的统治，必须建立自己的王室圣徒，促成新的圣徒崇拜。在此过程中，王后起着重要作用。

一　圣徒崇拜与圣物收集

整个墨洛温时期是圣徒崇拜的繁荣时期，墨洛温王室和地方贵族都将圣徒作为自己的保护人。圣徒崇拜也是墨洛温王室从思想文化上巩固其统治地位的一项主要措施。因为在当时，圣徒既可以自由穿梭于常识世界，又能在各种神秘的原始信仰和基督教故事中往来无碍，这使得圣徒崇拜在基督教化过程中较为容易被民众接受。7世纪西班牙西北部的苦行者巴莱里奥（Valerius of Bierzo）记载了当地道德败坏、世风日下的状况，但没有提到异教行为的再现。威克汉（Wickham）认为很有可能是巴莱里奥本人没有将"点蜡烛、投面包、

---

① Raymond Van Dam, *Saints and Their Miracles in Late Antique Gaul*, p. 23.

念咒"等原始宗教行为视为不符合基督教信仰的仪式。① 弗拉克里认为，墨洛温时期的基督教与其说是"城市宗教"，还不如说是"圣徒和圣物崇拜的宗教"②。王后作为王室宗教慈善活动的代表，在敬奉高卢有影响力的地方圣徒的同时，也着力确立并推崇王室圣徒的崇拜，增加王权的神圣威望。究其原因在于圣徒死后更容易控制，王室资助修建修道院，将圣徒安葬在教堂里，王后可以通过她信任的主教组织信徒朝圣，从而增加自身的权威和影响力。克洛维一世的王后克洛蒂尔德致力于圣格诺韦法（Geneviève/Genovefa）③、圣彼得和使徒崇拜，巴黎、苏瓦松和索恩河畔 - 夏龙都建立起王室的圣徒崇拜之所。圣文森特、圣梅达德、圣马孔等都属于法兰克墨洛温王朝的王室圣徒。④

为了繁荣圣徒崇拜，王后为王室礼拜堂和她们支持的修道院收集圣物，将这些圣物隆重地安置在其中的大教堂内，制造诸多"奇迹"。通过这种手段，她们将这些修道院的教堂作为王室陵墓，以确保长久地为她们的已故亲属祈祷。例如，在圣文森特教堂（也称巴黎圣日耳曼教堂）里埋葬着希尔德贝特（教堂的建立者）⑤、希尔佩里克⑥、希尔佩里克的儿子克洛多维希和墨洛维⑦、王后弗雷德贡德、克洛塔尔二世等王室成员⑧。6 世纪后期，随着修道院的大量兴建，王室成员和贵族精英纷纷被埋在了修道院的教堂内，而其他大多数人

① Chris Wickham, *The Inheritance of Rome: A History of Europe from 400 to 1000*, Allen Lane of the Penguin Group, 2009, pp. 186 – 188.
② Paul Fouracre, "The Work of Audoenus of Rouen and Eligius of Noyon in Extending Episcopal Influence from the Town to the Country in Seventh-Century Neustria", *Studies in Church History*, Vol. 16, 1979, p. 81.
③ Gregory of Tours, *The History of the Franks*, IV. 1, p. 197.
④ Raymond Van Dam, *Saints and Their Miracles in Late Antique Gaul*, pp. 23 – 27.
⑤ Gregory of Tours, *The History of the Franks*, IV. 20, p. 215.
⑥ Gregory of Tours, *The History of the Franks*, VI. 46, p. 381.
⑦ Gregory of Tours, *The History of the Franks*, VIII. 10, p. 441.
⑧ J. M. Wallace-Hadrill (trans.), *The Fourth Book of the Chronicle of Fredegar*, chap. 56, p. 47.

开始葬在教堂周围。这种埋葬模式的变化带来了定居模式的改变，增强了等级意识。而对于圣物（圣徒遗物）的收集有助于提高王后的声望，她们的代祷作用获得了认可。会众的祈祷和圣物的超自然力不仅增强了墨洛温王权的神圣性，而且提高了王后本身的威望，使她有更多的机会与教俗贵族合作，结成自己的权力关系网。

圣徒崇拜也是墨洛温王室地方治理的一条重要途径。圣徒之墓和圣物之上所建的教堂关联着人们日常生活的方方面面。可以说不仅城市有教堂，乡村也有，王后通过慷慨的王室捐赠与这些圣徒崇拜之所建立了联系，正如詹姆斯（E. James）所言，6～7世纪明显是兴建教堂的时代，法兰克东北部建立的是大量修道院。① 治病是人们去教堂进行圣徒崇拜的主要原因，但并不是唯一原因。由于当时人相信神意，相信奇迹，人们也会因纠纷而去教堂，希望得到公正的裁决；也会因困惑之事而去，希望获得神圣的建议。在墨洛温时期，高卢大部分地区圣徒崇拜和修道院的苦修融为一体。像图尔的圣马丁崇拜和修道院是混在一起的。马丁自己的苦修习俗没有排除与妇女的联系。② 在5～6世纪马尔穆提埃似乎不是一个治病的圣所，而是朝圣和祈祷之地。该修道院也为朝圣的女游客开放。③ 拉戴贡德在修道院内也利用"奇迹"治病，迅速吸引了大批信徒，甚至引起普瓦提埃地方主教的不满。7世纪后半叶，修道院和圣徒的圣坛之间的区别消失了，圣徒的圣坛坐落在修道院内。高卢北部建立的每一所修道院或修女院都包含几个教堂，一般有2～3个，多的达5个。④

① Edward James, *The Franks*, Oxford, 1988, p. 151.

② C. Stancliffe, *St. Martin and His Hagiographer: History and Miracle in Sulpicius Severus*, Oxford, 1983, pp. 321 - 322.

③ Julia M. H. Smith, "Access to Relic Shrines in the Early Middle Ages", in Kathleen Mitchell and Ian Wood (eds.), *The World of Gregory of Tours*, p. 165.

④ Edward James, "Archaeology and the Merovingian Monastery", in H. B. Clarke and M. Brennan (eds.), *Columbanus and Merovingian Monasticism*, BAR International Series 113, Oxford, 1981, pp. 35 - 36.

王后鲍尔希尔德时期是女性圣徒崇拜最为繁荣的时期。650～699 年女性圣徒人数最多。墨洛温法兰克教会在地方管理中起着极为重要的作用。王室出资修建的修女院，居住着公主，而且经常有王室成员来参观，必定有助于增强当地居民的圣徒崇拜。当地居民大量涌入这些修女院的教堂不仅是听弥撒，而且是为了一睹来参观访问的国王、王后以及他们的代理人。而众多的圣徒和圣物崇拜几乎排满了修道院的崇拜日程表。这些人生活在这种宗教环境下，潜移默化地影响着地方政治。

鲍尔希尔德以繁荣圣徒崇拜来加强对纽斯特里亚的政治控制权。努瓦永主教艾里基乌斯更确切地说是一位乡村传教士。他扩大教会在乡村的影响力的两条主要途径之一是寻找圣物，创建新的宗教圣地；之二是捐赠大量土地和财物，并用强大的政治权力给予各种保护。这一政策，被鲍尔希尔德王后进一步推广。① 艾里基乌斯晚年是她的密友和顾问，660 年艾里基乌斯死后，鲍尔希尔德想要将他的圣体埋在谢尔。她与法利穆提埃保持着密切联系。在 7 世纪中期法利穆提埃有三名英国公主都是埃塞尔思里斯（Æthelthryth）和赛克斯伯格②的近亲。而修女厄康格塔（Eorcongata）是赛克斯伯格和她丈夫肯特国王厄康贝特（Eorcenberht，640～664 年在位）的女儿。其中厄康格塔和她的阿姨埃塞尔思里斯在 7 世纪六七十年代成为法利穆提埃的敬奉对象，这被认为是鲍尔希尔德所促成的女性圣徒崇拜。正如我们所见，这些崇拜对于英国的伊利修道院尤为重要。③ 鲍尔希尔德介入整

① Paul Fouracre, "The Work of Audoenus of Rouen and Eligius of Noyon in Extending Episcopal Influence from the Town to the Country in Seventh-Century Neustria", *Studies in Church History*, Vol. 16, 1979, pp. 77–91.

② 埃塞尔思里斯是东英吉利王安纳（634～654 年在位）之女，赛克斯伯格是她的妹妹，原为肯特国王厄康贝特的妻子。详见［英］比德《英吉利教会史》，陈维振、周清民译，商务印书馆，1991，第 266～270 页。

③ Alan Thacker, "The Making of a Local Saint", in Alan Thacker and Richard Sharpe (eds.), *Local Saints and Local Churches in the Early Medieval West*, Oxford: Oxford University Press, 2002, pp. 58–60.

个纽斯特里亚－勃艮第王国城市和郊区的崇拜场所，是建立在乡村经济基础上的世俗政权接近并管理城市的一种模式。奈尔森指出，蛮族世俗和宗教权力的空间错位意味着国王（尽管基础在乡村）不得不找到一种接近城市的特定模式，而圣徒崇拜场所就是这一纽带。[1]

表2　500~749年的欧洲圣徒

年份	圣徒总数(人)	男性圣徒(人)	女性圣徒(人)	女性圣徒所占百分比(%)
500~549	236	213	23	9.7
550~599	304	281	23	7.6
600~649	201	180	21	10.4
650~699	365	292	73	20.0
700~749	230	176	54	23.5

（该数据统计资料引自 Jane Tibbetts Schulenburg, "Female Sanctity: Public and Private Roles, ca. 500 – 1100", in Mary Erler and Maryanne Kowaleski (eds.), *Women and Power in the Middle Ages*, The University of Georgia Press, 1988, p. 104。）

拉戴贡德一生钟情于圣物收集，应她的要求，受人尊敬的神父马格努斯（Magnus）为她带来圣安德鲁的圣物，她将其放在圣坛上。[2]她派遣雷诺瓦利斯（Reoval/Renovalis）去拜访耶路撒冷宗主教，向他要求获得圣马梅斯（St. Mammas）的圣物[3]，她从拜占庭皇帝君士坦丁二世和他的妻子索菲亚那里获得"圣十字"，这也成为她收集圣物的顶点。她将这些圣物重新安置以便使其影响最大化，进一步促成了"奇迹"和朝圣。[4]圣十字残片是拉戴贡德通过她远在君士坦丁堡

---

[1] Janet L. Nelson, "Charles the Bald and the Church", in *Politics and Ritual in Early Medieval Europe*, p. 77.

[2] J. McNamara, J. E. Halborg and G. Whatley (eds. and trans.), *Sainted Women of the Dark Ages*, Radegund 2, p. 94.

[3] J. McNamara, J. E. Halborg and G. Whatley (eds. and trans.), *Sainted Women of the Dark Ages*, p. 95

[4] Cynthia Hahn, "Collector and saint: Queen Radegund and devotion to the relic of the True Cross", Word & Image, Vol. 22, 2006 (3), pp. 268 – 274.

的表亲阿玛拉弗雷德（Amalafrid）① 的关系得来的。弗图纳图斯写诗赞美圣十字残片的安置情景：

> 致归来时的拉戴贡德：
>
> 什么时候我的脸上又容光焕发？什么事情耽搁了你，好久不见？你带走了我的快乐，你回来快乐就跟着回来了。你使复活节多了一份庆祝，尽管这颗种子才刚刚开始出现于犁沟。这一天，看到你，我已经收获满满。现在，我储藏了果实，储存了一捆捆成熟的稻子；四月是八月最好的准备：尽管第一朵花蕾和卷须才刚刚出现，这也是我的秋季和收获葡萄的季节。苹果树和高高的梨树现在发出芬芳的气味，但在它们开出新的花时已经为我结出果实。虽然这光秃秃的地面还没有被谷穗装饰，但随着你的归来，一切都将绽放光彩。②

卡梅隆（A. Cameron）认为，拉戴贡德在派出使节时必定显示出一种王者之气。她看到的是比普瓦提埃城内的修女院更远的地方。除了宗教的考虑之外，更多的是培养法兰克与拜占庭的友好关系。③ 拉戴贡德通过圣物提高普瓦提埃修女院的声望也侧面反映出当时的墨洛温社会圣徒崇拜已经为大众所认可。但是，教会不可能让圣物长期逃离自己的视线，而且，墨洛温时期的《教会法》规定不能将圣物安置在私人礼拜堂内，大型的圣日崇拜必须在教区大教堂举行。像拉戴

---

① 阿玛拉弗雷德是赫尔曼弗雷德之子，图林根灭亡后，他逃到拜占庭为东罗马皇帝服务。拉戴贡德与他的儿子阿塔克（Artachis）有书信往来。见 Judith George (trans.), *Venantius Fortunatus: Personal and Political Poems*, pp. 116 – 117。

② Judith W. George, *Venantius Fortunatus: A Latin Poet in Merovingian Gaul*, Oxford: Clarendon Press, 1992, p. 30, 197.

③ A. Cameron, "The Early Religious Policies of Justin Ⅱ", *Studies in Church History*, Vol. 13, 1976, pp. 51 – 67.

贡德这类持有圣物的王室成员必定增加了王室与教会合作的筹码。事实也证明她利用圣物与圣希拉里崇拜抗衡。格里（P. Greay）表明，创造性的圣物崇拜从 8 世纪以降在欧洲繁荣，当时圣物和圣体在整个欧洲和东方被转运。[①] 彼得·布朗也指出，在图尔的格雷戈里时代，高卢主教们经常发现并转运圣物，谨小慎微地将其安置在新修的圣所内。正是圣物的价值、圣物与上帝比肩的地位，使得他们为自己的共同体赢得了新的保护人。[②] 圣物和圣物收集者之间存在一种匹配关系。成功获得圣物可以被视为获得之人价值的表征。[③] 如果拥有圣物的人与他的身份地位不符，那么他将会得病，直到圣物找到相称的看护人。[④] 宝多妮维雅曾记载有关圣赛伊克斯石头上的耶稣脚印的来历。她将此描述为拉戴贡德与耶稣的一次会面。

> 她的神圣生活犹如她的脸一样甜美而纯洁。在她升天的前一年，她在幻境中看到为她准备的地方。一位非常富有的年轻人来见她。他是最美丽的，像年轻人一样有着娇嫩的皮肤，当他与她讲话时声音富有磁性。但是她极力保护自己拒绝他的甜言蜜语。因此，他对她说：“你为什么如此渴望并满含热泪地寻找我呢？你为什么祈求、抱怨和呼唤大量的祈祷，为什么为了我这个一直与你同在的人的利益而折磨着你自己？啊！我的珍宝，你必须知道你是我王冠上的第一颗珍珠。”人们可能怀疑这位拜访者是她

---

① P. J. Geary, *Furta Sacra*: *Thefts of Relics in the Central Middle Ages*, New Jersey: Princeton University Press, 1990, pp. 74－78.

② P. Brown, *The Cult of the Saints*: *Its Rise and Function in Latin Christianity*, London: The University of Chicago Press, 1981, p. 95.

③ P. Brown, "Relics and Social Status in the Age of Gregory of Tours", Stenton Lecture, 1976, reprinted in Brown, *Society and the Holy in Late Antiquity*, London: The University of Chicago Press, 1982, pp. 222－250.

④ Brian. Brennan, "St. Radegund and the Early Development of Her Cult at Poitiers", p. 349, n. 46.

在世时全身心投入的人，怀疑他正在展示她在她自己的荣耀中能享受到什么。①

拉戴贡德要求马罗韦乌斯以最高的尊荣为她安置圣物，教皇大格里高利也要求布伦希尔德以最高的尊荣安置圣物。"我们告知你，我们从带来礼物的柳帕里克（leuparic）那里收到了你的来信，按你的要求，我们已将使徒彼得和保罗的圣物交给你所说的这位长老。……你必须明白这些圣物必须以合适的尊荣安置，那些出席安置仪式的人应无负担、不受折磨，以免由于外在所需造成的压力使他们觉得无利可图而慢待上帝。上帝禁止这些圣物遭受损害和忽视。"②

总之，王后为王室礼拜堂和她所支持的修道院收集大量的圣物，大力推崇王室圣徒的崇拜，将其作为一种地方治理的途径，不仅影响着人们的日常生活，而且深深影响着墨洛温人的精神世界。

二　王后－圣徒

墨洛温时期的一些王后在死后被人们奉为圣徒，其中较为典型的有克洛蒂尔德（崇拜日是 6 月 3 日③）、拉戴贡德和鲍尔希尔德（崇拜日是 1 月 30 日④）。除了有关王后生前死后的"奇迹"之外，她们

---

① J. McNamara, J. E. Halborg and G. Whatley（eds. and trans.），*Sainted Women of the Dark Ages*, Radegund 2, p. 101.

② Philp Schaff and Henry Wace（eds. and trans.），*Gregory the Great*，*Epistle L*, Nicene and Post-Nicene Farthers, Vol. 12, p. 202；https：//epistolae. ccnmtl. columbia. edu/ letter/327. html，2017 年 3 月 24 日。

③ Dick Harrison, *The Age of Abbesses and Queens*, p. 77.

④ Yitzhak Hen, *Culture and Religion in Merovingian Gaul*, *481 – 751*, p. 108.

被封圣的理由各不相同。克洛蒂尔德被封为圣徒的理由是她成功地劝说克洛维及王国的其他要人皈依正统基督教，开启了法兰克王国的基督教化进程。此后的墨洛温王后们在宗教领域都充当这种中介角色。拉戴贡德与教皇和主教们有紧密合作，鲍尔希尔德摄政虽然短暂，但促成了教会改革，她们在宗教方面的活动直接影响到王国的政治。王后－圣徒是由王室与教会共同策划推崇的一种大众崇拜和信仰。

585～586 年，在贡特拉姆召集的马孔主教会议上，一位主教坚持认为妇女不能被包含在"人"这一术语中。然而，他接受了其他主教的辩驳之后没有再说什么。① 可见，当时女性的作用日益引起了教会的关注。不可否认这种观念的改变与这些王后在政治中的影响有重要关系。在那个相信奇迹的时代，可以说王后－圣徒对于当时人对女性认识的变化功不可没。

（一）王国和平的代祷者——克洛蒂尔德

克洛维的王后克洛蒂尔德不仅劝说国王克洛维等人皈依公教，更重要的是这位王后有着天然的母性和仁慈，是中世纪早期好战的国王的代祷者。克洛维出征之时，她大多待在教堂为他祈祷。格雷戈里和圣徒传作者称赞转变后的克洛蒂尔德王后的第二类身份是慈爱的祖母与和平的代祷者。克洛蒂尔德王后住在巴黎期间与已故的大儿子克洛多梅尔的孩子们相处甚欢，这引起了她的另外两个儿子希尔德贝特和克洛塔尔的怀疑，他们认为母后克洛蒂尔德是想让她的孙子们继承王国，于是将其中两位杀害，一位逃跑了。② 此后，克洛蒂尔德将他们的尸体运回巴黎埋葬，她开始了虔诚的宗教生活。

---

① Gregory of Tours, *The History of the Franks*, Ⅷ. 20, p. 452.

② J. McNamara, J. E. Halborg and G. Whatley（eds. and trans.），*Sainted Women of the Dark Ages*, p. 47, 也见 Gregory of Tours, *The History of the Franks*, Ⅲ. 18, p. 180。

　　她救济穷人，整夜祈祷。在贞操和美德方面，她显得无可挑剔。她向教堂、修道院和其他圣所捐赠土地维持它们的必要开支（necessary for their upkeep），她的赠予如此慷慨热心以至在她活着时，已经不被看作一位王后，而被视为专心诚意侍奉上帝的侍女。不论是她儿子们的王室地位，还是她的俗世财富（facultas）和野心（ambitio saeculi）都不能令她变节（disrepute）。她以极尽谦卑的方式走向天国的荣耀。[①]

　　王后克洛蒂尔德通过捐赠和祈祷实现了她角色的转变，即从俗世转向神圣，不再影响继承，而是成为和平制造者和代祷者，调和她的儿子们之间的争斗。

　　希尔德贝特和提奥德贝特集合一支军队准备攻打克洛塔尔。当克洛塔尔听闻此事时，他便意识到自己不足以抵挡这支联军，于是躲到树林里。他在树林里建起了高大的路障，将全部希望寄托于上帝的仁慈。王后克洛蒂尔德知道了所发生之事后，去了圣马丁墓前，她俯伏在地！整夜祈祷她儿子们之间的内战不要爆发。……希尔德贝特和提奥德贝特派信使去见克洛塔尔求和。说好后他们都回去了。谁也别怀疑这一奇迹是由圣马丁通过王后的代祷而显现的。[②]

　　她在圣马丁墓前的祈祷成为她实现奇迹的一个重要方面，这也是她被奉为圣徒的一个首要条件。这样的奇迹还包括她为工人提供水源、死后强光照耀。

---

① Gregory of Tours, *The History of the Franks*, Ⅲ.18, p.182.
② Gregory of Tours, *The History of the Franks*, Ⅲ.28, pp.185-186.

王国没有充足的酒水。因此，建修道院的工人向王后要求获得酒水，因为水源短缺导致收成不好。圣克洛蒂尔德对此感到很焦虑，但是在修道院被建之所的附近从地下冒出了泉水。它的外观令人愉悦，流出的水是健康的。当工人们找她要酒水的时候，圣克洛蒂尔德让她的一位仆人接了这里的一杯泉水递给他们。但接下来的日子，当太阳似炎炎夏日般炙烤着大地时，工人们又向圣克洛蒂尔德要酒水。根据上帝对她的指导，这位上帝的神圣女仆让她的仆人用一个杯子盛给他们。当他们举起杯时，水变成了酒，他们说他们从未喝过如此美味的酒。[①]

这一奇迹的出现为修道院的建立之所增添了神圣性，更重要的是将这位王后与奇迹联系在一起，促成了对她的圣徒崇拜。最终她被神父们涂油选定为"使徒式的引导者……将她安置在庞大的圣徒队伍中间"。[②]

（二）信仰的典范——拉戴贡德

拉戴贡德与克洛蒂尔德不同，她没有子女，但是在宗教领域有着显赫的地位，堪称时人信仰的典范。她在其丈夫国王克洛塔尔活着时就弃他而去，成为一名修女。[③] 然而，她利用自己的教俗关系网，树立起自己的宗教威望。

奈尔森指出，在这一敏感的王国间地带，拉戴贡德的修女院充当

① J. McNamara, J. E. Halborg and G. Whatley (eds. and trans.), *Sainted Women of the Dark Ages*, p. 48.

② J. McNamara, J. E. Halborg and G. Whatley (eds. and trans.), *Sainted Women of the Dark Ages*, pp. 49 – 50.

③ Paul Fouracre and Richard A. Gerberding, *Late Merovingian France*, Vita Balthildis, 18 – 19, pp. 131 – 132; J. McNamara, J. E. Halborg and G. Whatley (eds. and trans.), *Sainted Women of the Dark Ages*, p. 277.

"宫廷社会的助手"，在权力流动关系网中是一个稳定而关键的节点。① 作为西吉贝特一世和希尔佩里克的继母，拉戴贡德调和他们之间的矛盾与争斗。

> 无论何时，当她听说他们之间出现了痛苦，她都很担心，她送信给他们，恳求他们不要开战，不要拿起武器以免土地荒芜。同样，她送信给他们的高级随从，要求他们给予这些国王们有益的建议以便他们的权力用于造福人民、开疆拓土。她强迫她的信众勤勉地守夜，留着泪动情地教育她们要为这些国王们祈祷。②

她与普瓦提埃主教马罗韦乌斯一直不和，但这并没有影响到她在法兰克教会中的地位。拉戴贡德王后与整个高卢重要的主教们大多来往密切。即便得不到普瓦提埃教区主教们的支持，她也有办法使自己的修女院蓬勃发展，声名远播。弗图纳图斯表明，她维持着巴黎主教日耳曼努斯和修女院的联系。日耳曼努斯的后继者拉格内莫德是修女院的支持者，他送巴黎的大理石供普瓦提埃圣克罗伊斯修女院修建圣坛。弗图纳图斯在诗歌中明显地涉及前王后（ex-queen）拉戴贡德对希尔佩里克的支持。

从《圣拉戴贡德传二》中的记载来看，拉戴贡德的各种行为也获得了国王西吉贝特一世的支持。"拉戴贡德在世时，不征求意见不做事，她送信给统治该地的最卓越的国王西吉贝特，要求他为了整个王国的利益和王国的稳定，允许她去拜占庭皇帝那里请回上帝受难的

① J. L. Nelson, "Gendering Courts in the Early Medieval West", in Leslie Brubaker and Julia M. H. Smith (eds.), *Gender in the Early Medieval World: East and West, 300 – 900*, New York: Cambridge University Press, 2004, p. 187.

② J. McNamara, J. E. Halborg and G. Whatley (eds. and trans.), *Sainted Women of the Dark Ages*, p. 93.

十字架木块。"① 皇帝查士丁二世和皇后索菲亚"送给使节镶嵌着黄金和宝石的福音书"。② 当马罗韦乌斯拒绝为她主持这一圣物的安放仪式时，她又写信给西吉贝特一世请求他派人主持该事宜。

拉戴贡德自己是战争的受害者。因此，对于她来说囚禁和释放是她关注的大事。在她自己写的诗歌中，她表达了她作为一个年轻姑娘被俘、被迫流放的痛苦经历。在致她的侄子阿塔克斯的信中，拉戴贡德将自己描述为"一个被不幸战争冲突驱使的悲惨妇女、一个被俘的妇女"③，"如果我谈及那些不幸战争中度过的岁月，我一个被俘的妇女首先该被描绘得多么悲惨？我除了哭泣还能做什么？我们这一族人被迫死亡，我们的甜蜜族群（家族）被各种变迁毁灭，父亲最先被杀，叔叔跟着倒下，每个亲戚都在我身上留下一个悲痛的伤口。唯一活着的兄长也遭遇不幸，我只能用沙土将他掩埋"④。在《图林根战役》中，她说："我，一个蛮族妇女，不打算掉眼泪，也不愿意在那些倒下之人的忧郁湖水中漂浮。每个人都有她自己的眼泪：只有我拥有她们的所有悲伤，对我而言，痛苦既是私事也是公事。命运对那些被敌人击倒之人是友好的，我，唯一的幸存者，必须为他们所有人哭泣。我不仅要哀悼那些刚刚死去的人，还要为那些仍然活着的人感到悲伤。我的脸上常挂满泪水，我的眼睛是模糊的，我的抱怨是秘密的，但我的关心从未离开。命运撕裂了我令人沮丧的生活。想到他躺在坟墓里，我再次泪如泉涌。……我曾经离开我的家园，两次被囚

---

① J. McNamara, J. E. Halborg and G. Whatley（eds. and trans.），*Sainted Women of the Dark Ages*，Radegund 2，p. 97.

② J. McNamara, J. E. Halborg and G. Whatley（eds. and trans.），*Sainted Women of the Dark Ages*，p. 97.

③ Thiébaux Marcelle（trans. and intro.），*The writings of Medieval Women：An Anthology*，p. 34.

④ https：//epistolae. ccnmtl. columbia. edu/letter/917. html，2017 年 3 月 25 日。

禁：当我的兄长被击倒之时，我再次遭遇这一敌人。"[①]

所以拉戴贡德作为信仰的典范，第一个特征就是她在生前制造了诸多"奇迹"。她拯救穷人，释放囚犯。

> 有一次在她的贝洛尼庄园里，当这位最神圣的妇女饭后在花园里闲逛时，一些被扣押的犯人大声向她呼救。她问是谁，仆人们谎称说是一大群乞丐在寻求救济。她信以为真，给那些人送去救济品。同时这些被囚禁的人因法官而安静下来。但是，到夜幕降临她在祈祷时，这些链子被打破，被解放的囚犯跑向这位圣妇。当那些撒谎的人目睹这一幕时，他们意识到他们是真正的犯人，从前的那些受害者被释放。[②]

弗图纳图斯不仅记载了这一奇迹，而且还描述她在贵族和国王要员之间为死刑犯奔走斡旋。

> 按照习俗，如果国王（克洛塔尔）对一位犯人判死刑，这位最神圣的王后能坐视不管任由犯人被杀吗？她奔走于国王信任的人、廷臣和贵族中间，因为他们的甜言蜜语可能舒缓这位王子的脾气，直到这位国王不再生气，松口答应免去死罪。[③]

在救治财政官多姆诺勒努斯，为其治疗咽喉疾病时，拉戴贡德提

---

① https：//epistolae. ccnmtl. columbia. edu/letter/947. html，2017 年 3 月 26 日。

② J. McNamara, J. E. Halborg and G. Whatley（eds. and trans.），*Sainted Women of the Dark Ages*，pp. 74 - 75.

③ J. McNamara, J. E. Halborg and G. Whatley（eds. and trans.），*Sainted Women of the Dark Ages*，p. 74.

出的条件是释放他囚禁的犯人并修建圣马丁的圣所。

> 在这位圣妇离开人世的那天，一位名叫多姆诺勒努斯的财政官因呼吸困难而日渐消瘦，他梦见自己似乎看到这位圣妇在靠近他的城镇。他跑出去迎接她并问这位圣人给予他什么祝福。然后，她说她来看他，因为人们希望为圣马丁建一座私人礼拜堂，她抓住这位财政官的手说："这里有这位忏悔者的尊贵遗物，你能借此为他建一处他认为最合适的圣所。"……然后，在他沉睡中，她用手托起他的下巴轻抚他的喉咙说："我来了，上帝可能赐予你健康。"他梦见她要求："在我活着时，为我，释放那些你囚禁的人。"①

这一梦境中的奇迹可以被视为对具体的社会弊病和身体疾病的回应；这也预示着灵魂的救赎和净化，为9世纪《德罗戈圣礼书》中所记载的将洗礼和麻风病人的救治联系起来开了先河。

弗图纳图斯和宝多妮维雅都记载了她的那件毛衣和修道室治病的奇迹。这种奇迹与她的苦修共同造就了她作为圣徒的资格。这位王后所用的医疗资源（草药和御医）增加了她的神圣性。宝多妮维雅补充了大量的奇迹，适当地突出了拉戴贡德的政治敏锐性和对圣物的控制权威。② 除了治好财政官多姆诺勒努斯，她还治好了一位木匠之妻，复活了一棵月桂树。

> 一位木匠的妻子被恶魔缠身多日。这位可尊敬的修女院院长

---

① J. McNamara, J. E. Halborg and G. Whatley (eds. and trans.), *Sainted Women of the Dark Ages*, p. 85.

② Lynda L. Coon, *Sacred Fictions: Holy Women and Hagiography in Late Antiquity*, p. 135.

开玩笑地对这位圣妇（指拉戴贡德）谈及这位木匠之妻时说："相信我，如果这位妇女三天内没有被净化和恢复，我将把你逐出教会。"她公开这样说，但是私下里向这位圣妇道歉，因为她对这位受折磨的人治疗得很慢。简言之，第二天在这位圣妇的祈祷下，魔鬼从她的耳朵出来并放弃了他用力抓着的小容器。毫发无伤，她与她的丈夫回到旅客招待所。

这位圣妇要求将一株茂盛的月桂树连根拔起并移栽到她的修道室旁，以便她能在那里观赏它。但是这样做了后，树上所有的叶子都枯萎了，因为这株移栽的树没有生根。这位修女院院长开玩笑地批评她要么为树祈祷，让它在土里生根，要么她自己绝食。她没有白说，通过这位圣妇的代祷，这株枯萎的月桂树的枝叶再次变绿。①

然而，当我们抛开这些奇迹来看，我们也能从中看出不一样的拉戴贡德。她在结婚当晚谎称内急，在寒夜里祈祷；她哥哥死后，她不顾贵族们的反对，逼着努瓦永主教梅达德封她为女执事。"这位最神圣的妇女估计了一下形势，进入圣器收藏室，穿着修道装束并径直走向圣坛，对圣梅达德说：'如果你退缩而不给我封圣，害怕上帝之外的人，那么他将要求他的羊群的灵魂离开你的管理。'他（圣梅达德）被这言论吓了一跳，将手放在她头上，他封她为女执事。"② 可以想象，在没有征得国王克洛塔尔一世的同意而将王后接受为修女是一件多么危险的政治事件，其本质是她与国王婚姻关系的解除。从政治史和社会史的角度看，这一时期国王的伴侣只有被遗弃的，还没有

---

① J. McNamara, J. E. Halborg and G. Whatley（eds. and trans.），*Sainted Women of the Dark Ages*，p. 83.

② J. McNamara, J. E. Halborg and G. Whatley（eds. and trans.），*Sainted Women of the Dark Ages*，Radegund 2，p. 75.

主动遗弃国王的。从中，我们可以感受到她的任性和所拥有的强大政治关系网。这一点在她得不到普瓦提埃教区主教马罗韦乌斯的支持转而接受凯撒利亚的苦修会规并动用国王西吉贝特的力量，为安置圣物举行奢华的仪式一事上表现得尤为明显。宝多妮维雅记载了她干涉地方的异教崇拜：

> 受夫人安西弗雷达（Ansifrida）的邀请，她（拉戴贡德）带着一批世俗随从走在去赴宴的路上。在离这位神圣的王后出行队伍大约一英里处有一座神庙，法兰克人在那里祭拜。听说此事，她命令她的仆人们用火烧了这座法兰克人敬拜的神庙，因为，她断定藐视上帝敬拜魔鬼是极邪恶的。听说此事后，一群法兰克人试图用剑和棍子保护这个地方，他们被魔鬼刺激得大声嚷嚷。但是，这位神圣的王后，心里装着基督，直到这所神庙被烧成废墟，对方与她和解，她才动身让她的马前行。①

圣徒传作者对拉戴贡德和鲍尔希尔德的个人品德作了详细描述。我们可以从中看出当时人对王后圣徒的角色期待。这些作者强调女性的家庭角色，淡化她们作为王后的俗世权威。

> 当所有的修女熟睡之后，她收集她们的鞋子，将它们打理干净并涂上油。……如果别人先于她做了好事，她将惩罚自己。当她打扫修道院的道路时，她甚至冲刷犄角旮旯，带走那里所有的脏东西，从未因为恶心而弃之不理，其他人看到此都不寒而栗。她不怕打扫厕所，但是害怕清理粪便。因为她认为这些糟糕的服

---

① J. McNamara, J. E. Halborg and G. Whatley（eds. and trans.）, *Sainted Women of the Dark Ages*, Radegund 2, p. 87.

务并不能使她变得高贵而且会贬低她。她抱柴火，向火塘吹风，用火钳生火，即使被烧伤也不退缩。在安排的值周之外，她照顾体弱者，为他们做饭、洗脸、倒热水，挨个走访她关照的地方，然后回到她的修道室斋戒。[①]

弗图纳图斯描绘了拉戴贡德建立普瓦提埃修女院之前在赛伊克斯（Saix）的公共生活场景，说她忙得像新的马大（Martha），直到这些"弟兄"都吃饱喝足。

> 有一个名叫马大的女人，接他（耶稣）到家里。她有一个妹妹，名叫玛利亚，坐在主的脚前听道。马大被许多要做的事弄得心烦意乱，就上前来说："主啊！我妹妹让我一个人侍候，你不理吗？请吩咐她来帮我。"主回答她："马大，你为许多事操心忙碌，但是最要紧的只有一件，玛利亚已经选择那上好的份，是不能从她那里夺走的。"[②]

在此，弗图纳图斯借用《路加福音》中的马大这一人物形象，将拉戴贡德的谦卑和仁慈通过供给食物和洗脚表达出来。这种服务于高卢使徒的家庭形象体现了法兰克人在基督教化进程中王后角色的转变，即从战争中的伙伴转变为家庭中的仆从。他注意到拉戴贡德戒掉了葡萄酒、蜂蜜酒和啤酒，而给予他食物方面的接济。"在晚饭前，她像一位好客的主人那样站着，她切面包和肉并供给每个人，而她自己是禁食的。而且，她不停地用勺子为盲人和体弱者供给食物。"弗图纳图斯也描述拉戴贡德被封为女执事之后如何制作面包以备在圣餐

---

① J. McNamara, J. E. Halborg and G. Whatley (eds. and trans.), *Sainted Women of the Dark Ages*, Radegund 2, p. 80.

② Luke10：39；40.

仪式中食用并分发给各处圣所。"效仿圣日耳曼努斯的习惯，她私下带了一块磨石。整个四旬斋期，她亲手磨制面粉。她继续分发每种供给品给地方宗教共同体，每四天发一次所需餐食。"

在对待自己的肉体方面，拉戴贡德进行着几乎自残式的苦修。这种苦修延续了早期的殉教观，预示着一种自愿的精神殉教。在没有大规模宗教迫害的年代，她希望通过苦修成为一名殉教者。她刻意模仿受难的基督将自己监禁在修道室进行严苛的苦修。宝多妮维雅称拉戴贡德是"自己肉体的狱卒"[①]，她笔下的拉戴贡德是忠于配偶的女子而不是童贞女。伍德也认为关于克洛塔尔一世对拉戴贡德成为一名修女的态度，两位圣徒传作者有着全然不同的解释。[②]

弗图纳图斯详细记载了她的饮食和身体方面的自残自虐。对于这位最神圣的妇女而言，除了主最尊贵的日子外，每一天都是斋戒日。

> 扁豆或绿色蔬菜餐事实上就是她的斋饭，因为没有鸡鸭鱼肉，没有水果，也没有鸡蛋。她吃的面包由黑麦或大麦制成，她将这些面包做成布丁以免人们注意到她吃的东西。至于饮品，她喝白水、蜂蜜水、梨汁，但是，不管多渴，她只倒一点儿喝。……她第一次在整个四旬斋期把自己隔离开。除星期天之外，她不吃面包，仅吃一些草本植物的根和葵菜，至于调味品，连油和盐都不放。事实上，在整个斋戒期，她仅用了两赛斯塔（sestarius，相当于二品脱）水。结果，她非常口渴以致几乎不能通过干燥的喉咙唱圣诗。她穿着一件毛的而不是亚麻材质的衬衣守夜，还不停地祷告。她睡的床沾满灰尘，上面铺着毛布。

---

① J. McNamara, J. E. Halborg and G. Whatley（eds. and trans.），*Sainted Women of the Dark Ages*, p. 90.

② Ian Wood, *The Merovingian Kingdoms 450 – 751*, p. 137.

这种方式休息本身使她疲倦，即便如此，她也不允许自己有足够的休息时间。

这位王后－圣徒不仅在饮食方面克制自己，还对自己的身体进行各种摧残，以示自己的神奇力量，为自己制造奇迹。

有一次四旬斋期间，她将她的脖子和手臂用三个大铁环套住，在其中嵌入三根铁链，她将自己的整个身体紧紧束缚起来以致她娇嫩的皮肉肿胀起来，铁链陷入肉里。斋期结束后，当她想要撤下身上的铁链时已经不行了，因为铁链勒进胸前和后背的肉里，以致她纤弱身体的血都快流干了。

又有一次，她命令将一块铜板制成十字架。她在修道室中将其加热并在她身上烙下两个深深的十字印记。……一次四旬期，除了斋戒忍饥挨饿之外，她还设计了更为可怕的折磨自己的办法。她强迫自己纤嫩的已经化脓的、用毛巾擦过的未愈的肢体去端一个盛满燃烧煤块的水盆。①

拉戴贡德虽然是苦修者，但她又不同于早期的殉教士，她的关注点不在于个人救赎，而是利用她的权力惠及更大的共同体，受惠者既有俗人也有修道人士。她对苦修生活的渴望与克洛塔尔为她所设定的公共的、世俗的政治角色是并置的。② 在写给高卢主教们的信件中，她谈及她在圣赛伊克斯的圣克罗伊斯修女院。她将自己的修道共同体想象成一个超越死亡的精神家园。

---

① J. McNamara, J. E. Halborg and G. Whatley（eds. and trans.），*Sainted Women of the Dark Ages*, Radegund 1, pp. 79 – 81.

② Magdalena Elizabeth Carrasco, "Spirituality in Context: The Romanesque Illustrated Life of St. Radegund of Poitiers", *The Art Bulletin*, Vol. 72, 1990（3）, p. 433.

　　我满怀激情地自问我能胜任什么，如何帮助其他妇女前进，如果我们的上帝赞许，我自己的愿望如何有益于我的姐妹。因此，我在普瓦提埃城为修女们建一所修女院。……在得到普瓦提埃城主教和其他与他共事的高级教士的完全赞同下，通过我们共同体的正当选举，我任命阿格内斯女士为修女院院长。对我而言，她就像是我的姐妹，我喜爱她并从小像抚养女儿一样抚养她。①

（三）谦卑和仁慈的化身——鲍尔希尔德

对于鲍尔希尔德的记载，没有生前的奇迹，但是赋予其死后的奇迹。退隐谢尔修道院后，鲍尔希尔德回归女性圣徒的谦卑和仁慈。

　　在服务人员中，她是最值得尊敬的，她对宗教生活方式的仰慕和虔诚取悦了这位首领（宫相）和他的所有仆人。她的确心地善良、脾性温和、头脑谨慎，能够未雨绸缪。她没有陷害过任何人。她不因自己面容姣好而轻浮，说话也不冒失，她的所有行为都是最可敬的。她身居高位而不傲慢；她从长辈的脚上脱下鞋子、洗净晾干；她为他们打水并及时准备衣服；她为他们做的这一切服务都没有怨言，且怀有一颗善良而虔诚的心。②

圣徒传作者突出她的美貌以及她的良好品行，强调她的家庭角色，即从事各种家务劳动，从而进一步阐释了墨洛温王朝女圣徒的仁慈和顺从品质。

---

① Gregory of Tours, *The History of the Franks*, IX. 42, p. 535.
② Paul Fouracre and Richard A. Gerberding, *Late Merovingian France*, p. 119.

她将国王视作她的领主；对于大贵族而言，鲍尔希尔德是母亲；对于主教而言，她是女儿；对于年轻人和男孩而言，她是保姆。她对所有人都很友好，像爱父亲一样爱主教们；像爱兄弟们一样爱修士；像一个忠诚的保姆一样爱穷人，给予所有人慷慨的救助。①

后来，按照法律她被革职，将王位（principate）留给她的儿子们。一些年后，他们中最年长者和平安宁地统治一段时间后（据悉他最强大）去世，留下他的两个弟弟。现在将要发生的事只有靠上帝决定了。②

664 年，鲍尔希尔德的摄政生涯离奇终结。《圣鲍尔希尔德传》暗示鲍尔希尔德被迫退隐修道院的原因是贵族们害怕受到这位王后的惩罚，而巴黎主教西格布兰德（Sigobrand）之死是罪有应得。

她的圣意是成为她所建的谢尔修道院的一名修女，但是法兰克人很爱戴她，若不是因为卑鄙的主教西格布兰德暴乱，他们不允许她这样做。西格布兰德在法兰克人中骄傲自恃，招致杀身之祸。的确，他们违背她的意愿计划杀死他。由于害怕受到她的强烈反对，担心她为西格布兰德复仇，他们突然发慈悲并允许她进入这所修道院。无疑，这些贵族们（princes）答应此事并非出于好心。③

---

①　Paul Fouracre and Richard A. Gerberding, *Late Merovingian France*, pp. 121 – 122.

②　T. Head（ed.）, *Medieval Hagiography*: *An Anthology*, pp. 161 – 162.

③　J. McNamara, J. E. Halborg and G. Whatley（eds. and trans.）, *Sainted Women of the Dark Ages*, p. 273; Paul Fouracre and Richard A. Gerberding, *Late Merovingian France*, p. 126.

长期以来有学者推断鲍尔希尔德隐退谢尔修道院与西格布兰德有
很大关系，其理由是，西格布兰德的前任克罗多贝特（Chrodobert，
654～660年担任巴黎主教）是埃布罗因阵营的主要成员，而新上任
的西格布兰德是王后阵营中的成员。圣徒传作者称他在法兰克人中表
现傲慢而被杀害，之后，杀死他的贵族们害怕受到这位王后的惩治而
将她送入谢尔修道院。奈尔森等学者认为，鲍尔希尔德王后进入谢尔
的时间应该是664年，因为这是她签署最后一份特许状的时间；然
而，克鲁斯从一份特许状中发现西格布兰德在667年还活着。① 即便
中世纪人的时间概念有些模糊，三年的时间也是能区分的，因而，说
西格布兰德主教对王后的隐退有直接影响是有待商榷的。弗拉克里赞
同奈尔森的观点，认为鲍尔希尔德隐退至谢尔更具有说服力的理由恐
怕是克洛塔尔三世当时已经成年②，掌权的贵族团体希望王后将王国
政治归还给墨洛温人，从而做到"挟天子以令诸侯"。英国学者劳伦
斯（C. H. Lawrence）认为一场可能与鲍尔希尔德的修道资助政策相
关的政治动荡最终迫使她放弃了权力。③ 弗拉克里认为鲍尔希尔德的
圣徒传作者虽然关注她的虔诚行为，但是他也向我们表明他意识到了
派系斗争。④ 这位圣徒传作者将她保持和平的作用赋予宗教神圣性。
她重塑这位王后有争议的政治生活，将她的世俗权威从属于她的家内
虔诚。⑤ 库恩认为《圣鲍尔希尔德传》的作者可能仅仅是扩大了这位

① J. McNamara, J. E. Halborg and G. Whatley（eds. and trans.）, *Sainted Women of the Dark Ages*, p. 266, n. 14.

② Paul Fouracre and Richard A. . Gerberding, *Late Merovingian France*, pp. 112 – 113; Janet L. Nelson, "Queens as Jezabels: the Careers of Brunhild and Balthild in Merovingian History", p. 22; Ian Wood, *The Merovingian Kingdoms 450 – 751*, p. 225.

③ C. H. Lawrence, *Medieval Monasticism: Forms of Religious Life in Western Europe in the Middle Ages*, New York: Longman Inc. , 1984, p. 45.

④ Paul Fouracre and Richard A. Gerberding, *Late Merovingian France*, pp. 108.

⑤ Lynda L. Coon, *Sacred Fictions: Holy Women and Hagiography in Late Antiquity*, p. 136.

王后活着时她的敌人对她造成的政治惩罚——将她关押在修道院内。[1] 在这位王后眼中，西格布兰德作为主教拥有实实在在的地方控制权，是她平衡王国和贵族间力量的一颗关键棋子。维姆普认为，鲍尔希尔德"低估了贵族的力量"，才会被迫进入修道院。[2]

圣徒传作者试图通过描述鲍尔希尔德死时的行为，展现她淡出人世的自谦形象，但没有记载她死去的具体时间。

> 当这位女士意识到她将死之时，她的圣灵已升至天国。她被授予最大的回报，她极力禁止那些与她待在一起的修女们统治其他的修女和修道院女院长。……那时有一个小孩，即她（鲍尔希尔德）的教女，她希望和这个女孩一起走。这个女孩突然离开她向坟墓走去。然后，这位王后做了一个圣十字的手势，带着忠诚的眼神，用她神圣的双手将这个小孩接到天堂。她的圣灵平和地摆脱了肉体的束缚。突然在这个小房间里光芒四射，无疑圣灵被天使们收走了，她最忠实的老朋友，已故主教杰尼修斯来见她。
>
> 按照她的命令，那些修女们隐藏起她们的痛苦，仅向教士们报告此事。当修道院女院长和众人知道此事之后，她们大哭起来，询问事情怎么发生得如此突然，连她走的时间都不知道。……所有人都俯伏在地上哭着哀悼她。[3]

鲍尔希尔德也没有像拉戴贡德那样苦修和节制。她死后上帝赐予她的坟墓治疗疾病的奇迹。圣徒传作者将她的政治权力转变成一种女

---

[1] Lynda L. Coon, *Sacred Fictions: Holy Women and Hagiography in Late Antiquity*, p. 139.

[2] Suzanne Fonay Wemple, *Women in Frankish Society: Marriage and Cloister, 500 - 900*, p. 69.

[3] Paul Fouracre and Richard A. Gerberding, *Late Merovingian France*, pp. 129 - 130.

性的仁慈、家庭生活、模仿像拉戴贡德之类的墨洛温圣徒王后进行幽闭苦修和忏悔。

现在，为了向信仰者表明她的高尚品行，神性的虔诚在她的圣墓前完成了许多奇事，这样无论谁带着信仰到了那里，发烧者、着魔者、牙痛者都康复了，无论什么烦恼或疾病通过神圣力量和她的神圣代祷立即摆脱了。①

埃弗罗斯（B. Effros）阐明，墨洛温王后的埋葬方式和被纪念的方式值得更多的关注。圣鲍尔希尔德是以一种明显适合于她的世俗身份的方式（作为法兰克王后）而被纪念。② 她的圣徒传评价她在生前做了许多善行，其神圣品性超越了之前的王后克洛蒂尔德、拉戴贡德和符尔特罗戈塔。③

三 王后与圣徒传的创作和传播

墨洛温时期产生了大量圣徒，与之相应地，也产生了大量的圣徒传。王后鼓励圣徒传的创作，资助许多大型的修道院建立了誊抄室和图书馆。

王后主持并参与文化资助活动，撰写圣徒传，进行榜样宣传。在克洛蒂尔德王后的影响下，《圣格诺韦法传》于 520 年左右在图尔创作而成。④《圣格诺韦法传》的创作有利于墨洛温王室圣徒崇拜的推

---

① Paul Fouracre and Richard A. Gerberding, *Late Merovingian France*, p. 130.

② Bonnie Effros, "Symbolic Expressions of Sanctity: Gertrude of Nivelles in the Context of Merovingian Mortuary Custom", *Viator*Berkeley, Los Angeles and London, 1996, p. 2.

③ J. McNamara, J. E. Halborg and G. Whatley (eds. and trans.), *Sainted Women of the Dark Ages*, p. 277.

④ Stéphane Lebecq, "The two faces of king Childeric: History, archaeology, historiography", in Thomas F. X. Noble (ed.), *From Roman Provinces to Medieval Kingdoms*, Londonan and New York: Routledge, 2006, pp. 327 – 338.

广。弗图纳图斯在法兰克王国的早年间，大多数资助来自西吉贝特的奥斯特拉西亚宫廷①，后来一直受拉戴贡德的资助，常常被宴请进修道院舞文弄墨。拉戴贡德王后与他互相切磋诗文，他为她创作的《圣拉戴贡德传一》和修女宝多妮维雅创作的《圣拉戴贡德传二》是同时代的作品，形成了墨洛温时期较为完整的拉戴贡德崇拜文本。而宝多妮维雅为拉戴贡德作传的时期正好是布伦希尔德王后摄政时期，很有可能布伦希尔德王后对此事进行了资助。正如格茨所言，资助他人本身就是宫廷交际的一种表现，它催生了受委托创造的作品。②

鲍尔希尔德在摄政期间开展的一系列活动不仅迎合了日益增长的宗教需求，而且迎合了教会法的兴趣，符合 7 世纪纽斯特里亚和勃艮第的思想活动。她为这些新生事物提供了物质资源，推动了礼拜文本的创作。③ 这些作品为加洛林时期罗马圣礼书大批量传入高卢之前提供了誊抄范本。查理曼为了改革墨洛温留下来的礼拜仪式，于 784 年引入教皇哈德良（Hadrian I）的圣礼书，同时，终止了墨洛温礼拜文本的抄写，但是以纽斯特里亚 - 勃艮第为中心的宗教礼拜仪式和祈祷已经融合为时人宗教生活的一部分。④ 9 世纪科尔比修道院是弗图纳图斯诗歌传播的中心，许多 9 世纪的手稿复制了早期的版本。甘兹（Ganz）指出，657～661 年，当提奥德弗雷德被鲍尔希尔德任命为新建的科尔比修道院院长时，他将一些书籍从卢克瑟带到了科尔比。其中包括伊西多尔的《词源学》。⑤ 这些作品的保留为加洛林文艺复兴

---

① J. W. George, *Venatius Fortunatus：A Latin Poet in Merovingian Gaul*, pp. 27 – 29.

② ［德］汉斯 - 维尔纳·格茨：《欧洲中世纪生活》，王亚平译，东方出版社，2002，第 186 页。

③ Yitzhak Hen, Culture and Religion in Merovingian Gaul, 481 – 751, p. 55.

④ Yitzhak Hen, Culture and Religion in Merovingian Gaul, 481 – 751, p. 60.

⑤ D. Ganz, "The Merovingian Library of Corbie", in H. B. Clarke and M. Brennan (eds.), *Columbanus and Merovingian Monasticism*, BAR Internatinal Series 113, Oxford, 1981, p. 154.

奠定了基础。

拉戴贡德王后作为普瓦提埃的地方圣徒比基督教礼拜仪式更能产生一种参与感和直观性。她提供了一种基督的体验，这种体验比早先的圣经人物和使徒典范更有形，更地方化，更私人化。[①] 卡拉斯科推测，墨洛温时期的圣徒传手稿应为插图版，有直观视觉效果。她称，有关拉戴贡德事迹的重复记载和举行宗教仪式一样，是圣化王后–圣徒的一种途径，她的圣徒传重构了其他圣人（包括基督在内）的经历。

伍德指出，670～700 年的 30 年间产生的大量传记是没有作者署名的，它们来自墨洛温法兰克的各个地区，其中包括《圣鲍尔希尔德传》。[②]

7 世纪的圣徒传的一个明显变化是其记载对象增加了大量的政治主教圣徒，这些圣徒分属于不同政治集团，与王后有着紧密的联系，对俗世政治有着明显影响。一个典型例子就是与布伦希尔德有密切关系的维恩主教德西德里乌斯。他的圣徒传最早由西哥特国王西塞贝特于 621 年左右创作而成。墨洛温时期这类政治圣徒还包括布尔日的苏尔皮西乌斯、鲁昂的奥多因、努瓦永的艾里基乌斯、方丹尼（Fontenelle）的万德利，朱米耶吉斯的菲利贝特、梅斯的阿努尔夫、奥顿的留德加、卡奥尔的德西德里乌斯、克莱蒙的普雷吉克图斯。在法兰克墨洛温时期，圣徒传的传播甚至比《圣经》的传播还要广泛。法兰克高卢各类圣徒传的编写非常丰富，一部圣徒传堪称一部殉教史。尤其是欧塞尔、里昂和奥顿等地是圣徒产生的重要地区，圣徒传像基督教的万花筒，适应着不同的受众群体。而这些圣徒传中大多都有关于王后的记载。

---

① Magdalena Elizabeth Carrasco, "Spirituality in Context: The Romanesque Illustrated Life of St. Radegund of Poitiers", pp. 414–435.

② Ian Wood, *The Merovingian kingdoms 450–751*, pp. 248–249.

7世纪法兰克使用的圣礼书是由《葛拉修圣礼书》（*Gelasianum*）适应地方需要改编而成。据说，该书从英格兰传入法兰克与鲍尔希尔德王后有着密切关系。①

"为修道院院长或修道院的建立者作传常常是修道院在面临危机时的一种反映。"② 两个版本的《圣拉戴贡德传》的侧重点不同。前者强调拉戴贡德对她的王室地位的反叛性，后者呈现她的形象是脱去王后的外衣作为一名圣徒拥抱修道生活。③ 弗图纳图斯将拉戴贡德描绘成集《圣经》人物、教父、殉教者于一身的苦修者，他笔下的拉戴贡德遵循的是殉教传统的苦修，而宝多妮维雅将这位王后的苦修建立在遵守凯撒利乌斯的会规之上。正如斯密斯所言，宝多妮维雅那一代的修女们不得不从整体上重新思考贞洁的意义以及她们达到贞洁的途径。她们有序的生活可能比拉戴贡德更严格地遵守着阿尔勒凯撒利亚会规。④

> 我们对她的虔诚信仰说得越少，我们的罪就越多。即便在她活着时，她也一贯如初从未放松，好像她"坚忍到底将必然得救"⑤，因此，她神圣的小小身躯最终结束了其生命，永久地为上帝之爱殉难了。⑥

---

① Yitzhak Hen, "Rome, Anglo-Saxon England and the formation of Frankish liturgy", *Revue Bénédictine*, Vol. 112, 2002, pp. 301 – 322.

② Yaniv Fox, *Power and Religion in Merovingian Gaul: Columbanian Monasticism and the Frankish Elites*, p. 12.

③ Theresa Earenfight, *Queenship in Medieval Europe*, p. 60.

④ Julia M. H. Smith, "Radegundis peccatrix: Authorizations of Virginity in Late Antique Gaul", in Philip Rousseau and Manolis Papoutsakis (eds.), *Transformations of Late Antiquity: Essays for Peter Brown*, Farnham: Ashgate, 2009, p. 325.

⑤ 宝多妮维雅引用的马太福音中的话。见 Matthew 10:22。

⑥ J. McNamara, J. E. Halborg and G. Whatley (eds. and trans.), *Sainted Women of the Dark Ages*, Radegund 2.21, p. 102.

宝多妮维雅成功地转移了拉戴贡德和马罗韦乌斯之间的矛盾，用大量的"奇迹"塑造了拉戴贡德的圣徒形象，激发起人们对王国和平与稳定的关注，为克洛塔尔二世的统一奠定了思想基础；她将一位外邦女性成功转变成一位法兰克圣徒王后，为后来圣徒崇拜的繁荣播下了种子①，也为后世传记作者们提供了一个范本。

布莱恩·布雷南（Brian Brennan）认为，弗图纳图斯的《圣拉戴贡德传》的写作意图是应对普瓦提埃主教马罗韦乌斯的敌视。因为这位主教一直不支持拉戴贡德的活动。弗图纳图斯将拉戴贡德塑造成"新的马大（new Martha）"，对她的奇迹以及极端苦修的大量记载很可能是有意识地提升拉戴贡德的神圣性。而宝多妮维雅的拉戴贡德传是应修女院院长德迪米亚（Dedimia）的要求，该文本的创作旨在恢复和提升拉戴贡德的声望。因为，拉戴贡德死后不久出现的普瓦提埃修女反叛事件导致普瓦提埃神圣性的下降。② 基钦认为，弗图纳图斯为拉戴贡德作传没有明确的进献对象，不知道是受谁委托，他在写作之时有强烈的性别意识。他要使用不同于男性圣徒的修辞手法去弥补女性圣徒的弱点，这种弥补策略势必强调女性圣徒的男性潜质。③ 彼得·布朗认为，精心策划的高卢的圣物崇拜部分是为了将圣人的"固定剂"添加到社会地位微妙而不稳定的气味中，以期形成中世纪早期稳定的轮廓。④

王后和格雷戈里等作家合力撰写历史，将基督教后权作为文明的动力加以阐述。⑤ 8~9世纪的《圣鲍尔希尔德传》为地方修道院的

① Brennan Brian, "St. Radegund and the Early Development of Her Cult at Poitiers", p. 354.

② J. McNamara, J. E. Halborg and G. Whatley (eds. and trans.), *Sainted Women of the Dark Ages*, Radegund 2, p. 95.

③ John Kitchen, *Saints' lives and the Rhetoric of Gender*, pp. 115 – 116.

④ P. Brown, "Relics and Social Status in the Age of Gregory of Tours", p. 249.

⑤ Theresa Earenfight, *Queenship in Medieval Europe*, p. 55.

建立者们提供了成为圣徒的榜样，地方圣徒大量出现，教会逐渐世俗化。墨洛温王后们的文化资助活动最为活跃，她们拥有着和她们的男性同伴一样的资助方式，同样起着关键作用。后世留存下来的关于这一时期的女性资料较少，在某种程度上看不是女性作用降低，很可能是男性为了巩固和加强自身的权力而销毁和故意掩盖的结果。

6 世纪的圣徒传主要是图尔的格雷戈里和弗图纳图斯的记载。[①]格雷戈里在记载有关王后的事迹之时，有着明确的目的和导向。格雷戈里首先是一位政治家，其次才是作家。他的大量时间是在从事他教区的牧灵关怀，主持宗教仪式，在三位国王尤其是在西吉贝特一世和希尔佩里克一世之间斡旋。他在写作时内心肯定是有相应的读者，是有针对性的。很可能在格雷戈里自己看来，他的作品是他作为图尔主教工作的一部分。因而，以往有些学者批判格雷戈里的《法兰克人史》不可信，这与其说是格雷戈里的作品误导了他们，不如说是这些学者对格雷戈里主要身份的定位发生了偏差。[②]

格雷戈里不仅要维护他的恩主布伦希尔德的声望，也要维护他作为图尔主教的权威。他在记载每一件事、每一个人时，内心都必定铭记着教会法。他将热心于宗教事务的王后们塑造成为国王赎罪的代祷者。对于格雷戈里而言，他身处那个时代有着更多的"奇迹"和个人的亲身体验。563 年，大约 25 岁的格雷戈里发高烧，他冒险到图尔的圣马丁圣坛朝圣之后病就好了，这一年他成为一名执事。他以及好友弗图纳图斯笔下的拉戴贡德王后在生前和死后都有大量的"奇迹"出现。正如范达姆所言，格雷戈里和他的同时代人可能真的认为圣物和圣徒是神圣的，但事实上，从这些"奇迹"和圣徒传中，

---

① Ian Wood, *The Merovingian kingdoms 450 – 751*, p. 246.

② E. T. Dailey, *Queens, Consorts, Concubines: Gregory of Tours and Women of the Merovingian Elite*, p. 163.

我们能够看到人们运用这种神圣性去界定他们共同体的权威、名望和意义。① 也就是说，格雷戈里有关圣徒 - 王后的记载不仅是有宗教意义的，而且是有现实意义的。

彼得·布朗指出，6 世纪的信仰是精确的（reverentia），格雷戈里对模糊的概念不感兴趣。② 在格雷戈里的作品中，王后能够明确好坏之分，赏罚分明。③ 他参加拉戴贡德的葬礼，参与《昂德洛条约》的签订，参与对普瓦提埃修女叛乱的劝阻，可以说几乎所有重要的、女性参与政治活动的场景都有他的身影。但是，我们在拉戴贡德与主教的书信往来中，并没有发现图尔主教格雷戈里，而唯一给人留下较深印象的是第十八任图尔主教圣尤夫罗尼乌斯（Eufronius/Euphronius），一是他受西吉贝特之命为拉戴贡德主持圣十字残片安置仪式④，二是查理贝特时期，他拒绝在雷翁提乌斯大主教提名选举的桑特主教人选名单上签名⑤。当我们回看本书中墨洛温王后的众多行为活动时，我们会发现中世纪早期法兰克墨洛温王朝处于基督教化的初始阶段，王国的王权与教权之间存在着复杂的张力，主教的社会地位极不稳定，需要精心维护。在这种情况下，王后成为调节国王和教会关系的纽带和桥梁，宗教体验更为敏感的王后也成为格雷戈里为自己声誉造势的媒介。格雷戈里利用王后拉戴贡德和布伦希尔德强大的政治影响力，给他的反对者施压。弗里德里希·普林茨（Friedrich Prinz）认为，格雷戈里的作品是比我们认为的更直接的政治宣传，这与后来几个世纪的贵族圣徒传紧密相关。⑥

---

① Raymond Van Dam, *Leadership and Community in Late Antique Gaul*, p. 6, 211.
② P. Brown, "Relics and Social Status in the Age of Gregory of Tours", p. 230.
③ P. Brown, "Relics and Social Status in the Age of Gregory of Tours", p. 233.
④ Gregory of Tours, *The History of the Franks*, IX. 40, p. 530.
⑤ Gregory of Tours, *The History of the Franks*, IV. 26, p. 220.
⑥ F. Prinz, *Frühes Mönchtum im Frankerreich*, pp. 489 - 502. 转引自 P. Brown, "Relics and Social Status in the Age of Gregory of Tours", p. 245。

7 世纪的《圣哥伦班传》中，博比奥的乔纳斯将王后布伦希尔德塑造成耶洗别式的人物也与当时的时代背景和他的政治意图紧密相关。布伦希尔德作为权力斗争中失败的一方对墨洛温王朝的政治影响太大，而将她杀害维恩主教德西德里乌斯和驱逐圣人联系在一起，可能是作者吸引读者注意的一个写作技巧。《圣哥伦班传》的传播相对有限，远远不及教皇大格里高利的作品，对于时人而言，可能布伦希尔德王后对于教皇作品的引进和推广印象更深。

总之，圣徒传的创作与传播反映了墨洛温时期人们对王后的一种角色期待，王后的各种宗教活动背后体现的是墨洛温王室巩固统治、融入罗马－高卢的一些政治策略。王后和国王各司其职，共同管理王国。一位好国王应该是能征善战、公平公正的，而一位好王后应该是乐善好施、虔诚代祷。即便王后以自己的方式行使王权，他们也认为她的所作所为是对男性亲属政策的一种追随。当时，好的政治行为即便是王后亲自所为，人们也将其功绩归于国王名下，相应地，坏的政治活动即便是国王所为，人们也会将王后作为替罪羊。然而，无论如何，对王后有可资谈论的事情本身就说明，墨洛温时代的王后在当时有着极为广泛的影响力。

结 论

王后的活动伴随着墨洛温时期宫廷政治的两大议题，即继承和教会，而教会在那个时代与政治之间的界限是极其模糊的。在王位和王国继承问题上，王后是一个突出的历史角色，是确保王国继承和延续的一道重要保障。一方面，王后是王位继承人的保护者。克洛维死后，他的王后克洛蒂尔德的三个儿子与她的继子提奥德里克一世展开了争夺王国继承权的斗争，克洛蒂尔德自己介入后代的继承权斗争中并影响了这一斗争的进程。584 年，克洛维之孙希尔佩里克死后，其子克洛塔尔二世只有四个月大，他在其母亲王后弗雷德贡德的保护下成为新王。另一方面，王后自身作为王国继承的"中介"，对王国继承起着桥梁和纽带作用，她的身份显示着王位继承的"合法性"。克洛维的儿子克洛多梅尔死后，他的王后贡提乌克又嫁给了克洛多梅尔的弟弟克洛塔尔一世，他由此接管了克洛多梅尔的王国；后来，克洛塔尔一世又娶了他的侄孙提奥德巴尔德的王后符尔德特拉达，进而又继承了提奥德巴尔德的王国；贵族阿尔希乌斯试图娶克洛塔尔二世的王后贝特特鲁德，以继承克洛塔尔二世的王位。

　　王后在教会事务中也是一个突出的角色。王后干涉高级教职的选任，例如，在布伦希尔德的操纵下，格雷戈里被选为图尔主教；鲁昂主教普雷特克斯塔图斯也是布伦希尔德的忠实盟友。后来，王后弗雷德贡德除掉了普雷特克斯塔图斯，安插她的盟友梅拉尼乌斯出任鲁昂主教。诗人弗图纳图斯因与拉戴贡德交往密切而被任命为普瓦提埃主教。鲍尔希尔德更是广泛任命自己的亲信出任地方主教。这些事例充分表明，墨洛温王后在很大程度上操控着主教职位的选任。

王后对教会机构进行慷慨捐赠，向教会地产颁发特许状。拉戴贡德将自己的所有俗世财产，包括克洛塔尔一世赠予她的三处王庄，捐赠给她所建立的普瓦提埃圣克罗伊斯修女院；鲍尔希尔德捐赠大片的田地和森林，授予科尔比修道院不受教区主教管辖的特许状。王后也大力推行圣物和圣徒崇拜。拉戴贡德请求西吉贝特允许她去拜占庭寻求耶稣受难的十字架残木；布伦希尔德请求大格里高利赐予她圣彼得和圣保罗的圣物；她们负责将这些圣物以最荣耀的方式安置，修建圣物崇拜之所，制造出诸多"奇迹"。随着"奇迹"的发生，有的王后自己也被奉为圣徒加以崇拜。王后与教会人士合力进行宗教文本的创作，尤其是圣徒传的写作，王后－圣徒的形象深深影响了信众的精神世界。

除了继承和教会两大议题之外，王后作为特殊时期的摄政者（监护人）在王国事务中发挥着重要作用。王后作为未成年小国王之母摄政，出席各种高级会议，参与王国事务的商讨和决议，直接负责外交信件的来往。南特希尔德签署她儿子的特许状，带着她儿子克洛维二世去奥尔良召集会议，以确定勃艮第宫相一职的人选。在王后利用自己的特殊身份参与到王国政治事务的过程中，王后的权力关系网对于确保王后的安全和利益至关重要。王后往往将自己与宗教机构特别是修道院紧密联系在一起，王后大力资助修道院，修道院回馈给王后的是确保其人身安全和利益。

综上所述，王后在法兰克墨洛温王朝时期是一个特殊的群体，在墨洛温历史舞台上起着特殊的作用，成为墨洛温历史的一大特点。这一特点的存在与日耳曼氏族社会习俗的延存有密切关系。随着法兰克人基督教化进程的推进以及国家管理制度的逐步发展，王后的角色发生了相应的转变。

参考文献

一、基本史料

1. Amt, Emilie (ed.), *Women's Lives in Medieval Europe: A Source Book*, London and New York: Routledge, 1993.

2. Colgrave, B. and Mynors, R. A. B. (eds.), Leo Shirley-Price (trans.), Bede, *A History of the English Church and People*, Penguin Books, 1965.

3. Drew, Katherine Fischer (trans.), *The Laws of the Salian Franks*, Philadephia: Pennsylvania University Press, 1991.

4. Evans-Grubbs, Judith, *Women and the Law in the Roman Empire: A Sourcebook on Marriage, Divorce and Widowhood*, London and New York: Routledge, 2002.

5. Foulke, W. D. (trans.), Peters, Edward (eds. and intro.), *Paul the Deacon, History of the Langobards*, Philadelphia: University of Pennsylvania Press, 1907.

6. Fouracre, Paul and Gerberding, Richard A. , *Late Merovingian France: History and Hagiography 640 – 720*, Manchester and New York: Manchester University Press, 1996.

7. George, Judith (trans.), *Venantius Fortunatus: Personal and*

Political Poems，Translated Texts for Historians，23 Liverpool：Liverpool University Press，1995.

8. Gregory of Tours，*The History of the Franks*，trans. by L. Thorpe，Harmondsworth，Penguin，1974.

9. Gregory the Great，Epistle V，Book VI，in Philp Schaff and Henry Wace（eds. and trans.），*Nicene and Post-Nicene Farthers*，Vol. 12，New York：The Christian Literature Company1895；&Vol. 13，1898. https：//epistolae. ccnmtl. columbia. edu，2017 年 03 月 26 日。

10. Head，T.（ed.），*Medieval Hagiography：an Anthology*，New York：Garland Pub，2000.

11. James，Edward（trans.），*Gregory of Tours：Life of the Fathers*，2nd edn，Translated Texts for Historians，1. Liverpool：Liverpool University Press，1991；repr. 2007.

12. Medieval Sourcebook：The Life of St. Columban，by the Monk Jonas. http：//sourcebooks. fordham. edu/halsall/basis/columban. asp，2017 年 4 月 1 日。

13. Krusch，B.（ed.），Bachrach，B.（trans.），*Liber Historiae Francorum*，*Monumenta Germaniae Historica*，*Scriptores Rerum Merovingicarum*，1984.

14. Marcellinus，Ammianus，Rolfe，John C.，（trans.）*History*，3 Vols.，Cambridge，Massachusetts，1935.

15. McCarthy，Mary Caritas（trans.），*The Rule for Nuns of Saint Gaesarius of Arles*，Washington，D. C. 1960.

16. McNamara，Jo Annand John E. Halborg with E. Gordon Whatley，（eds.），*Sainted Women of the Dark Ages*（Duke University Press，1992；repr. 1994），pp. 38－50，60－105，264－278.

17. Shanzer，Danuta and Ian Wood（trans.），*Avitus of Vienne Letters and Selected Prose*，Livepool University Press，2002.

18. Stephen of Ripon, *The Life of Bishop Wilfrid by Eddius Stephanus*, B. Colgrave (ed. and trans.), Cambridge, 1927, Reprinted, New York, 1985.

19. Tacitus, *Agricola and Germany*, Translated with an Introduction and Notes by Anthony R. Birley, Oxford University Press, 1999.

20. *The Holy Bible*, RCK Cyber Services, Unversity Place, Washington.

21. Wallace-Hadrill, J. M. , *The Fourth Book of the Chronicle of Fredegar*, Greenwood Press, 1981.

22. Wolf, Kenneth Baxter (trans.), *Conquerors and Chroniclers of Early Medieval Spain*, 2nd, Translated Texts for Historians, 9. Liverpool: Liverpool University Press, 2000, pp. 51 – 129.

二、英文论著

1. Althoff, Gerd, *Family, Friends and Follows: Political and Social Bonds in Medieval Europe*, trans. by Christopher Carroll, Cambridge University Press, 2004.

2. Arjava, Antti, "The Survival of Roman Family Law after the Barbarian Settlements", in *Law, Society, and Authority in Late Antiquity*, ed. by Ralph W. Mathisen, Oxford: Oxford University Press, 2001, pp. 33 – 51.

3. Arjava, Antti, *Women and Law in Late Antiquity*, Oxford: Clarendon Press, 1996.

4. Atkinsonp, Clarissa, *The Oldest Vocation: Christian Motherhood in the Middle Ages*, Ithaca and London: Cornell University Press, 1991.

5. Bachrach, Bernard, " Procopius and the Chronology of Clovis's Reign", *Viator* Vol. 1, 1970, pp. 21 – 32.

6. Bachrach, Bernard, *Merovingian Military Organization, 481 – 751*, Minneapolis, 1972.

7. Bitel, L. M. , "Women in Early Medieval Notthern Europe", in Renate Bridenthal, Susan Mosher Stuard and Merry E. Wiesner (eds.), *Becoming Visible Women in European History*, 3rd Edition, Boston: Houghton Mifflin Company, 1998, pp. 105 – 126.

8. Bitel, L. M. , *Women in Early Medieval Europe, 400 – 1100*, Cambridge University Press, 2002.

9. Brennan, Brian, "St. Radegund and the Early Development of Her Cult at Poitiers", *Journal of Religious History*, XIII, 1985, pp. 340 – 354.

10. Brennan, Brian, "Deathless Marriage and Spiritual Fecundity in Venantius Fortunatus's De Virginitate", *Traditio*, Vol. 51, 1996, pp. 73 – 79.

11. Brown, P. , *Society and the Holy in Late Antiquity*, London: The University of Chicago Press, 1982.

12. Brown, P. , *The Cult of the Saints: Its Rise and Function in Latin Christianity*, London: The University of Chicago Press, 1981.

13. Brubaker, Leslie and Smith, Julia M. H. (eds.), *Gender in the Early Medieval World: East and West, 300 – 900*, New York: Cambridge University Press, 2004.

14. Brundage, James A. , *Law, sex, and Christian society in medieval Europe*, Chicago and London: The University of Chicago Press, 1987.

15. Buc, Philippe, *The Dangers of Ritual: Between Early Medieval Texts and Social Scientific Theory*, Princeton: Princeton University Press, 2001.

16. Bullough, D. , "The Career of Columbanus", in M. Lapidge (ed.), *Columbanus: Studies on the Latin Writings*, Woodbridge, 1997, pp. 1 – 28.

17. Cameron, Averil, "The Early Religious Policies of Justin II", *Studies in Church History*, Vol. 13, 1976, pp. 51 – 68.

18. Cameron, Averil, "How Did the Merovingian Kings Wear their Hair?", *Revue belge de philologie et d'histoire*, Vol. 43, 1965, pp. 1203 – 1216.

19. Carrasco, Magdalena Elizabeth, "Spirituality in Context: The Romanesque Illustrated Life of St. Radegund of Poitiers", *The Art Bulletin*, Vol. 72, 1990 (3), pp. 414 – 435.

20. Clarke, Gillian, *This Female Man of God: Women and Spiritual Power in the Patristic Age, AD 350 – 450*, London: Routledge, 1995.

21. Clover, Carol J., "Maiden Warriors and Other Sons", *The Journal of English and Germanic Philology*, Vol. 85, No. 1 (1986), pp. 35 – 49.

22. Conroy, Derval, *Ruling Women: Government, Virtue and the Female Prince in Seventeeth-Century France*, Palgrave Macmillan, Vol. 1, 2016.

23. Coon, Lynda L., *Sacred Fictions: Holy Women and Hagiography in Late Antiquity*, Philadelphia: University of Pennsylvania Press, 1997.

24. Corbett, J. H., "The saint as patron in the work of Gregory of Tours", *Journal of Medieval History* Vol. 7 (1981), pp. 1 – 13.

25. Corning, C., *The Celtic and Roman Traditions: Conflict and Consensus in the Early Medieval Church* New York and Basingstoke, 2006.

26. Dailey, E. T., *Queens, Consorts, Concubines: Gregory of Tours and Women of the Merovingian Elite*, Koninklijke Brill NV, Leiden, The Netherlands, 2015.

27. De Jong, Mayke, "An Unsolved Riddle: Early Medieval Incest Legislation", in *Franks and Alamanni in the Merovingian Period: An Ethnographic Perspective*, ed. by Ian Wood, San Marino: Boydell, 1998, pp. 107 – 125.

28. De Jong, Mayke, "Queens and beauty in the early medieval West: Balthild, Theodelinda, Judith", in C. La Rocca (ed.), *Agire da donna: Modelli e pratiche di rappresentazione* (secoli vi-x). Collection Haut Moyen Âge 3, Turnhout, 2007, pp. 235 – 248.

29. De Nie, Giselle, "Is a Woman a Human Being? Precept, Prejudice and Practice in Sixth-Century Gaul", repr. in Giselle de Nie, *Word, Image, and Experience: Dynamics of Miracle and Self-Perception in Sixth-Century Gaul*, Variorum Collected Studies Series, 771, Aldershot: Ashgate, 2003, article I, pp. 1 – 26.

30. Devries, Kirsten M., *Episcopal Identity in Merovingian Gaul, 397 – 700*, Loyola University Chicago, Ph. D. 2009.

31. Diem, Albrecht, "Monks, Kings, and the Transformation of Sanctity: Jonas of Bobbio and the End of the Holy Man", *Speculum*, Vol. 82, 2007 (3), pp. 521 – 559.

32. Douglas, M., "A distinctive anthropological perspective", in M. Douglas (ed.), *Constructive Drinking: Perspectives on Drink from Anthopology*, Cambridge, 2002.

33. Drew, Katherine Fischer, *Law and Society in Early Medieval Europe: Studies in Legal History*, Variorum Reprints, London, 1988.

34. Dunn, Marilyn, *The Emergence of Monasticism: From the Desert Fathers to the Early Middle Ages*, Blackwell Publishers Ltd., 2000.

35. Earenfight, Theresa, *Queenship in Medieval Europe*, Palgrave Macmillan Press, 2013.

36. Effros, Bonnie, "Symbolic Expressions of Sanctity: Gertrude of Nivelles in the Context of Merovingian Mortuary Custom", *Viator*, 27, Berkeley, Los Angeles and London, 1996, pp. 1 – 12.

37. Enright, Michael J. , "Lady with a Mead-Cup: Ritual, Group Cohesion and Hierarchy in the Germanic Warband", *Frühmittelalterliche Studien* 22, Berlin and New York, 1988, pp. 170 – 203.

38. Evans-Grubbs, Judith, *Law and Family in Late Antiquity: The Emperor Constantine's Marriage Legislation*, Oxford: Clarendon Press, 1995.

39. Fouracre, Paul, "The Work of Audoenus of Rouen and Eligius of Noyon in Extending Episcopal Influence from the Town to the Country in Seventh-Century Neustria", *Studies in Church History*, Vol. 16, 1979, pp. 77 – 91.

40. Fouracre, Paul, "The Origins of the Nobility in Francia", in Anne J. Duggan (ed.), *Nobles and Nobility in Europe: Concepts, Origins, Transformations*, Woodbridge, Eng. , 2000, pp. 17 – 24.

41. Fouracre, Paul, (ed.), *The New Cambridge Medieval History, c. 500 – c. 700*, Vol. 1, Cambridge University Press, 2005.

42. Fox, Yaniv, "The Bishop and the Monk: Desiderius of Vienne and the Columbanian Movement", *Early Medieval Europe*, Vol. 20, 2012 (2), pp. 176 – 194.

43. Fox, Yaniv, *Power and Religion in Merovingian Gaul: Columbanian Monasticism and the Frankish Elites*, Cambridge University Press, 2014.

44. Ganz, D. , and Goffart, Walter, "Charters Earlier than 800 from French Collections", *Speculum*, Vol. 65, 1990 (4), pp. 906 – 932.

45. Ganz, D. , "The Merovingian Library of Corbie", in H. B. Clarke

and M. Brennan （eds.）, *Columbanus and Merovingian Monasticism*, BAR Internatinal Series 113, Oxford, 1981, pp. 153 – 172.

46. Ganz, D. , *Corbie in Carolingian Renaissance*, Sigmaringen, 1990.

47. Geary, P. J. , *Before France and Germany: The Creation and Transformation of Merovingian World*, New York: Oxford University Press, 1988.

48. Geary, P. J. , *Furta Sacra: Thefts of Relics in the Central Middle Ages*, New Jersey: Princeton University Press, 1990.

49. George, J. W. , *Venantius Fortunatus: A Latin Poet in Merovingian Gaul*, Oxford: Clarendon Press, 1992.

50. George, Judith, "Poet as politician: Venantius Fortunatus' panegyric to King Chilperic", *Journal of Medieval History*, Vol. 15, 1989 （1）, pp. 5 – 18.

51. Gerberding, Richard A. , *The Rise of the Carolingians and the Liber Historiae Francorum*, New York: Oxford University Press, 1987.

52. Gies, Frances and Joseph Gies, *Marriage and Family in the Middle Ages*, New York: Harper and Row, 1987.

53. Gilliard, F. D. , "The Senators of Sixth-Century Gaul", *Speculum*, Vol. 54, 1979, pp. 685 – 697.

54. Goosmann, Erik, "The Long-Haired Kings of the Franks: 'Like so Many Samsons? '", *Early Medieval Europe*, Vol. 20, 2012, pp. 233 – 259.

55. Halsall, G. , *Settlement and Social Organization: The Merovingian Region of Metz*, Cambridge University Press, 1995.

56. Hardt, Matthias, "Silverware in Early Medieval Gift Exchange: Imitatio Imperii and Objects of Memory", in Ian Wood （ed. ）, *Frank and Alamanni in the Merovingian Period: An Ethnographic Perspective*, The Boydell Press, pp. 317 – 342.

57. Harrison, Dick, *The Age of Abbesses and Queens: Gender and Political Culture in Early Medieval Europe*, Lund: Nordic Academic Press, 1998.

58. Head, Thomas, *Hagiogrchchaphy and the Cult of Saints: The Diocese of Orleans, 800 – 1200*, Cambridge University Press, 1990.

59. Hen, Yitzhak and Meens, R. , *Bobbio Missal: Liturgy and Religious Culture in Merovingian Gaul*, Cambridge University Press, 2004.

60. Hen, Yitzhak, *Culture and Religion in Merovingian Gaul, 481 – 751*. Leiden, (Cultures, Beliefs and Traditions: Medieval and Early Modern Peoples, No. 1.) New York and Cologne: E. J. Brill, 1995.

61. Hen, Yitzhak, *Roman Barbarians: The Royal Court and Culture in the Early Medieval West*, Basingstoke: Palgrave Macmillan, 2007.

62. Hopkins, M. K. , "The Age of Roman Girls at Marriage", *Population Studies*, Vol. 18, 1965 (3), pp. 309 – 327.

63. James, Edward, "Archaeology and the Merovingian Monastery", in H. B. Clarke and M. Brennan (eds.), *Columbanus and Merovingian Monasticism*, BAR International Series 113, Oxford, 1981, pp. 33 – 55.

64. James, Edward, *The Franks*, Oxford, 1988.

65. James, Edward, "Burial and Status in the Early Medieval West", *Transactions of the Royal Historical Society*, Vol. 39, 1989, pp. 23 – 40.

66. Janes, Dominic, "Treasure bequest: death and gift in the early middle ages" . In Hill, J. and Swan, M. (eds.), *The Community, the Family and the Saint: Patterns of Power in Early Medieval Europe*, International medieval research 4, Turnhout, Belgium: Brepols, 1998.

67. Kenneth, G. Holum and Gary Vikan, "The Trier Ivory, 'Adventus' Ceremonial, and the Relics of St. Stephen", *Dumbarton Oaks Pchchapers*, Vol. 33 (1979), pp. 115 – 133.

68. Kirshner, Julius and Wemple, S. F., *Women of the medieval world: Essays in Honor of John H. Mundy*, Oxford and New York: Basil Blackwell, 1987.

69. Kitchen, John, *Saints' lives and the Rhetoric of Gender*, New York: Oxford University Press, 1998.

70. Kreiner, J. "About the Bishop: The Episcopal Entourage and the Economy of Government in Post-Roman Gaul", *Speculum* Vol. 86, 2011, pp. 321 – 360.

71. Kuefler, Matthew, *The Manly Eunuch: Masculinity, Gender Ambiguity, and Christian Ideology in Late Antiquity*, Chicago: University of ChicagoPress, 2001.

72. Lebecq, Stéphane, "The two faces of king Childeric: History, Archaeology Historiography" in Thomas F. X. Noble (ed.), *From Roman Provinces to Medieval Kingdoms*, London and New York: Routledge, 2006, pp. 327 – 338.

73. Leyser, Conrad and Smith, Lesley, *Motherhood, Religion, and Society in Medieval Europe, 400 – 1400: Essays Presented to Henrietta Leyser*, Farnham: Ashgate, 2011.

74. Lifshitz, Felice, "Beyond Positivism and Genre: 'Hagiographical' Texts and Historical Narrative", *Viator*, 25 (1994), pp. 95 – 115.

75. Martyn, John R. C., *Pope Gregory's Letter-Bearers: A Study of the Men and Women Who Carried Letters for Pope Gregory the Great*, Cambridge, 2012.

76. Mary Erler and Maryanne Kowaleski (eds.), *Women and Power in*

the Middle Ages, The University of Georgia Press, 1988.

77. Matthew, J., *Western Aristocracies and Imperial Court*, *A. D. 364 – 425*, Oxford, 1975.

78. McCormick, Michael, "Frankish victory celebrations", in Thomas F. X. Noble (ed.), *From Roman Provinces to Medieval Kingdoms*, London and New York: Routledge, 2006, pp. 345 – 357.

79. McNamara, Jo Ann and Wemple, Suzanne S. F., "The Power of Women through the Family in Medieval Europe: 500 – 1100", *Feminist Studies*, Vol. 1, No. 3 (1973), pp. 126 – 141.

80. Meens, Rob, "Magic and the Early Medieval World View", in Joyce Hill and Mary Swan (eds.), *The Community, the Family and the Saint*, Turnhout, Brepols, 1998, pp. 285 – 295.

81. Murray, Alexander Callander, "*Post vocantur Merohingii*: Fredegar, Merovech, and 'Sacral Kingship'", in Alexander Callander Murray (ed.), *After Rome's Fall: Narrators and Sources of Early Medieval History. Essays Presented to Walter Goffart*, Toronto: University of Toronto Press, 1998, pp. 121 – 152.

82. Murray, Alexander Callander, *Gregory of Tours: The Merovingians, Readings in Medieval Civilizations and Cultures*, Peterborough, Broadview Press, 2006.

83. Murray, Alexander Callander, "Chronology and the Composition of the *Histories* of Gregory of Tours", *Journal of Late Antiquity*, 2008 (1), pp. 157 – 196.

84. Nelson, Janet L., "Queens as Jezebals: the Careers of Brunhild and Balthild in Merovingian History", in *Politics and Ritual in Early Medieval Europe*, London and Ronceverte: The Hambledon Press, 1986, pp. 1 – 48.

85. Nelson, Janet L. , "The Problematic in the Private", *Social History*, Vol. 15, 1990 (3), pp. 355 – 364.

86. Picard, Jean-Michel and Balbulus, Notker, " Adomnán's ' Vita Columbae ' and the Cult of Colum Cille in Continental Europe ", *Proceedings of the Royal Irish Academy.* Vol. 98, 1998 (1), pp. 1 – 23.

87. Pohl, Walter, and Gerda Heydeman (eds.), *Strategies of Identification: Ethnicity and Religion in Early Medieval Europe*, Turnhout: Brepols, 2013.

88. Pohl, Walter, and Helmut Reimitz (eds.), *Strategies of Distinction: The Construction of Ethnic Communities, 300 – 800*, Leiden: Brill, 1998.

89. Reimitz, Helmut, History, *Frankish Identity and the Framing of Western Ethnicity, 550 – 850*, Cambridge University Press, 2015.

90. Reimitz, Helmut, "The Art of Truth: Historiography and Identity in the Frankish World", in Richard Corradini, Rob Meens, Christina Possel, and Philip Shaw (eds.), *Texts and Identities in the Early Middle Ages*, Forschungen zur Geschichte des Mittelalters, 12, Vienna: Österreiche Akademie der Wissenschaften, 2006, pp. 87 – 104.

91. Reynolds, Philip Lyndon, *Marriage in the Western Church: The Christianization of Marriage during the Patristic and Early Medieval Periods*, Leiden: Brill 1994.

92. Rosaldo, M. Z. , "The Use and Abuse of Anthropology: Reflections on Feminism and Cross-Cultural Understanding", *Signs*, Vol. 5, 1980 (3), pp. 389 – 417.

93. Rosenwein, Barbara H. , *Emotional Communities in the Early Middle Ages*, Ithaca: Cornell University Press, 2006.

94. Rosenwein, Barbara H. , *Negotiating Space: Power, Restraint, and Privilegesof Immunity in Early Medieval Europe*, Ithaca: Cornell University Press, 1999.

95. Schulenburg, J. T. , "Women's Monastic Communities, 500 – 1100: Patterns of Expansion and Decline", *Signs*, 1989 (14), pp. 261 – 292.

96. Schulenburg, J. T. , "Female Sanctity: Public and Private Roles, ca. 500 – 1100", in Mary Erler and Maryanne Kowaleski (eds.), *Women and Power in the Middle Ages*, The University of Georgia Press, 1988.

97. Schulenburg, J. T. , *Forgetful of Their Sex: Female Sanctity and Society, ca. 550 – 1100*, The University of Chicago Press, 1998.

98. Shanzer, D. R. , "Dating the Baptism of Clovis: the Bishop of Vienne vs. the Bishop of Tours", *Early Medieval Europe*, 1998 (7), pp. 29 – 57.

99. Shaw, Brent D. , "The Age of Roman Girls at Marriage: Some Reconsiderations", *The Journal of Roman Studies*, Vol. 77, 1987, pp. 30 – 46.

100. Smith, Julia M. H. , "*Radegundis peccatrix*: Authorizations of Virginity in Late Antique Gaul", in Philip Rousseau and Manolis Papoutsakis (eds.), *Transformations of Late Antiquity: Essays for Peter Brown*, Farnham: Ashgate, 2009, pp. 303 – 326.

101. Smith, Julia M. H. , "Access to relic shrines in the early middle ages", in Kathleen Mitchell and Ian Wood (eds.), *The World of Gregory of Tours*, Leiden: Brill, 2002, pp. 163 – 180.

102. Stafford, Pauline, "Sons and Mothers: Family Politics in the Early Middle Ages", in D. Baker (ed.), *Medieval Women: Dedicated*

and Presented to Professor Rosalind M. T. Hill on the Occasion of her seventieth Birthday, Studies in Church History, Subsidia, Oxford: Basil Blackwell, 1978, Vol. 1. pp. 79 – 100.

103. Stafford, Pauline, *Queens, Concubines and Dowagers: The King's Wife in the Early Middle Ages*, Leicester University Press, 1998.

104. Stancliffe, C., *St. Martin and His Hagiographer: History and Miracle in Sulpicius Severus*, Oxford, 1983.

105. Stevenson, J. B., "The Monastic Rules of Columbanus", in M. Lapidge (ed.), *Columbanus: Studies on the Latin Writings*, Woodbridge, 1997, pp. 203 – 216.

106. Stone, Rachel, *Morality and Masculinity in the Carolingian Empire*, Cambridge: Cambridge University Press, 2012.

107. Thacker, Alan, "The Making of a Local Saint", in Alan Thacker and Richard Sharpe (eds.), *Local Saints and Local Churches in the Early Medieval West*, Oxford: Oxford University Press, 2002, pp. 45 – 73.

108. Thiébaux, Marcelle (trans. and intro.), *The Writings of Medieval Women: An Anthology Second Edition*, Garland Publishing, Inc., New York and London, 1994.

109. Van Dam, Raymond, *Leadership and community in Late Antique Gaul*, California University Press, Berkeley and Los Angeles, California, 1985.

110. Van Dam, Raymond, *Saints and Their Miracles in Late Antique Gaul*, Princenton and New Jersey: Princenton University Press, 1993.

111. RaymondVan Dam, "Merovingian Gaul and the Frankish conquests", in Paul Fouracre (ed.), *The New Cambridge Medieval History, volume c. 500 – c. 700*, Cambridge: Cambridge University Press,

2005.

112. Vann, Theresa M. , "Theory and Practice of Medieval Castilian Queenship", in Theresa M. Vann (ed.) , *Queens, Regents and Potentates*, Cambridge: Academia Press, 1993, pp. 125 – 147.

113. Wallace-Hadrill, J. M. , *The Long-haired Kings*, New York: Barnes and Noble Inc. , 1962.

114. Wallace-Hadrill, J. M. , *The Frankish Church*, Oxford: Clarendon Press, 1983.

115. Walter, Pohl, "Gender and ethnicity in the early middle ages", in Thomas F. X. Noble (ed.) , *From Roman Provinces to Medieval Kingdoms*, London and New York: Routledge, 2006. pp. 168 – 188.

116. Wemple, S. F. , "Sanctity and Power: the Dual Pursuit of Medieval Women ", in Bridenthal, Renate and Koonz, C. (eds.) , *Becoming Visible: Women in European History*, Houghton Mifflin, 1987. pp. 131 – 151.

117. Wemple, Suzanne Fonay, *Women in Frankish Society: Marriage and Cloister, 500 – 900*, Pennsylvania University Press, 1981.

118. White, Stephen, " Clotild's Revenge: Politics, Kinship, and Ideology in the Merovingian Blood Feud", in Samuel Kline Cohn and Steven Epstein (eds.) , *Portraits of Medieval and Renaissance Living: Essays in Memory of David Herlihy*, Ann Arbor: University of Michigan Press, 1996, pp. 107 – 130; and in *Re-Thinking Kingship and Feudalism in Early Medieval Europe*, Ashgate, 2005.

119. Whittow, Mark, "Motherhood and Power in Early Medieval Europe, West and East: the Strange Case of the Empress Eirene" in Conrad Leyser and Lesley Smith (ed.) *Motherhood, Religion, and Society*

in Medieval Europe, 400 – 1400: Essays Presented to Henrietta Leyser, Farnham: Ashgate, 2011, pp. 55 – 84.

120. Wickham, Chris, *Framing the Early Middle Ages: Europe and the Mediterranean 400 – 800*, Oxford: Oxford University Press, 2005.

121. Widdowson, Marc, "Gundovald, "Ballomer' and the Problems of Identity", *Revue belge de philologie et d'histoire*, Vol. 86, 2008, pp. 607 – 622.

122. Wolfram, Herwig, *The Roman Empire and Its Germanic Peoples*, Berkeley: California University Press, 1997.

123. Wood, Ian, "Arians, Catholics, and Vouille", in *The Battle of Vouillé, 507 CE: Where France Began*, ed. by Ralph W. Mathisen and Danuta Shanzer (Berlin: de Gruyter, 2012), pp. 139 – 149.

124. Wood, Ian, "Gregory of Tours and Clovis", *Revue Belge de Philologie et D'histoire*, Vol. 63, 1985 (2).

125. Wood, Ian, "Construction cults in early medieval France: local saints and churches in Burgundy and the Auvergne 400 – 1000" in Alan Thacker and Richard Sharpe (eds.), *Local Saints and Local Churches in the Early Medieval West*, Oxford: Oxford University Press, 2002, pp. 155 – 187.

126. Wood, Ian, "Forgery in Merovingian Hagiography", in *Foschung im Mittelalter: Internationaler Kongreß der Monumenta Germaniae Historica, München*, Hannover: Hahn, 1988, pp. 369 – 384.

127. Wood, Ian, "Jonas, the Merovingians and Pope Honorius: Diplomata and Vita Columbani", in A. C. Murray (ed.), *After Rome's Fall: Narrators and Sources of Early Medieval History*, Toronto, Buffalo and London: Toronto University Press, 1998, pp. 99 – 120.

128. Wood, Ian, *The Merovingian Kingdoms 450 – 751*, New York: Longman, 1994.

129. Wood, Ian, "The Vita Columbani and Merovingian Hagiography", *Pertia*, vol. 1, 1982, pp. 63 – 80.

130. Wood, Ian, "Early Merovingian devotion in town and country", *Studies in Church History*, Vol. 16, 1979, pp. 61 – 76.

131. Wood, Ian, "The Frontiers of Western Europe: Developments East of the Rhine", in Richard Hodges and William Bowden (eds.), *The Sixth Century: Production, Distribution, and Demand*, Leiden: Brill, 1998, pp. 231 – 253.

132. Wood, Ian, "Administration, Law and Culture in Merovingian Gaul", in Rosemond McKitterick (ed.), *The Uses of Literacy in Early Medieval Europe*, Cambridge University Press, 1990, pp. 63 – 81.

133. Ian Wood (ed.), *Franks and Alamanni in the Merovingian Period: An Ethnographic Perspective*, The Boydell Press, 1998.

134. Wood, Ian, "Usurpers and Merovingian kingship" in M. Becher and S. Dick (eds.), *Der Dynastiewechsel von 751, Vorgeschichte, Legitimationsstrategien und Erinnerung*, Münster, 2004, pp. 15 – 31.

三、中文译著

1. [德] 汉斯－维尔纳·格茨:《欧洲中世纪生活》,王亚平译,东方出版社,2002。

2. [德] 毕尔麦尔等编著《中世纪教会史》,[奥] 雷立柏译,宗教文化出版社,2010。

3. [法兰克] 都尔教会主教格雷戈里:《法兰克人史》,寿纪瑜、戚国淦译,商务印书馆,1996。

4. ［法］布洛涅：《西方婚姻史》，赵克非译，中国人民大学出版社，2008。

5. ［法］罗伯特·福西耶主编《剑桥插图中世纪史（350～950年）》，陈志强等译，山东画报出版社，2006。

6. ［法］马克·布洛赫：《封建社会》，张绪山、李增洪、侯树栋等译，商务印书馆，2004。

7. ［法］雅克·勒高夫：《圣路易》，许明龙译，商务印书馆，2002。

8. ［古罗马］塔西佗：《阿古利可拉传－日耳曼尼亚志》，马雍、傅正元译，商务印书馆，1985。

9. ［美］汤普逊：《中世纪经济社会史（300～1300年）》，耿淡如译，商务印书馆，1997。

10. ［美］朱迪斯·M·本内特、C·沃伦·霍利斯特：《欧洲中世纪史（第10版）》，杨宁、李韵译，上海社会科学院出版社，2007。

11. ［以］苏拉密斯·萨哈：《第四等级：中世纪欧洲妇女史》，林英译，广东人民出版社，2003。

12. ［意］桑德罗·斯奇巴尼编《婚姻、家庭和遗产继承》，费安玲译，中国政法大学出版社，2001。

13. ［英］比德：《英吉利教会史》，陈维振、周清民译，商务印书馆，1996。

14. ［英］玛里琳·邓恩：《修道主义的兴起：从沙漠教父到中世纪早期》，石敏敏译，中国社会科学出版社，2010。

15. 《圣经和合本》，中国基督教三自爱国运动委员会，中国基督教协会，2009。

四、中文专著及论文

1. 裔昭印等：《西方妇女史》，商务印书馆，2009。

2. 贺璋瑢：《神光下的西方女性》，中国青年出版社，2007。

3. 李秀清：《日耳曼法研究》，商务印书馆，2005。

4. 王忠和：《新编法国王室史话》，百花文艺出版社，2002。

5. 李隆国：《都尔主教格雷戈里与中古拉丁史学的兴起》，《史学史研究》2015 年第 2 期，第 68～79 页。

6. 陈文海：《百年学讼与"弗莱德加"信度问题》，《史学史研究》2015 年第 3 期，第 84～91 页。

7. 陈文海、王文婧：《墨洛温王朝的"国土瓜分"问题——〈法兰克人史〉政治取向释读》，《历史研究》2014 年第 4 期，第 116～129 页。

8. 侯树栋：《对西欧中古早期国家问题的一些认识》，《史学理论研究》2014 年第 3 期，第 30～41 页。

9. 李隆国：《兰斯大主教圣雷米书信四通译释》，《北大史学》2013 年第 1 期，第 247～269 页。

10. 李隆国：《〈弗里德加编年史〉所见之墨洛温先公先王》，《史学史研究》2012 年第 4 期，第 83～92 页。

11. 邹芝、刘莉莉：《"姘合制"：古罗马社会的特殊"婚姻"》，《江西社会科学》2010 年第 8 期，第 157～160 页。

12. 孙昌威：《女人、战争与改宗——克洛维皈依基督教》，《世界文化》2010 年第 11 期，第 45～46 页。

13. 李隆国：《释"异乡的旅人"——晚年克洛维对王国的处置》，《北大史学》2005 年，第 8～26 页。

14. 吴藜：《试论古代罗马人的有夫权婚姻和无夫权婚姻》，《世界历史》1994 年第 1 期，第 53～59 页。

15. 冯泉：《公元九世纪以前高卢人的心理状态》，《世界历史》1989 年第 2 期，第 153～158 页。

16. 冯泉：《论墨洛温王朝时代高卢的社会性质》，《世界历史》1987 年第 3 期，第 118～122 页。

五、学位论文

1. 薄洁萍：《西欧中世纪基督教会对婚姻的规范》，北京大学博士学位论文，1999。

2. 李龙：《试论中古西欧婚姻中的教俗冲突》，首都师范大学硕士学位论文，2002。

3. 李建军：《从贵妇到修女——西欧中世纪贵族妇女修道原因初探》，首都师范大学博士论文，2007。

4. 武可：《理想与实际：图尔主教格雷戈里的圣徒传研究》，北京师范大学博士学位论文，2015。

5. 于静静：《基督教与中世纪前期婚姻形态变迁新探》，辽宁师范大学硕士学位论文，2015。

附　录

1. 克洛蒂尔德王后的勃艮第家谱

Athanaric Gundahar
阿塔纳纳里克·贡达哈尔

Chilperic I
希尔佩里克一世

Gundioc
贡迪沃克

Gundomar
贡多玛尔

Chilperic II
希尔佩里克二世

Godegisel
戈德吉赛尔

Chrothildis
克洛蒂尔德

Chrona
克洛娜

Gundobad-Caretene (d516)
贡多巴德 (d516) –卡雷特内

Godomar
戈多玛尔

Sigisimund
西吉斯蒙德

Suavegotha（女）苏阿维戈塔（嫁给克洛蒂尔德的继子提奥德里克一世）

sigeric
西格里克

· 253 ·

2. 希尔德里克二世之前的墨洛温王朝世系表

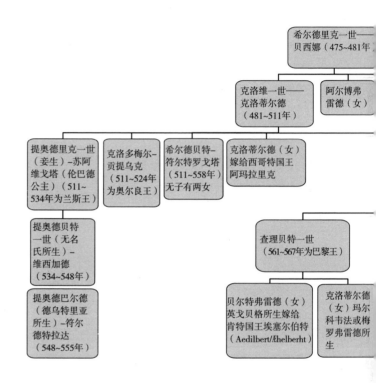

兰特希尔德（女）

克洛塔尔一世（511~558年为苏瓦松王，558~561年为法兰克国王）

西吉贝特一世–布伦希尔德（561~575年为梅兹王）

贡特拉姆（561~592年为勃艮第王）

希尔佩里克一世–弗雷德贡德（560/61~567年为苏瓦松王，567~584年为纽斯特里亚王）

希尔德贝特二世（575~595年为奥斯特拉西亚王，592~595年为勃艮第王）

克洛塔尔二世（584~629年为苏瓦松王，613~623年为法兰克国王）

提奥德贝特二世（595~612年为奥斯特拉西亚王）

提奥德里克二世（595~613年为勃艮第王，612~613年为奥斯特拉西亚王）

达戈贝特一世（623~634年为奥斯特拉西亚王，632~639年为法兰克国王）

克洛维二世–鲍尔希尔德（639~657年为纽斯特里亚–勃艮第王）

西吉贝特三世–希蒙希尔德（639~656年为奥斯特拉西亚王）

克洛塔尔三世（657~673年）

希尔德里克二世（673~675年）

提奥德里克三世（673，675~690/1年）

3. 克洛塔尔一世的婚姻及子女

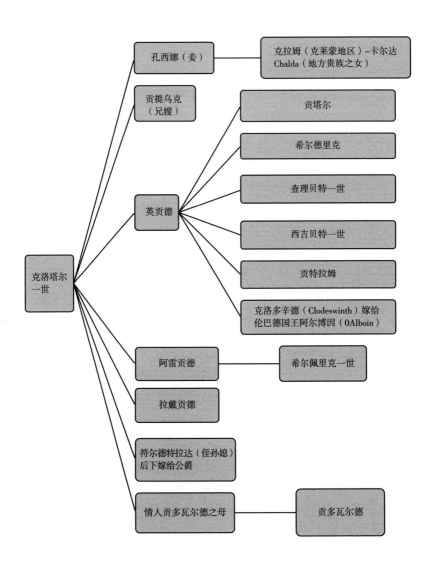

4. 希尔佩里克一世的婚姻及子女

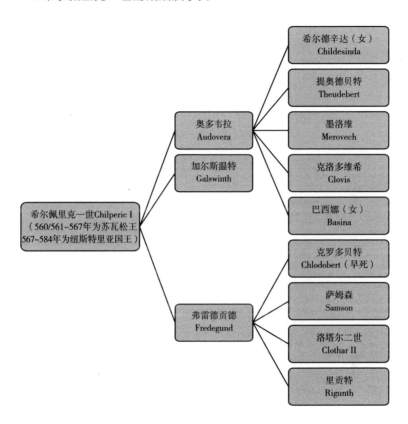

5. 图尔的格雷戈里家族谱系

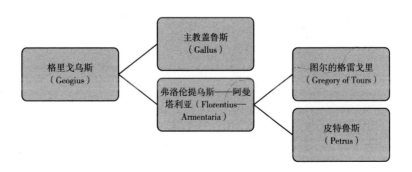

6. 墨洛温时期法兰克人、勃艮第人和伦巴德人大事记对照表

法兰克人	勃艮第人	伦巴德人
481/482年,希尔德里克死,克洛维取得王权	480~516年,贡多巴德	488年,伦巴德人在前鲁吉兰德(Rugiland)所在区
486/487年,战胜罗马国王西亚格里乌斯(Syagrius)	500年,贡多巴德 501/516~523年,西吉斯蒙德(天主教)	505年,伦巴德人跨过多瑙河中部
496年,战胜阿拉曼尼人 498年,克洛维洗礼		508年,战胜赫鲁(Heruli) 510~540年,瓦科(Wocho)在位
507年,伏伊耶战争中战胜西哥特人 508年,克洛维荣获执政官头衔	517/518年,勃艮第王	526年,伦巴德人移居潘诺尼亚
533~547年,提奥德贝特		
534年,战胜勃艮第人	534年,被法兰克人征服,勃艮第王国灭亡	
536/537年,法兰克人与东哥特人缔结条约 539年,法兰克人入侵意大利北部		540/541~560/56 奥多因(Audoin) 547/548年,伦巴德人按照与君士坦丁堡的协定获得潘诺尼亚和Noricum部分地区 560/561~572年,阿尔博因(Alboin) 567年,战胜格皮德人 568/569年,奥沙里(Authari) 574~585年,几位公爵统治
584年,法兰克人入侵波河河谷(Po Valley)		
591年,伦巴德人、法兰克人和巴伐利亚人签订和平条约		
		591~615/616年,阿吉洛夫(Agilulf) 636~652年,罗萨里(Rothari) 643年,安迪可图斯·罗萨里(Edictus Rothati) 712~744年,利乌特普兰德(Liutprand)
774年,查理曼成为伦巴德人的国王		

该表参考 Herwig Wolfram, *The Roman Empire and its Germanic Peoples*, ppxiv-xv。

7. 丕平家族联姻情况

1）老丕平之女贝加嫁给梅兹的阿努尔夫之子安瑟吉赛尔，老丕平次女格特鲁德成为尼韦勒修女院院长

2）贝加和安瑟吉赛尔之子丕平二世（635～714 年）娶了普雷科特鲁德（她是大总管修戈贝特 ［Hugobert］ 和女继承人 Irmina 的女儿，无子）普雷科特鲁德继承了莱茵河、摩泽尔河和缪斯河一带的大量乡间地产。

3）两子，Drogo 娶 Anstrud （纽斯特里亚宫相 Berthar 的寡妇，Waratto 和 Ansfled 之女）；Grimoald 娶 Theudesind （弗里西亚首领的女儿）

8. 鲍尔希尔德捐赠的修道院一览表

巴　黎：圣丹尼斯和圣日耳曼以及众多修道院

苏瓦松：圣梅达德

森　斯：圣彼得

奥尔良：圣安尼

图　尔：圣马丁

鲁　昂：众多诺曼人的修道院

勃艮第：卢克瑟等修道院

　　　　茹阿尔和法利穆提埃

索恩河畔夏龙：圣马孔

奥顿：圣索菲亚

第戎：圣贝尼涅 （Bénigne）

普瓦提埃：圣希拉里

布尔日：圣苏尔皮西乌斯

特鲁瓦：圣卢普斯

图书在版编目（CIP）数据

法兰克墨洛温王朝的王后们 / 王秀红著 . -- 北京：
社会科学文献出版社，2021.5
ISBN 978 - 7 - 5201 - 8412 - 0

Ⅰ.①法…　Ⅱ.①王…　Ⅲ.①墨洛温王朝 - 历史 - 研
究　Ⅳ.①K565.3

中国版本图书馆 CIP 数据核字（2021）第 099103 号

法兰克墨洛温王朝的王后们

著　　者 / 王秀红

出 版 人 / 王利民
组稿编辑 / 杜文婕
责任编辑 / 李　淼

出　　版 / 社会科学文献出版社·城市和绿色发展分社（010）59367143
　　　　　 地址：北京市北三环中路甲 29 号院华龙大厦　邮编：100029
　　　　　 网址：www. ssap. com. cn
发　　行 / 市场营销中心（010）59367081　59367083
印　　装 / 三河市东方印刷有限公司

规　　格 / 开　本：787mm × 1092mm　1/16
　　　　　 印　张：16.5　字　数：215 千字
版　　次 / 2021 年 5 月第 1 版　2021 年 5 月第 1 次印刷
书　　号 / ISBN 978 - 7 - 5201 - 8412 - 0
定　　价 / 78.00 元